1781

Detlef Berthelsen

Alltag bei Familie Freud

Die Erinnerungen der Paula Fichtl

Nachwort
von Friedrich Hacker

Hoffmann und Campe

Bildnachweis

Sämtliche Abbildungen: Archiv Detlef Berthelsen, London. Ausgenommen: Bildteil I, S. 2, 6 (o. l.), 7 (o. r.), 8: © Edmund Engelman, New York; I, S. 3 (o.): Ullstein–S. Freud Copyrights; I, S. 3 (u.): Engelman, Berggasse 19 (Belser, Stuttgart 1977); I, S. 5 (o.): dpa, Frankfurt/M.; II, S. 1 (u.): Ullstein–S. Freud Copyrights; IV, S. 1 (o.): Der Kurier, F. Klinsky, Wien; IV, S. 2 (o. l.), 3 (o. r.): stern/Ian Cook

Schutzumschlag- und Einbandgestaltung: Manfred Waller
unter Verwendung eines Fotos von Detlef Berthelsen
Satz: Dörlemann-Satz, Lemförde
Druck und Bindung: Mohndruck, Gütersloh
Printed in Germany
ISBN 3-455-08653-5

Inhalt

Für

C. S. P.

Vorwort

Bei einem England-Besuch im Jahr 1966 las ich in der Londoner »Times« in einem Beitrag über Sigmund Freud, daß seine Tochter, die Kinderanalytikerin Anna Freud, noch in dem Haus lebte, in dem der Begründer der Psychoanalyse 1939 gestorben war. Im Alter von einundsiebzig Jahren leite Anna Freud, so hieß es da, noch immer den Kindergarten, den sie im Zweiten Weltkrieg im Londoner Stadtteil Hampstead gegründet hatte.

Ein paar Tage später stand ich vor dem efeubewachsenen roten Backsteingebäude Maresfield Gardens Nr. 20 und entdeckte an der Mauer die blaue Gedenktafel: »Sigmund Freud lived here.« Während ich den gepflegten Garten bewunderte, schleppte eine ältere Frau zwei vollbeladene Einkaufstaschen ins Haus. Nach ein paar Minuten kam sie, eine Schürze vorgebunden, wieder heraus und fragte mich, wen ich denn suche oder zu wem ich wolle. Nach meiner Erklärung antwortete sie mit österreichischem Akzent: »Mit mir können S' ruhig Deutsch sprechen.« Sie wirkte freundlich und entgegenkommend, und ich nahm ihre Einladung in die Küche gerne an; dort kochte sie mir eine Tasse Kaffee, die erfreulich »kontinental« schmeckte. Paula Fichtl, so hieß meine Gastgeberin, war – wie ich bald erfuhr – seit über siebenunddreißig Jahren mit der Familie Freud verbunden, die offensichtlich das Zentrum ihres Lebens bildete.

Nach einer netten Plauderei wurde ich plötzlich eilig verabschiedet: »Denn wenn das Fräulein Freud nach Hause kommt, sieht sie es nicht gern, daß ich mit fremden Menschen spreche«, erklärte Paula Fichtl. Ich könnte sie aber doch an einem Wochenende besuchen, dann sei das Fräulein Freud auf dem Lande. »Woher stammt Ihr Vertrauen?« fragte ich. »Sie kennen mich doch gar nicht.« »Wissen s', der Herr Professor Freud hat mir einmal gesagt: ›Mit Ihrer Menschenkenntnis sind Sie eine bessere Analytikerin als mancher Analytiker.‹«

Dies war meine erste Begegnung mit der damals vierundsechzigjährigen Paula Fichtl, Haushälterin der Familie Freud. Mir ging auf, daß diese Frau eine interessante Zeitzeugin war und daß sie Sigmund Freud so privat und lange gekannt hatte wie sonst nur noch seine Tochter Anna. Ich sah in meiner freundlichen Gastgeberin eine ausgezeichnete Quelle für Geschichtsschreibung. Aus den Worten Paula Fichtls entstand der Umriß der Privatperson Sigmund Freud, wie sie so bisher nicht kennenzulernen gewesen war – sondern eher sorgfältig verborgen gehalten wurde.

Als ich zwei Wochen später Paula Fichtl wieder besuchte, wurde daraus eine lange Unterhaltung. Bei Kaffee und selbstgebackener Linzer Nußtorte. Aber diesmal war auch sie »neugierig« und wollte wissen, wer meine Eltern seien und warum es mich nach London verschlagen habe. Mitfühlend hörte sie von der Flucht meiner Eltern im Krieg nach Westen. Darüber kam sie auf ihr Emigrantendasein zu sprechen. Stolz zeigte sie mir dann das Arbeitszimmer und die Bibliothek des Mannes, dessentwegen sie ihre österreichische Heimat freiwillig verlassen hatte. 1938 war sie mit den Freuds ohne Not und wie selbstverständlich aus Treue und Loyalität nach London emigriert. Sigmund Freud bildet das Hauptelement in ihrem Leben, und natürlich erfüllte es sie auch mit Stolz, daß sie ihm sympathisch und nützlich gewesen war. Sie erklärte mir die Einrichtung seiner Arbeitsstätte und holte Fotos aus der Schreibtischschublade ihres »verehrten Professors« hervor. Ich durfte sogar die berühmte Couch ausprobieren.

Bei vielen folgenden Jausen, wie Paula Fichtl unsere Plauderstunden nannte, fiel mir immer wieder auf, daß in den bekannten Freud-Biographien viel von dem Persönlichen fehlte, das mir Paula Fichtl so natürlich, selbstverständlich und diskret anvertraute.

In den folgenden Jahren hielt ich mit Paula Fichtl durch Postkartengrüße Kontakt. 1971 verließ ich New York und trat eine Stellung in Hamburg an. Acht Jahre später, als die UNESCO das Jahr 1979 zum Jahr des Kindes erklärte, ergab sich endlich eine Gelegenheit, mein Interesse am Werk Sigmund Freuds und an der Persönlichkeit seiner Tochter Anna, die immer noch tätig war, in einer konkreten Aufgabe zu verbinden. Ich sollte die Kinderanalytikerin interviewen. Sie lehnte meine Anfrage zunächst strikt ab und verwies mich im übrigen auf ihre Bücher. Schließlich stimmte sie doch, wenn auch unwillig, einem Interview zu. »Ich stehe Ihnen aber nur fünfzig Minuten, die Zeit einer Analysestunde bei mir, zur Verfügung.«

Als ich ein paar Tage später den Klingelknopf des Hauses Maresfield Gardens Nr. 20 drückte, öffnete Paula Fichtl mir nach nunmehr dreizehn Jahren wieder – und diesmal offiziell – die Haustür. Ich hatte ihr fest versprochen, daß ich über unsere alte Bekanntschaft kein Wort verlieren würde. Anna Freud ließ sich zuerst meinen Paß zeigen, entriß mir wenige Minuten später auch noch mein Fragenkonzept und eröffnete mir dann barsch: »Ich werde keine Fragen über meinen Vater beantworten!« Nach anderthalb Stunden verabschiedete ich mich von der erschöpften vierundachtzigjährigen Analytikerin. Mit Verblüffung und Freude hörte ich bei der Verabschiedung, daß sie mich für den nächsten Nachmittag einlud, um unser Gespräch fortzusetzen. Daraus entstand eine bis zu ihrem Tod im Jahre 1982 währende Bekanntschaft.

Ein paar Tage später feierten Paula Fichtl und ich am Küchentisch unser Wiedersehen. Von nun an besuchte ich sie häufiger, hörte genauer zu, stellte gezieltere Fragen. Sie war auch einverstanden, daß ich bei unseren Zusammenkünften immer ein Tonband laufen ließ. Ich wollte mehr über Anna und Sigmund Freud aus der Sicht ihrer Haushälterin erfahren. Der Vater der Psychoanalyse und seine Tochter, die beide die Preisgabe des Verschwiegensten zum Fundament ihrer Wissenschaft und Therapie gemacht hatten, waren zeitlebens selbst nicht bereit, Einblicke in Persönliches zu gewähren. Sigmund Freud sorgte schon frühzeitig dafür, daß seine zukünftigen Biographen es einmal schwer haben würden. Als Neunundzwanzigjähriger schrieb er an seine Braut Martha: »... Ich habe alle meine Aufzeichnungen seit vierzehn Jahren und Briefe, wissenschaftliche Exzerpte und Manuskripte meiner Arbeit vernichtet ...« Bis zum Tode Anna Freuds wurden Informationen und Briefveröffentlichungen aus ihrem Umkreis streng kontrolliert – was nicht der reinen Lehre diente, fiel der Redaktion zum Opfer.

In insgesamt über achtzig Stunden Tonbandaufnahmen erzählte mir Paula Fichtl ihre Lebensgeschichte. Was sie dachte, fühlte, glaubte, hörte und in dreiundfünfzig Jahren bei den Freuds beobachtete. »Wer Augen hat zu sehen und Ohren zu hören, überzeugt sich, daß die Sterblichen kein Geheimnis verbergen können. Wessen Lippen schweigen, der schwätzt mit den Fingerspitzen ...« So hatte es Sigmund Freud in einem Patienten-Bericht formuliert.

Auch Paula Fichtl wußte den »g'scheiten Leut« auf ihre Weise genau auf die Finger zu schauen. Sie erzählte mir nichts über den Wissenschaftler Sigmund Freud, aber über den Arbeitgeber, den Gastgeber, den Pascha im Zentrum eines Frauenhaushaltes, den Briefmarkensammler, den Vater und eher phantasielosen Ehemann. Von Anfang an mußte ich Paula Fichtl immer wieder versichern, ihre Erinnerungen erst nach dem Tod von Anna Freud zu veröffentlichen. Und erst nach der Auflösung des Freud-Haushaltes in London gab sie mir die Zustimmung zur

Sichtung und Auswertung ihrer Briefe, Dokumente und Fotos. Es kamen Hunderte von Briefen zum Vorschein. Vor allem waren es Briefe Anna Freuds und ihrer Lebensgefährtin Dorothy Burlingham-Tiffany, die mir eine fast vollständige Chronik des »Innenlebens« im Londoner Freud-Haushalt vermittelten. Ergänzt und erhärtet habe ich die Informationen aus den Briefen und Dokumenten durch zahlreiche Interviews mit Kennern und Freunden der Familie Freud.

Das Ergebnis ist nicht zuletzt die Lebensgeschichte eines österreichischen Dienstmädchens, 1902 geboren, dem es beschieden war, einen der bedeutendsten Wissenschaftler des 20. Jahrhunderts in seinen schwersten Jahren zu umsorgen.

London, Mai 1987 Detlef Berthelsen

I. Gnigl

Bruchstücke einer Kindheit

Das Wasserrad stand still. In der Stube des Hauses Mühlstraße Nr. 14 lag der Leichnam des »Kirchtagmüllers«, aufgebahrt im offenen Sarg. Er schläft, dachte das kleine Mädchen, als es vom Arm des Vaters auf den alten Mann herabblickte. Die Stille im ganzen Haus, das gedämpfte Murmeln der Erwachsenen, ihre schwarzen Kleider und die bedrückten Gesichter machten ihr keine Angst. Nur ruhig mußte sie jetzt wohl sein, bis der Großvater wieder aufstand. Der Tod gehörte nicht zur Welt des zweijährigen Kindes.

Der alte Müller war ein ehrgeiziger Mann gewesen, Aufbruchstimmung lag über der ganzen Region, und Felix Fichtl zählte sich nicht zu jenen, die den Zug der Zeit verpaßten. Elektrizität hieß das Zauberwort – sie sollte dem Salzburger Hinterland den Sprung aus dem 19. ins 20. Jahrhundert ermöglichen. Dreizehn Wassermühlen gab es bereits im Dörfchen Gnigl am Fuß des Gaisbergs. Allein acht, darunter die Kirchtagmühle, bezogen ihren Antrieb aus dem »Kohlhubgerinne«. Weitere fünf – und das waren die reichen Anwesen – lagen am »Glockmühlgerinne«, das vom Alterbach abzweigte und bei der Holzinger Mühle noch zusätzliche Kraft durch das einmündende Kohlhubgerinne gewann. Zu fast jeder Mühle gehört auch ein Backhaus, Gnigl ist der Hauptbrotlieferant Salzburgs; jeden Morgen zieht eine Prozession von Handwagen voller Schwarzbrotlaibe in die Stadt.

Kornmahlen und Brotbacken mögen die Familie ernähren, aber Felix Fichtl möchte mehr sein als nur einer der »kleinen Müller« vom Kohlhubgerinne. Als Energielieferant will er es den Großen, den Glockmüllern, gleichtun. Geld wird aufgenommen, das große Wasserrad wird gebaut, und auch noch ein Furniersägewerk entsteht neben der Mühle. Bald beziehen drei Nachbarn ihren Strom vom alten Fichtl, entlang des Bachs wächst Kleinindustrie: eine Kalkbrennerei, eine Feilenhauerei, eine Ölstampfe, eine Bürstenbinderei. Gnigl prosperiert. Über 6000 Einwohner zählt die Gemeinde um die Jahrhundertwende.

Aber der »Kirchtagmüller« hat sich übernommen. Trotz Sägewerk und energieerzeugendem Wasserrad – es gibt zu viele gleichartige Kleinbetriebe in Gnigl, und die »fünf vom Glockmühlgerinne« haben die größere Kapitaldecke und bestimmen die Preise. Als der alte Fichtl stirbt, ist das Anwesen hoch verschuldet.

So drücken die Gesichter der Hinterbliebenen am Sarg des Alten neben der Trauer auch große Zukunftsangst aus. Felix, der älteste Sohn, wird die Mühle übernehmen. Zusammen mit seiner Frau und vier Kindern siedelt er vom nahe gelegenen Itzling nach Gnigl um. Aber der Antritt des Erbes ist ihm eine lästige Sohnespflicht. Der Mühlenbetrieb und das dazugehörige Geschäftemachen liegen ihm nicht, er ist Schaffner bei der k.u.k. Eisenbahn und hat weder Zeit noch Lust, sich um die finanziell marode Kirchtagmühle zu kümmern. Auch daß die Witwe im Haus bleibt, trägt nicht dazu bei, den neuen Besitz verlockend erscheinen zu lassen. Im Gegenteil, eine Krone täglich muß er ihr als Legat aus seinem ohnehin kärglichen Beamtensold zuschießen.

Nach dem Tod des alten Fichtl herrscht eine ungute Atmosphäre in der Mühlstraße 14. Vor allem für Maria Fichtl und ihre Kinder werden die Tage zunehmend überschattet von Mühsal und Leiden. Paula, die Zweijährige, die noch beim Anblick des toten Großvaters keine Angst verspürte, wird, ohne dies richtig zu begreifen, Zeugin des langsamen Verfalls ihrer Mutter. Die Fünfunddreißigjährige ist seit Jahren lungenkrank. Paula ist ihr sechstes Kind, zwei, Karl und Elisabeth, starben schon wenige Wochen nach der Geburt. »Diese habe ich nicht gekannt, das war vor meiner Geburt«, schreibt Paula Fichtl als alte Frau naiv-traurig in ihrem »Versuch meiner Lebensgeschichte, soweit ich zurückdenken kann«.

Kaum nach Gnigl umgezogen, ist Maria Fichtl bereits wieder »in guter Hoffnung«. Ein Mädchen, Rosa, wird im Mai 1905 geboren. Mit jedem Monat wird die Frau schwächer. »Die Mutter arbeitete, solange sie noch Kraft hatte«, erinnert sich Paula später. Immer öfter muß Maria im Bett bleiben, dabei die richtige Lage suchen, um wenigstens die Atemnot zu lindern: »Damals gab es noch keine Hilfe für Lungenkranke, es war so wie jetzt das Krebsleiden.«

Paula war das alles fremd. Sie spielte gern im Krankenzimmer, meist allein mit ihrer Holzpuppe »Greta«, die ihr der Vater zum fünften Geburtstag geschenkt hat. »Greta« war wenig mehr als »ein Holzkegel, dem ein Gesicht angemalt wurde«, trotzdem war Paula stolz und »wurde sehr glücklich damit«. Felix, der ältere Bruder, »mußte mir öfters eine Ohrfeige herunterhauen, da ich der Mutter oft den kleinen Polster fortnahm zum Spielen, ich brauchte ihn als Tischchen für meine Puppe« – ein Polster, das der Mutter als Stütze beim Luftholen dient.

Die Großmutter hat mit der Familie ihres Sohnes nicht viel im Sinn. Den Ehrgeiz ihres Mannes hatte sie wohl gefördert, die Aussicht auf Wohlstand und Ansehen als ihr Recht betrachtet. Jetzt, da beides ausbleibt, teilt sie vorwurfsvoll und widerwillig das Haus mit der kranken Schwiegertochter und fünf Kindern. »Großmutter half nicht viel, sie hatte nicht viel Sinn für Kinder.« Paulas Vater entzieht sich dem alltäglichen Elend durch seine Arbeit auf der Strecke nach Innsbruck oder im Salzburger Verschiebebahnhof. Der Eisenbahnkondukteur Felix Fichtl hat wenig Verständnis für eine Frau, die »sich anstellt« und nur im Bett herumliegt, wenn er alle drei Tage von seiner Tour Salzburg-Innsbruck nach Hause kommt. »Manchmal schimpfte der Vater, sie soll doch aufstehen.«

»Die Mutter weinte sehr, ich wollte ihr frische Semmeln kaufen von meinen Ersparnissen. Die steckten in so einem kleinen Porzellanschweinchen, da mußte man lange schütteln, damit 1 bis 2 Kreuzer herausfielen. Wir bekamen manchmal von den Nachbarn eine Kleinigkeit, aber für uns war es viel. Ich war immer hungrig und meinte, wenn die Mutter etwas zu essen bekommt, wird sie wieder gesund.«

Der Ehemann besteht ungeachtet des Zustandes seiner Frau auf seinem Recht. Paulas Mutter wird ein achtes Mal schwanger. Im Sommer 1908 kommt die kleine Agnes zur Welt, zweieinhalb Monate später stirbt die Mutter an Auszehrung. Paula ist in diesem März sechs Jahre alt geworden.

Die Sechsjährige begreift nicht, daß es den einzigen Menschen, den sie liebt und der sie liebt, nicht mehr gibt, daß ihr Leben von nun an ohne Liebe sein wird. Der Tod der Mutter ist für Paula Fichtl ein Schock, von dem sie sich ein Leben lang nicht erholen wird. »Das komische war, ich hatte ein schweres Herz, aber konnte nicht weinen, so machte ich ein Taschentuch naß, spuckte es an, so daß es wirklich aussah, als ob ich weinte. Mein Bruder sah es, was ich machte, und ich bekam wieder Ohrfeigen. Er sagte, daß so etwas falsch ist, ich sagte, ich kann nichts dafür, wenn kein Wasser bei den Augen kommen will.«

Der Vorfall mit dem Polster der Mutter, die gefälschten Tränen – zumindest ihr Bruder Felix ahnt offenbar, daß sich hinter diesem scheinbar Unbedeutenden durchaus Ambivalentes in der kindlichen Psyche der Schwester verbirgt.

»Nun fing der Ernst des Lebens an«, faßt Paula die ersten sechs Jahre ihres Lebens zusammen. In der Mühlstraße 14 in Gnigl ist alles »kalt und leer, ich konnte meine Mutter im Haus nicht mehr finden, ich muß wohl den Versuch aufgeben, die Mutter wiederzufinden und bei ihr zu spielen«. Familienleben gibt es nach dem Tod der Mutter für Paula und ihre Geschwister nicht mehr. Maria, die »Mitzl«, mit zehn Jahren die älteste Tochter, tut, was sie kann, zieht die Kinder an, schickt sie zur Schule, die Großmutter macht das Mittagessen. Der Vater ist häufig beruflich unterwegs.

Auch Paula muß mitarbeiten. Auf einem Schemel vor dem Abwasch stehend, spült sie – nicht ohne Stolz über ihren Beitrag – das Geschirr. Aber »einmal, konnte ich mich erinnern, Vater hatte Dienst, mein älterer Bruder wollte mit den Schwestern in die Stadt gehen, so sagt meine Schwester, ich soll das Geschirr vom Mittag abwaschen, ich kann es beim Bach machen, welcher beim Haus vorbeigeht; es waren fünf Schüsseln. Ich ging hinaus, anstatt jede einzeln zu waschen, nahm ich alle fünf auf einmal, sie fielen hinein und schwammen fort, ich konnte sie nicht wieder erreichen.

Vater kam Montag nach Hause vom Dienst, Großmutter ging vormittag in die Stadt und kaufte welche, aber die waren ganz anders. So gab Großmutter die Suppe hinein, sie ging in die Küche. Wie der Vater das sah, fragte er sofort, wo sind die anderen Schüsseln. Niemand antwortete, so sagte ich, sind mir in den Bach gefallen. Wir mußten alle, ohne etwas zu essen, schlafen gehen. Das ist oft passiert. So ging es halt weiter für 10 Monate.«

In dieser Zeit geht Felix Fichtl zielstrebig auf die Suche nach einer neuen Frau für sich und einen Muttersatz für die Kinder. »Ein paarmal kamen Frauen zum Haus, anschauen. Einmal sagte Vater, heute kommt eine Frau, vielleicht wird sie eine Mutter. Ich dachte, eine fremde Frau kann nicht unsere Mutter werden, aber ich glaube, sie hat es sich überlegt.« Ein andermal sind es zwei Frauen, »denke Mutter und Tochter, glaube, es hat ihnen der Vater nicht gefallen oder zu viel Kinder«. Aber Felix Fichtl ist hartnäckig und »soll ein schöner Mann gewesen sein, groß, blond, schlank«. Im September 1909, elf Monate nach dem Tod der ersten Frau, heiratet er zum zweiten Mal.

Elisabeth Strasser heißt die Stiefmutter, aber »es war nicht so wie bei der alten Mutter, aber besser als allein sein. Es kamen keine Kinder mehr«. In der neuen Rolle als Haushälterin und Ziehmutter erkennt Elisabeth bald, daß der Charme des feschen k.u.k. Kondukteurs Felix Fichtl viele Schattenseiten verdeckt. Geld ist immer noch zu wenig da, mit Kindern hat sie keine Erfahrung, der Mann kommt, da er die Kinder versorgt glaubt, nur noch höchst unregelmäßig nach Hause. Im Wirtshaus sieht man ihn sehr viel häufiger, hier ist der »Fichtl-Vetter« auch weitaus beliebter als in der Nachbarschaft. Kommt er schließlich heim, gibt es regelmäßig Vorwürfe und Streit, der für die junge Ehefrau oft mit »Ohrfeigen und Haarereißen« endet.

Ehelicher Verkehr mit der Aussicht auf weitere Kinder kommt unter diesen Umständen freiwillig nicht mehr zustande. Die Schlafstätten werden getrennt, zwei Jahre nach der Hochzeit muß Elisabeth Fichtl sich einer Unterleibsoperation unterziehen. Ihr Ehemann findet jedoch auf seinen Dienstfahrten reichlich Gelegenheit, seinen sexuellen Bedürfnissen nachzugehen.

Für die siebenjährige Paula bleibt das Elternhaus ohne Wärme und Freude. »Wir bekamen viele Strafen, es war traurig, oft dachte ich, wann kommt die Mutter wieder zurück. So aber wurde zwischen den Eltern viel gezankt. Wie ich größer war, habe ich verstanden, daß wir zu viele Kinder waren zum Erhalten.«

Das Desinteresse des Vaters an Frau und Kindern, die immer aussichtsloseren Geldangelegenheiten im Hause Fichtl – die Stiefmutter gibt auf. »›Eines Tages‹, sagte die Mutter, ›kann ich euch nicht alle zu Hause haben.‹«

Die kleine Agnes war bereits zwei Wochen nach der Geburt auf Drängen des Arztes zu den Eltern ihrer Mutter gegeben worden: Die Tuberkulose-Gefahr war für den Säugling zu groß. Felix, mit fünfzehn Jahren der älteste und für damalige Verhältnisse fast schon erwachsen, wird jetzt nach Hallein geschickt, dort hat man für ihn eine Lehrstelle in einer Tischlerei gefunden.

Die vierzehnjährige Mitzl, das »Arbeitstier«, wird als Hilfe in einem Salzburger Bürgerhaus untergebracht. Zu Paula »kam die Mutter und sagte, ich soll zu den Großeltern. Ich kann mich noch erinnern, ich hatte nur ein Kleid für zu Hause, ein Kleid für Sonntag und um zur Schule zu gehen, also nur zwei Kleider«.

In Gnigl bleiben nur der achtjährige Alois und Rosa, die zweitjüngste Tochter. Groß war die Begeisterung nicht, die das Kind des »Fichtl-Vetters« im Haus der Stief-Großeltern erwartete. Statt ihre Tochter bei einem Bahnbeamten in gesicherten Verhältnissen »unter der Haube« zu wissen, kam nach nicht einmal einem Jahr erneut die Belastung einer »Tochter« auf sie zu. Im Hause Strasser mußte an allen Ecken und Enden gespart werden. Auch an der kleinen Paula. »Im Herbst ging ich zu einem Bauern, Kühe hüten, damit ich den Großeltern nicht zur Last fiel wegen dem Essen, da sie auch arm waren, nur ein kleines Haus hatten.«

Viel zu essen gibt es auch beim Bauern nicht. Das Leben auf den kleinen Höfen im Salzburger Land war zu Beginn des 20. Jahrhunderts nichts anderes als ein tägliches Darben am Rande des Existenzminimums. Es gab »nur eine Kuh, die Milch wurde verkauft, nur wenig blieb im Haus für uns«.

II. Nussdorf, Salzburg, Wien

In Stellung

Im heißen Sommer des Jahres 1914 brach der Erste Weltkrieg aus; das Ende der Donaumonarchie des greisen Kaisers Franz-Joseph war gekommen. Hohe Verluste in den Kämpfen erforderten immer neue Mobilisierungen in der Heimat; Arbeitskräfte wurden knapp. Auf den Höfen und in den kleinen Gewerbebetrieben um Salzburg blieben fast nur noch Frauen und alte Männer zurück. Paula war »12 Jahre und 5 Monate alt, da sagte die Großmutter, du mußt nun arbeiten gehen; so kam ich zu einem Kaufmann Oberreiter in Nußdorf bei Oberndorf«. In Nußdorfs Krämerladen ist Paula Fichtl Mädchen für alles. Vater Oberreiter ist im Krieg, die Mutter muß sich neben dem Geschäft noch um ihre Kinder kümmern: achtzehn und drei Monate sind die beiden Kleinen. Im Laden ist Paula bald unentbehrlich: Sie verkauft gern, eilt zwischen Geschäft und Lagerboden hin und her, mißt von der Rolle Nähgarn ab, zählt Nägel in kleine Tüten. Daß sie durch ihre Dienstleistungen Aufmerksamkeit erfährt, auch – zum ersten Mal – das eine oder andere freundliche Wort als Dank für ihren Eifer hört, bleibt die entscheidende Erfahrung dieser Jahre. Das junge Mädchen, in der Pubertät stehend, registriert genau, daß sie Wohlwollen hervorrufen kann, indem sie anderen Arbeiten abnimmt. Auch eine gewisse Macht über die Kunden wird sie in dem kleinen Reich hinter dem Ladentisch wohl empfunden haben; sie weiß, wo alles ist, und erfüllt den

Käufern ihre Wünsche, kaum, daß sie sie geäußert haben. Doch Paula erlebt auch das Gegenteil, Sanktionen, wenn sie einmal nicht verfügbar ist. »Manchmal bin ich davongelaufen und habe mit den Kindern gespielt«, dann aber bekommt sie von der Krämersfrau barsch zu hören: »Wir haben dich zum Arbeiten angestellt, nicht zum Herummachen.« »Dabei bekam ich keinen Lohn, auch das Essen war wenig. Wie der Krieg zu Ende war, kam mein älterer Bruder auf Urlaub. Er war so entsetzt, daß ich so bettelarm aussah, so sagte er zu der Dame, ich muß woanders in Stellung gehen, wo ich etwas verdiene und mir was kaufen kann und nicht wie ein Bettelkind aussehe.«

Felix Fichtl nimmt seine Schwester mit zurück nach Gnigl, und die Stiefmutter geht mit ihr in die Stadt, nach Salzburg, eine Stelle suchen. Schneiderin oder Verkäuferin will die Sechzehnjährige am liebsten werden. Eine Lehrstelle zu finden erweist sich schnell als aussichtslos. Österreichs Industrie und Kleingewerbe sind durch den Krieg geschädigt, neue Kleidung steht auf der Wunschliste der Menschen ganz unten. Also kommt Paula wieder in ein Geschäft, »wo ich mithalf, wenn es viel zu tun gab«. Aber dort fühlt sie sich nicht wohl. Doch statt sich wie bisher zu fügen, miserable Lebensumstände still zu ertragen, geht Paula nach einem halben Jahr. Das siebzehnjährige Mädchen ist entschlossen, eine Umgebung, die ihr nicht behagt, keinesfalls mehr hinzunehmen.

Der Ausweg findet sich durch ihre Schwester Maria. Die Mitzl, 21 Jahre alt, tüchtig, gescheit, durch die Sorge um die jüngeren Geschwister früh selbständig, hat ihren Weg gemacht.

Sie ist Stubenmädchen im Haus einer Gräfin Blome. Durch ihre Fürsprache wird Paula eingestellt. Als Küchenmädchen im gräflichen Haushalt lernt sie die Feinheiten der österreichischen Küche, die Gaumenfreuden der feinen Leute kennen. Drei Jahre wirkt sie so im Souterrain zwischen Kochstube und Schlafkammer. Paula sieht zwar nicht viel von den »Oberen Zehntausend«, aber die Schwester hat ihr viel zu erzählen: Details, aufgeschnappt beim Auftragen und Saubermachen, die den Eindruck von Intimität mit dem Leben der Herrschaft hervorrufen. Zur vier Jahre älteren Schwester entwickelt sich in dieser Zeit das einzige Vertrauensverhältnis, das Paula je »von gleich zu gleich« erleben wird. In zehn Jahren, in denen sie nur herumgeschoben, als lästige Kostgängerin betrachtet wurde, ist es ihr zur zweiten Natur geworden, »niemandem alles zu sagen«.

Die Schwester Mitzl bleibt – in Grenzen – ihr Leben lang der einzige Mensch, dem Paula mitteilt, was sie denkt und bewegt. Zu den anderen Geschwistern, zur Stiefmutter, besonders zu ihrem Vater hat sie kein Verhältnis mehr: Allenfalls hört man voneinander. Für Paula hat sich mit dem Tod der Mutter die Familie in wenige Kindheitserinnerungen aufgelöst. Geblieben ist ihr – unauslöschlich – jedoch das Bild der von Leid und Trostlosigkeit bestimmten Ehen der Mutter und ihrer Nachfolgerin.

Das Küchenmädchen der Gräfin Blome ist mit knapp zwanzig Jahren eine fesche, appetitlich aussehende Person in der Welt der Hausangestellten und Bediensteten. Erste Verehrer stellen sich ein. Die Mitzl solle ihre »kleine Schwester« doch ruhig einmal mitbringen, wenn sie Ausgang habe ... Paula geht mit, aber eher aus Langeweile denn aus Neigung. Sie läßt sich den Hof machen. Rudolf Schürer heißt ihr erster Freund, ein jüngerer Bruder des derzeitigen Verehrers der älteren Schwester. Für Schmeicheleien und Aufmerksamkeiten ist das junge Mädchen empfänglich, und sich fesch zu machen, bereitet ihr durchaus Vergnügen. Aber wohl ist ihr bei der Sache nicht. Zumal Rudolf »ein paar Jahre jünger war als ich, das hat mir überhaupt nicht gefallen«, bald will sie ihn loswerden. Das fällt ihr nicht schwer, denn der junge Mann verliert schnell das Interesse, als er merkt, daß bei Paula nichts zu »machen« ist.

Andere Verehrer kommen zu Verabredungen, aber Paula ist immer heilfroh, »wenn s' nix von mir verlangt haben«. Was dabei herauskommt, »wenn s' was verlangen«, weiß Paula nur zu genau. »I hab' viele Mädl kennt, die in der Hoffnung kommen san, dann war das ganze Leben futsch.« Vor allem sieht sie, wie es der älteren Schwester ergeht. Maria wird schwanger, der Vater des Kindes drückt sich, die junge Frau steht mit ihrem Töchterchen allein in der Welt. Von der Familie ist keine Hilfe zu erwarten. »Die haben s' die Mitzl verstoßen.« Paula dagegen hat Glück. Sie kommt voran: vom Küchenmädchen bei der Gräfin Blome zum Stubenmädchen im Haushalt der Baronin Imhof in Klein-Gmein. Die Gräfin bescheinigt ihr in einem Zeugnis, daß sie sich als »treu, ehrlich, äußerst fleißig und in jeder Art sehr geschickt erwiesen hat. Sie verläßt auf eigenen Wunsch ihren Posten, und ich kann sie nur auf das Beste empfehlen«.

Paula ist wieder allein. Neben der Arbeit hat sie keine eigenen Interessen. Auch in der neuen Stellung »sind mir die Männer nachgelaufen, aber ich hab' sie nicht herbeigelassen«. Die Vorstellung einer näheren Beziehung oder gar eine Heirat ist für die junge Frau ein einziger Schrecken. Trotzdem geht sie mit dem einen oder anderen, weil das halt so üblich ist. Also schaut sie »nie mit Vergnügen einem Zusammensein entgegen«. Wenn die Aufmerksamkeiten zu drängend werden, ist ihr einziger Gedanke, »der Mann braucht 's Kind nicht zu kriegen«.

Außer der Angst vor der Schwangerschaft empfindet Paula körperlichen Kontakt zu Männern als »ganz entsetzlich«. Sie versteht einfach nicht, »wie die Leut' sagen können, des is so a Vergnügen«. Für Paula bedeutet »in ein Hotel gehen was Furchtbares«, da ist nur »ein Angstgefühl, als ob der will mich umbringen«. Auch wenn sie sich Mühe gibt, sie steht »immer Todesängste aus«, selbst bei harmlosen Zärtlichkeiten »hat sie nie ein Gefühl, nie Genuß«. Resigniert-erleichtert erkennt sie, »ich war nicht dafür«. Paula entwickelt eine Überlebensstrategie. Zwar geht sie nach wie vor mit Männern aus, aber »nach ein paar Wochen oder Monaten, wenn s' dann was g'wollt haben, hab i halt g'macht, daß i die losworden bin. Komisch war, nit daß ich mir was einbild, aber die haben nie von mir loswerden wollen.«

Mit 24 Jahren, in einem Alter, als ihre Mutter bereits zwei Kinder zur Welt gebracht hatte, muß Paula all ihre Verzögerungs- und Ausredekünste aufbringen, um der gefürchteten Heirat zu entgehen. Ein hartnäckiger Verehrer hat sie soweit gebracht, einen Verlobungsring anzunehmen. Aber die junge Frau hatte in Gnigl von der Ehe »genug gesehen«. Das Schicksal ihrer Mutter hat ihr ein für allemal gezeigt, daß das Leben einer Ehefrau aus Dulden, Schwangerschaft und Krankheit besteht. Dafür ist das Stubenmädchen Paula »nicht die richtige Frau«, dafür ist sie »zu energisch«. Und so sagt sie ihrem »Verlobten« schließlich »dankschön, i mag net« und geht.

Es ist ein zweifacher Abschied. Zum einen geht sie aus Salzburg fort und nimmt eine Stellung in Wien an, zum anderen verläßt sie endgültig jene Welt der Erwachsenen, bestehend aus Ehe und eigenem Hausstand, das furchteinflößende Mit- und Gegeneinander zwischen Männern und Frauen.

Paula Fichtl wird Kindermädchen bei Dorothy Burlingham-Tiffany, einer Tochter des New Yorker Juwelenkönigs Louis Comfort Tiffany.

Ein Jahr zuvor, 1925, war die vierunddreißigjährige Millionärstochter mit ihren vier Kindern aus den USA nach Wien übergesiedelt, das Heil und ihre Bestimmung in der Psychoanalyse Sigmund Freuds suchend. Wien und Freud boten Dorothy Burlingham Zuflucht vor einer verheerenden Ehe mit einem zeitweise geistesgestörten Mann, Dr. Robert Burlingham – er stürzte sich Jahre später aus einem Fenster zu Tode –, und ihren eigenen Problemen.

In diese amerikanische Familie ohne Mann kommt die junge Frau aus dem Salzkammergut. Das Leben der Burlingham-Kinder muß Paula wie ein wiedergefundenes Paradies erscheinen; kein Vergleich mit ihrer eigenen Kindheit und der ihrer Geschwister. Geld, Essen, Kleidung, Spielzeug – alles ist überreichlich vorhanden. Und auch Paula selbst kann, zumindest am Rande, daran teilhaben. In ihrer Arbeit als Kinderstubenmädchen fühlt sie sich in der Rolle der älteren Schwester, die damals im Elternhaus die Sorge für die kleinen Geschwister übernommen hatte. David, Michael, Mary und »Tinky« Burlingham fassen schnell Zutrauen zum »Fräulein Paula«. Die entdeckt, daß sie »Kinder gern hat, besonders Mäderl«, und tagträumt, »ich müßt zehn Mäderl haben, die werd ich besonders schön anziehen«. Jungen sind ihr »zu grob, zu roh, die Mäderl können viel zärtlicher sein«. Aber es muß beim Träumen bleiben, denn Paula glaubt fest, daß es Glück mit Kindern nur geben kann, »wenn man ruhig und allein leben kann« wie Dorothy Burlingham, »mit dem Mann ist immer Gehässigkeit da, die wenigsten Männer sind gutmütig«.

Daß sie in einem Haushalt lebt und arbeitet, dessen Mitglieder gerade die nötigsten Wörter der deutschen Sprache beherrschen, irritiert Paula überhaupt nicht. Sie verwöhnt die Kinder, backt Leckereien, spielt mit ihnen und merkt bald, daß ihre Mutter »eine kalte Frau ist, sehr reserviert«, die »nie hat die Liebe zeigen können, auch zu den Kindern nicht«.

Dorothy Burlingham ist durch eigene Erfahrungen mit der Lehre Freuds so von deren Wert überzeugt, daß sie ihre vier Kinder zu Freuds Tochter Anna in die Analyse gibt. Zwanzig US-Dollar pro Sitzung und Kind – im inflationsgeschädigten Österreich der zwanziger Jahre ein kleines Vermögen. Trotz der Behandlung nehmen sich zwei Kinder später als Erwachsene das Leben.

Zwei Jahre nach Paula Fichtls Dienstantritt bei den Burlinghams zieht die Familie um. Dorothy Burlingham mietet ein Obergeschoß des Hauses Berggasse 19 im IX. Wiener Bezirk, unmittelbar über Wohnung und Praxis Sigmund Freuds. Die Amerikanerin gehört mittlerweile nicht nur zum engeren geistigen Kreis um den Begründer der Psychoanalyse, sondern ist mit seiner Tochter Anna auch seit längerem durch eine intime Freundschaft verbunden, die beider Leben lang Bestand haben wird.

Die Burlingham-Kinder wachsen heran. Der jüngste wird acht, die älteste ist vierzehn Jahre alt, als Dorothy Burlingham schwer an Tuberkulose erkrankt. Paula, durch die Krankheit ihrer Mutter überaus anfällig, soll der Gefahr einer Ansteckung entzogen werden. Ein günstiger Zufall will es, daß die Familie Freud gerade zu diesem Zeitpunkt ein neues Stubenmädchen sucht. Paula aber fühlt sich abgeschoben. In der Erinnerung wird ihr Dorothy Burlingham schlicht eröffnen: »Die Kinder sind so groß, die brauchen Sie nicht mehr. Wir nehmen jetzt ein Kinderfräulein, Sie müssen sich was Neues suchen.«

Der Schock über die vermeintliche Vertreibung aus dem Paradies sitzt tief. Paula ist »wie vor den Kopf geschlagen«, glaubt, »als Fräulein bin ich wohl nicht gut genug«. Sie will »nicht wieder wandern« oder gar zurück nach Salzburg. Ein paar Tage nach dem Schock teilt Dorothy Burlingham Paula mit, daß die Freuds ein Stubenmädchen suchen; sie solle sich doch ein Stockwerk tiefer vorstellen. Paula verzeiht der »Misses Burlingham« diesen Schlag nicht, behält aber ihre Gefühle für sich. Am Vormittag des 15. Juli 1929 klopft sie an die Eingangstür mit dem Schild: »Prof. Dr. Freud«.

III. Berggasse 19

Die Herrschaft

Unglücklich, verschüchtert, aber auch ein wenig störrisch tritt Paula Fichtl ihre neue Stellung an. Sie weiß, daß sie zu »alten Leuten kommt«, »die sind immer eigensinnig, 's is schwer, für die zu arbeiten«. Also hat sie »nicht wirklich Lust«, und ihr erster Eindruck ist denn auch, »das ist alles so ernst, so strikt, da paß ich nicht hinein«. Neben Paula beschäftigen die Freuds noch zwei weitere Hausangestellte, eine Anna und Maria Poidinger, das zweite Stubenmädchen, die beide jeden Morgen zur Arbeit kommen.

Offiziell eingestellt und in den zukünftigen Tätigkeiten unterwiesen wird Paula von der »Frau Professor«. Zwar wird die junge Frau auch dem »Herrn Professor« vorgestellt, aber »der hat mich nur kurz von oben bis unten angeschaut und gemeint, die kann bleiben«. Die achtundsechzigjährige Martha Freud ist, das stellt Paula bald fest, »eine sehr stille Frau, dabei eine wirkliche Hausfrau und sehr heikel auf alles, eine wirkliche Hamburgerin eben«. Ein ganz anderes Bild gewinnt Paula von der vier Jahre jüngeren Minna Bernays, Marthas Schwester, die seit 33 Jahren fester Bestandteil des Freudschen Familienlebens ist. »Tante Minna« hat »ein starkes Organ«, ist »resolut« und gegenüber der »hübscheren« Martha »plump«. Im Gegensatz zu Freuds Frau erscheint Paula die »Tante« »sehr possessiv«. Daß ihr Schlafzimmer direkt neben dem der Freuds liegt und nur durch dieses zu betreten ist, nimmt Paula zur Kenntnis. Bei den Herrschaften ist offenbar alles ein wenig anders.

Zur Wohnung gehören weiterhin Sprech- und Schlafzimmer Anna Freuds. Die jüngste Tochter ist als einziges der sechs Kinder im elterlichen Haus geblieben, im Grunde aber beim Vater. Freuds Wissenschaft erwächst in der Dreiunddreißigjährigen eine legitime Kronprinzessin. »Ich hätte ein Junge werden sollen«, erzählte sie. Sigmund Freud, enttäuscht über das »fehlende Zipferl«, taufte sie auf den Vornamen seiner Schwester, die er am wenigsten mochte. Danach findet sich der gekränkte Vater rasch in sein Los. Die begabte Tochter, die die Entstehungsjahre der neuen, umstrittenen Theorie und Methode miterlebt hatte und mit Begriffen wie Ödipus-Komplex, Libido und Traumsymbolik von Jugend an vertraut war, tritt schon bald in die väterlichen Fußstapfen. Nachdem sie zunächst, nach abgelegtem Lehrerinnen-Examen, an einer Volksschule unterrichtet, wendet sie sich immer stärker der Psychoanalyse zu, besucht Freuds Vorlesungen und nimmt an den Sitzungen der Wiener Psychoanalytischen Vereinigung teil. Ihr Hauptinteresse gilt dabei den Kindern, sie beweist, obwohl selbst kinderlos, ein erstaunliches Einfühlungsvermögen in die kindliche Gefühlswelt. Schon in frühen Jahren wird »Annerl« von ihrem Vater analysiert, unter anderem kommt Freud dabei zu der Auffassung, daß seine Tochter in ihrem Leben nie heiraten und Kinder bekommen würde. Eines Tages stellt er ihr dann seine amerikanische Patientin Dorothy Burlingham-Tiffany vor. Es entsteht sehr schnell eine Freundschaft, die die volle Zustimmung Freuds findet. »Ich bin glücklich, daß Anna Dorothy gefunden hat und daß sie nun in guten Händen ist.«

Das Leben der drei Frauen – Minna, Martha und Anna – und der ganze, ziemlich düstere Alltag in der Berggasse sind seit langem einzig darauf ausgerichtet, dem Begründer der Psychoanalyse die Möglichkeit zu geben, ohne Ablenkung an seinem epochalen Lebenswerk zu arbeiten. Seit 1892 lebt die Familie in der Berggasse. Nach dem Auszug seiner Schwester Rosa hatte Freud 1907 den linken Flügel des zweiten Stockwerks dazugemietet und seine Praxisräume aus dem Erdgeschoß nach oben verlegt. In 19 Räumen lebt die »Wohngemeinschaft« der Freud-Bernays seitdem zusammen.

Paula Fichtl ist kaum vier Wochen im Haus, als die Familie ihren unterbrochenen Sommerurlaub im »Haus Schneewinkel« bei Berchtesgaden fortsetzt. Anna Freud wird ihren Vater diesmal ausnahmsweise nicht begleiten, sie ist zu einem Vortrag an die Universität Oxford eingeladen. Freud will in der Sommerfrische sein neues Buch *Das Unbehagen in der Kultur* zu Ende bringen. »Mizzi« Poidinger und Paula sollen die Wohnung hüten, die Köchin bekommt Urlaub. Paula hat so reichlich Zeit, sich an den neuen Arbeitsplatz zu gewöhnen.

Die angeschraubten Gitter aus Eisenstäben an den Innenseiten der Wohnungstür sind für Paula nichts Neues. Wie viele Bürgerwohnungen Wiens wird auch das Türholz der Freuds durch diesen Einbruchschutz verschandelt. In dem dreiviertelhoch mit hellem Holz verblendeten, schmalen Flur befindet sich wenig mehr als die Wandgarderobe – eine Reihe schmuckloser Metallhaken in der Holzvertäfelung –, ein Korbstuhl und ein Tischchen als Ablage. Am ersten Haken von der Tür aus – wichtig für die neue Hausangestellte – hängen die Einkaufsnetze. Gegenüber führt eine Tür ins Wartezimmer. Ein dreisitziges rotes Plüschsofa, ein paar Sessel, dunkle Tapeten mit großen Rankenmustern, an den Wänden Zeugnisse und Urkunden, dazwischen einige Fotografien, »wohl Kollegen vom Herrn Professor«, und »Bilder von die alten Griechen und Römer«, klassizistische Darstellungen von Mythologien, wie sie um die Jahrhundertwende üblich waren, als die Wohnung eingerichtet wurde.

Als Paula die Tür an der linken Seite des Wartezimmers öffnet, ist sie in einer anderen Welt: Freuds Behandlungsraum. Paulas erster Gedanke ist, daß sie »hier wird viel Teppichklopfen müssen«. Ein großer Perser bedeckt den Boden, ein weiterer dient als

Decke über einer Couch, ein dritter hängt hinter der Couch an der Wand, und noch ein vierter, kleiner Teppich liegt über einem Tischchen. In der Zimmerecke, unmittelbar neben der Couch, stehen ein schlanker, brauner Kachelofen und der Kohlenkasten, auf der anderen Seite, quer zum Kopfende, ein tiefer Plüschsessel mit hohen Armlehnen, davor ein Fußschemel. Auf dem teppichbelegten Tischchen, im Blickfeld des Sessels, befinden sich »lauter Männchen, Halbnackerte mit Glatze, einer hat sogar einen Hundekopf«, ein Teil von Freuds Sammlung griechischer, römischer und ägyptischer Antiquitäten. Auch die wuchtige Eichenregalwand dahinter ist »voll von Köpfchen und Schüsseln«, Paula entdeckt aber auch »kleine Löwen und ein Kamel«. Sie findet das alles »ein bisserl gruselig«; dort soll sie nun jeden Tag saubermachen, die dunkelroten Plüschkissen auf der Couch ausklopfen und vor allem bei der Nackenrolle und dem Kopfkissen darauf achten, »daß sie immer frisch mit weißem Leinen bezogen sind«, wie ihr die Hausherrin eingeschärft hat. Denn hier »müssen sich die Herrschaften alle hinlegen, wenn s' zum Herrn Professor kommen«.

Direkt neben der großen Tür zum Wartezimmer ist noch eine kleine Tapetentür, durch die man, ohne das Wartezimmer durchqueren zu müssen, wieder in den Flur gelangt. »Die ist für Leut', die nicht gesehen werden wollen, wenn s' beim Professor waren«, klärt Mizzi Poidinger Paula Fichtl auf.

Gegenüber der »Geheimtür«, wie Paula sie nennt, ist der Durchgang zum Arbeitszimmer des Professors. Hier sieht es erst recht aus »wie in einem Museum«. An den Wänden ringsum reihen sich die Bücher bis zur Decke. Davor Vitrinen und Kabinette voll von Figürchen, Vasen und Schalen. Von allen Seiten scheinen den Eintretenden Tonmasken und Steinköpfe anzublicken. Auch Fotografien hängen an den Regalen, »schöne Frauenspersonen, vielleicht Freundinnen vom Herrn Professor«, denkt Paula. Es sind Bilder von Lou Andreas-Salomé, Prinzessin Marie Bonaparte und Yvette Guilbert, der berühmten

Sängerin und Tänzerin, die Toulouse-Lautrec einst gemalt hatte. Am schönsten findet Paula Fichtl das Foto eines aufmerksam blickenden Schäferhundes. Ein Andenken an Wolf, den Hund von Anna Freud, der einige Jahre zuvor gestorben war. Ein wenig verwundert stellt Paula fest, »daß im ganzen Zimmer kein einziges Bild von der gnädigen Frau zu sehen ist«. Auf dem Schreibtisch – quer zum Fenster, durch das man auf den Garten im Hinterhof blickt – sind wieder Figuren aufgereiht »wie die Soldaten bei einer Parade«. Amüsiert betrachtet Paula »den Chinamann«, der auf dem Ablagetisch rechts vom Arbeitsplatz hockt, leicht vorgebeugt, mit geneigtem Kopf, und weise in Richtung Schreibtisch lächelt.

Nur der Inhalt einer Vitrine paßt überhaupt nicht in die antike Atmosphäre des Arbeitszimmers. Erstaunt steht das Dienstmädchen vor einer Sammlung von Feuerzeugen: An die zwanzig Stück liegen da auf blauem Samt unter Glas. »Die hat der Herr Professor von Freunden zum Geburtstag oder zu Neujahr bekommen«, erfährt Paula. Teure Stücke sind es allesamt, aus echtem Gold und Silber. Es wundert Paula nur, »warum die Leut' dem Professor die geschenkt haben, er hat doch immer nur Streichhölzer benutzt. Die sind billiger, die versagen nie, und wenn man sie verliert, ärgert man sich nicht, hat er immer gesagt«. Freuds Feuerzeugsammlung, von der nicht einmal ein Photo existiert, ist bis heute unauffindbar. Auch Paula Fichtl weiß nicht, wo die kostbaren Stücke nach der Emigration im Jahr 1938 geblieben sind.

Zum »Praxistrakt« der Wohnung gehört auch die »Ordination«, ein kleiner Rolltisch, der gerade genug Platz für einen Spiegel bietet, dazu zwei Wassergläser, eine Packung Verbandwatte und eine Emailleschale mit Scheren und Pinzette. Über dem Tisch ein Regal mit Fläschchen für Arzneitinkturen, daneben über dem Stuhl eine Wandlampe. Paula hat schon mitbekommen, daß Freud krank ist und hier jeden Morgen von seiner Tochter untersucht wird.

In dem rechtwinkligen Durchgang zwischen Ordination, Behandlungsraum und Wartezimmer steht Paulas Bett: eine Sitzbank, auf der sie jeden Abend ihr Bettzeug ausbreitet. Nach einem eigenen Zimmer zu fragen »hätt' ich mich nicht getraut«, und so wird sie die nächsten Jahre wie ein getreuer Hund gegenüber der »Geheimtür« vor den Räumen Sigmund Freuds die Nächte verbringen.

Links vom Eingangsflur, über der Straßenfront der Wohnung, reihen sich Anna Freuds Schlaf- und Arbeitszimmer, das Eßzimmer der Familie, das kleinere Wohnzimmer und schließlich noch das Wohnzimmer der »Tante« aneinander. In Anna Freuds Zimmer hängt über dem Sofa eine Radierung, die ihren Vater zeigt, »auf der er sehr streng blickt«. Paula fällt auf, »daß das Zimmer vom Fräulein kälter ist als das der Frau Bernays«: ein Sekretär, ein Karteischrank, ein Bücherregal, ein runder Tisch, zwei Sessel, der Schreibtisch. Die dunkeltapezierten Wände sind leer bis auf das Bild des Vaters. Anders bei »Tante Minna«: verschnörkelte Lampen auf der Kommode, eine Obstschale auf dem Tisch, ein Glasschränkchen mit orientalischem Porzellan, gemütvolle kleine Gemälde an den Wänden.

Das Wohnzimmer der Familie macht keinen großen Eindruck auf das neue Stubenmädchen. Blumenvasen auf dem Tisch, ringsum Sofa, Sessel und Stühle, aber »es hat nicht ausgeschaut, als ob hier oft Leute sitzen täten«. Belebter dagegen wirkt das Eßzimmer. Blumentöpfe im Fenster, selbstgehäkelte Gardinen und Tischdecken, eine Vitrine mit allerlei Nippes, ein Porzellanhirsch röhrt einen gläsernen Storch an, Kompottschalen, Teewärmer und Milchkännchen aus Messing stehen für den täglichen Gebrauch bereit. Überall auf Sesseln und Stühlen liegen Wolldecken: Die Fenster sind undicht, im Winter – besonders dem grimmigen von 1933/34 – zieht es trotz bullernder Kachelöfen gewaltig. In einem großen Bilderrahmen stecken Familienfotos, über dem Sofa das gleiche Bild vom Professor wie in Anna Freuds Zimmer, daneben ein Thermometer. Auf einem niedri-

Oben: Paula Fichtls Vater als junger Mann. Später arbeitete er als k.u.k. Eisenbahnkondukteur. Paulas Mutter starb, als das Mädchen sechs Jahre alt war. Felix Fichtl heiratete ein gutes Jahr nach dem Tod seiner Frau ein zweites Mal. Die Familie Fichtl war arm, und so wurde Paula im Alter von 14 Jahren zu ihren Großeltern gegeben

Unten: Paula Fichtl im Jahr 1929. Im Sommer tritt sie in der Wiener Berggasse 19 als Stubenmädchen ihre Stellung bei der Familie Freud an. Zuvor hat sie einige Jahre bei Dorothy Burlingham-Tiffany, einer Tochter des amerikanischen Millionärs, als Kindermädchen gearbeitet. Dorothy Burlingham ist zu diesem Zeitpunkt Schülerin Sigmund Freuds und wird später zur Lebensgefährtin Anna Freuds

6
PROF. Dr. FREUD
3-4

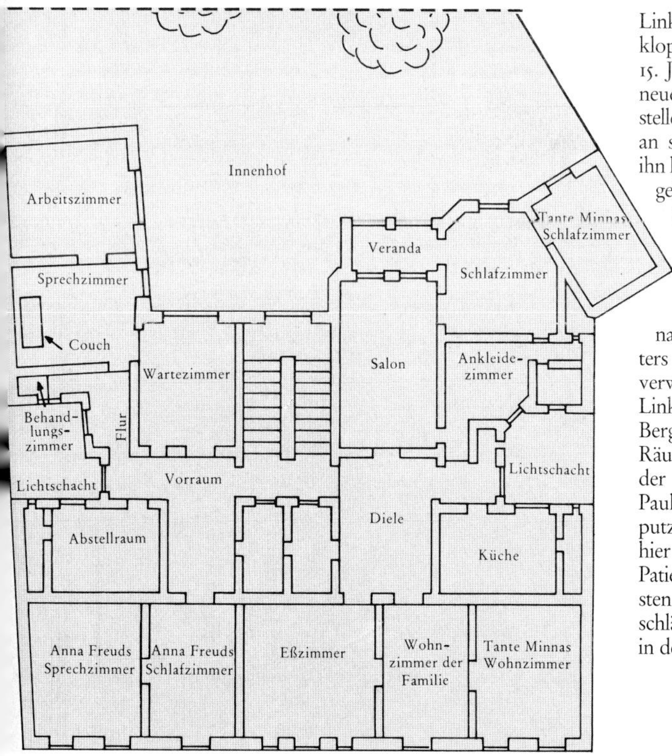

Linke Seite: An diese Tür klopft Paula Fichtl am 15. Juli 1929, um sich ihrer neuen »Herrschaft« vorzustellen. Sie »dient« Freud bis an sein Lebensende: »Für ihn hätt' ich mein Leben gegeben«

Oben: Sigmund Freud mit seiner Tochter Anna im Jahr 1928 in Tegel. Anna Freud setzt nach dem Tod ihres Vaters seine Arbeit fort und verwaltet sein Erbe

Links: Die Wohnung in der Berggasse 19 mit ihren 17 Räumen ist bis zur Flucht der Familie im Jahr 1938 Paula Fichtls Welt. Hier putzt, wäscht, kocht sie; hier öffnet sie berühmten Patienten und anderen Gästen die Tür. Sie selbst schläft nur auf einer Couch in der Diele

Links: Paula Fichtl, aufgenom-
men, nachdem sie bereits einig
Jahre in Diensten der Famili
stand
Unten: Im Alter unternimm
Paula Fichtl einige Male den Ver-
such, ihre Lebensgeschicht
aufzuschreiben: »... denn es wa
ein schweres, aber auch ei
schönes Leben«
Rechts: Jofie, die Chow-
Chow-Hündin, ist Sigmun
Freuds großer Liebling. Sogar b
der Behandlung von Patienten is
sie stets dabei
Unten rechts: Das Personal de
Familie Freud im Sommer 193
im Garten der Sommerresiden
in Pötzleinsdorf: Frau Bade
eine Freundin der Köchin, da
zweite Stubenmädchen Anni, d
Köchin Anna und Paula Fich
(v.l.n.r.).

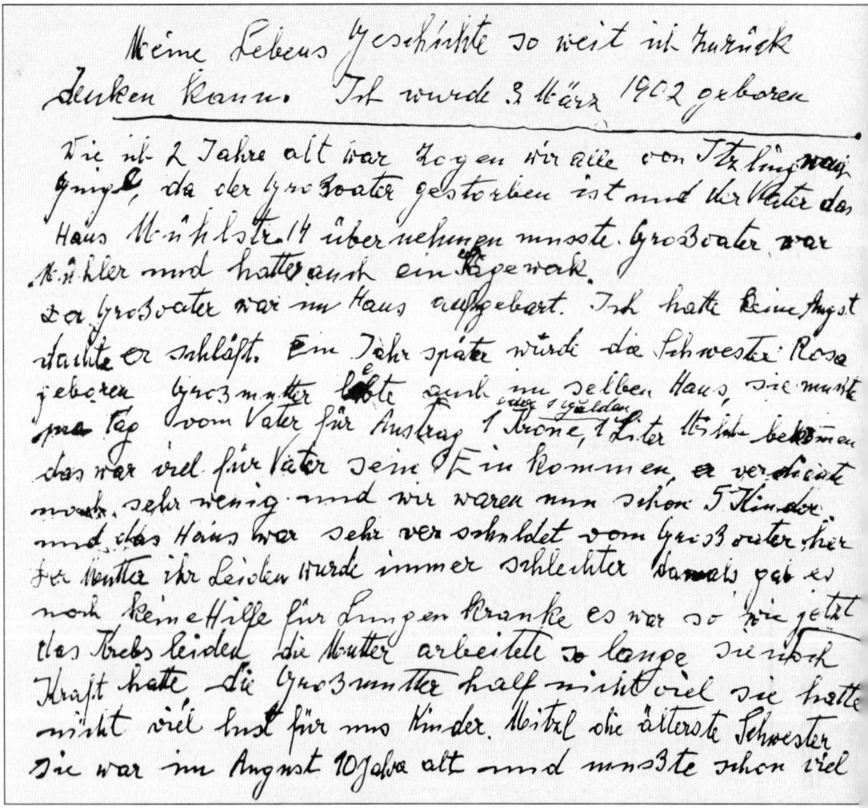

Meine Lebens Geschichte so weit ich zurück denken kann. Ich wurde 3 März 1902 geboren

Wie ich 2 Jahre alt war zogen wir alle von Itzling weg, da der Großvater gestorben ist und der Vater das Haus Mühlstr. 14 übernehmen musste. Großvater war Müller und hatte auch ein Sägewerk.
Da Großvater war im Haus aufgebahrt. Ich hatte keine Angst dachte er schläft. Ein Jahr später würde die Schwester Rosa geboren Großmutter lebte auch im selben Haus, sie musste pro Tag vom Vater für Austrag 1 Krone oder 1 Gulden, 1 Liter Milch bekommen das war viel für Vater sein Einkommen, er verdiente noch sehr wenig und wir waren nun schon 5 Kinder und das Haus war sehr verschuldet vom Großvater, hier der Mutter ihr Leiden wurde immer schlechter damals gab es noch keine Hilfe für Lungen Kranke es war so wie jetzt das Krebs leiden die Mutter arbeitete so lange sie noch Kraft hatte, die Großmutter half nicht viel sie hatte nicht viel Lust für uns Kinder. Mitzl die älterste Schwester sie war im August 10 Jahre alt und musste schon viel

Oben links: Das Wohnzimmer mit Blick in den Wohnraum von Minna Bernays. Hier sitzt man abends häufiger zusammen und spielt Karten
Oben rechts: Eine Ecke im Wohnzimmer der Familie. Geschmückt mit Fotografien von Angehörigen, ausgestattet mit Lampe, Vasen und Kissen strahlt sie jene bürgerliche Gemütlichkeit aus, die die gesamte Einrichtung der Wohnung prägt

Dotter (Salzburger Nockerl
gestrichene Eßlöffel
Zucker
gestrichene Eßlöffel
Mehl

Klar Schnee sehr fest
chlagen.
in eine Erdene Auflauf Form
geben
den bedeckt mit Milch
und Stückchen Butter im
ißen Ofen eine 1/4 Stunde
backen
chnell servieren.

Gugelhupf

1/2 kg Mehl
1/4 kg Zucker
1/4 kg Butter od. Margarine
3-4 Eier
bißl Milch
1 Backpulver
bißl Zitron gerieben
bißl Rum
Rosinen.

Unten links: Sigmund und Martha Freud beim Kaffeetrinken im Park der Villa in Pötzleinsdorf (um 1932)
Zwei von Paula Fichtls handgeschriebenen Rezepten. Vor allem ihre Mehlspeisen sind bei allen Gästen sehr beliebt
Folgende Seite: Auf diesem Stuhl sitzt Sigmund Freud, wenn ihm seine Tochter Anna beim Herausnehmen und Reinigen seiner Zahnprothese behilflich ist. Freud hatte Mundhöhlenkrebs und mußte 31 Operationen erdulden

gen Tischchen zwischen Sofa und Fenster steht seit einigen Jahren das Telefon, so weit weg vom Zimmer Sigmund Freuds wie angesichts der Aufteilung der Wohnung nur möglich, denn der Professor hat eine unüberwindliche Abneigung gegen das »technische Gerät«, das damals unter der Nummer A 18 170 zu erreichen war. Das mögliche Motiv für Freuds Sträuben erklärte sein Sohn Martin einmal so: »Vater, der sich seiner Macht bewußt war, wenn er jemanden ansah, hatte das Gefühl, daß er sie verlor, wenn ihn eine tote Sprechmuschel anstarrte.«

Paula Fichtl merkt schon bald, daß es mit diesem Haushalt etwas Besonderes auf sich hat, daß da etwas ist, was in den Häusern ihrer früheren Herrschaften nicht war; daß sie bei einer internationalen Berühmtheit in Stellung ist, »um des hab' i mich net viel bekümmert«. Von Psychoanalyse, geschweige denn von deren Bedeutung, hat Paula keinerlei Vorstellung. Aber die junge Frau aus dem Dorf Gnigl hat einen feinen Instinkt für alles, was »wichtig« ist. Und die hohepriesterliche Stille, die tagaus, tagein die Wohnung auszufüllen scheint, schließt auch bald Paula ein. Der gebeugte alte »Herr Professor« mit dem kurzen weißen Vollbart und den freundlichen schwarzen Augen hinter der runden schwarzen Hornbrille kommt ihr denn auch vor wie »einer von den Propheten aus der Bibel«. Er spricht wenig und leise, die meiste Zeit des Tages und des Abends verbringt er an seinem Schreibtisch im Arbeitszimmer, das Paula jeden Morgen zu reinigen hat.

Wenn Paula den Raum gegen acht Uhr betritt, steht noch der Rauch der Havanna-Zigarren in der Luft. Durch das Fenster zum Innenhof der Berggasse 19 fallen die ersten Sonnenstrahlen herein. Paula Fichtls tägliches Ritual im »Allerheiligsten« der Psychoanalyse beginnt. Sie lüftet, reinigt den Aschenbecher von den »kurzen, dicken Stummeln«, staubt den Schreibtisch ab – eine knifflige Sache bei all den kleinen Figuren – und leert den Papierkorb mit den zerknüllten Konzeptbögen. Der Gedanke, daß sie es dabei mit Fußnoten der Geistesgeschichte zu tun hat, kommt ihr erst Jahrzehnte später. »Heute möchten die Sachen ja was wert sein.«

Das Bad wird täglich gereinigt. Paula wechselt die Handtücher, »der Herr Professor hat sie gern recht kratzig gehabt«, legt ein neues Stück Kernseife für Martha Freud zurecht. Das Hausmädchen, das eine Schwäche für Duftwasser hat, bemerkt, daß die Hausherrin weder Parfüm noch andere Kosmetika benutzt.

Jeden Morgen gegen halb neun klingelt es zum ersten Mal am Tag an der Wohnungstür, und Paula läßt den Friseur ein, der Freud den Bart stutzt und die Haare kämmt. »Da war der Herr Professor ein wenig eitel ... ›Er hätt' auch gern ein Haarwasser genommen, aber er konnt' den Geruch nicht vertragen‹«, hat ihr der Barbier verraten. Einen Schilling täglich läßt Freud sich die Bartpflege kosten.

Gegen neun Uhr deckt Paula gemeinsam mit Mizzi Poidinger den Frühstückstisch im Eßzimmer. Eine halbe Stunde später wird wieder abgeräumt, der Professor begibt sich an seine Arbeit.

In diesen Sommerwochen des Jahres 1929 ist Freud nach fast einjähriger Pause wieder mit einem Buch beschäftigt. Die Blätter, die Paula in den ersten Wochen so achtlos in den Papierkorb wirft, enthalten die Anfangsnotizen zum Manuskript des »Unglücks an der Kultur«, das später unter dem endgültigen Titel *Das Unbehagen in der Kultur* erscheinen wird. Freuds Krankheit hatte die Unterbrechung seiner literarischen Tätigkeit erzwungen. Sechs Jahre zuvor war ein Krebsherd im Kiefer diagnostiziert worden, die befallene Hälfte des Oberkiefers und des Gaumens wurden operativ entfernt, Freud lebte seitdem mit ständigen Schmerzen und einer höchst unbequemen Prothese, die Mundbewegung und Sprache stark beeinträchtigte. Immer wieder tauchten verdächtige Flecken an der linken oder rechten Wange auf, die zu erneuter Behandlung zwangen: 31 Operationen sollten es bis zu Freuds Tod werden. Schmerz und Erschöpfung – auch die Nahrungsaufnahme war erheblich behindert – hatten 1923 ein kaum noch erträgliches Ausmaß angenommen. Im September jedoch war unter der Leitung von Professor Schröder, einem Berliner Kieferspezialisten am Tegeler Krankenhaus, eine Prothese angefertigt worden, die zusammen mit dem Einsatz eines lokalen Betäubungsmittels, Orthoform, Freuds Befinden während der nächsten Jahre erheblich verbesserte.

Hatte bereits Martha Freud jahrzehntelang den Haushaltsalltag – und das Aufwachsen der sechs Kinder – um die Arbeit und den intellektuellen Schöpfungsprozeß ihres Mannes organisiert, so steigerte sich nach dem Ausbruch von Freuds Krankheit die abschirmende Betreuung noch erheblich. Überbesorgt hielten Ehefrau, Schwägerin und Tochter alles nur irgendwie Belastende von dem Zweiundsiebzigjährigen fern und banden Dienstmädchen und Köchin strikt in diese Strategie ein. Paula, der Neuen, fällt es zunächst schwer, die Regeln dieses komplizierten Mechanismus zu erfassen.

Dabei ist die Arbeit nicht sonderlich anspruchsvoll: Der Tagesablauf ist geregelt, die Kompetenzen sind klar verteilt. Paulas Revier sind die Arbeits- und Sprechzimmer Sigmund Freuds, Schlaf- und Sprechzimmer des »Fräulein Anna« sowie Schlaf- und Ankleidezimmer des Ehepaars Freud. Wohn- und Eßzimmer, Salon, Wohn- und Schlafräume »Tante« Minnas bestellt Maria Poidinger. Die Küche ist das alleinige Reich der Köchin, die in Absprache mit Martha Freud den Einkauf besorgt oder Bestellungen aufgibt.

Paula steht jeden Morgen um halb sieben auf. Ihr erster Weg führt sie ins Bad neben dem Schlafzimmer der Freuds. Der große Boiler neben der Badewanne muß geheizt werden, denn »der Herr Professor nimmt jeden Morgen ein Bad«. Paula gibt sich Mühe, »dabei recht leise zu sein, die Herrschaften möchten ja noch schlafen«. Meistens hört sie nebenan aber bereits die Stimmen Freuds und seiner Frau. Freud erwacht jeden Tag mit der Regelmäßigkeit einer Uhr kurz nach sieben. »Ich hab' die Herrschaften nie wecken müssen, das waren keine Langschläfer.« Wenn der Badezimmerofen bullert, ist Zeit für Paulas Frühstück. Gegen sieben kommen auch Mizzi Poidinger und die Köchin, die drei Hausangestellten halten einen kurzen Plausch in der Küche, dann heißt es für Paula die Arbeitszimmer aufräumen. Nach dem Frühstück der Herrschaft kommen die Schlafzimmer an die Reihe. Martha und Sigmund Freud schlafen in einfachen braunen Holzbetten, die zum Doppelbett zusammengestellt sind. Alle vierzehn Tage werden die Bezüge gewechselt, zwischendurch muß Paula lediglich die Laken glattziehen und die Decken ausschütteln, das Nachthemd Martha Freuds und den meist braun-weiß gestreiften Pyjama ihres Mannes zurechtlegen, der »einfach ist, aber von guter Qualität«.

Vor allem aber müssen die Anzüge des Hausherrn vom Vortag zum Lüften vors offene Fenster gehängt werden. Freud trägt am liebsten handgewebten, kräftigen englischen Tweed, angesichts der zugigen Fenster in der Berggasse kein Luxus; der schwere Stoff ist jeden Morgen »grauslig voll vom Geruch von den vielen Zigarren«. Paula ekelt sich ein wenig vor der kalten »Tabaksfahne«. Im Kleiderschrank im Schlafzimmer der Freuds hängen »viele schöne Anzüge, alle mit Weste«. Freud, der nicht viel größer ist als Paula, »hat immer Wert gelegt auf ein gediegenes Aussehen«. Anfang der dreißiger Jahre kommt noch »alle paar Monate der Schneider, um maßzunehmen«, später, »als die Zeiten ernster wurden«, bemerkt Paula, »ist dann nichts mehr dazugekommen«.

Schon ein paar Wochen nach ihrer Einstellung bringt Paula jeden Morgen ihr Nähzeug mit ins Schlafzimmer der Herrschaft, denn – »ich hab' nie gewußt wieso« – im Futter der Hosentaschen von Freuds Anzügen »waren immer große Löcher«. Einmal in der Woche, am Dienstag, ist Waschtag: Gemeinsam mit Maria Poidinger und Paula geht Martha Freud dann die Wäschetruhe im Schlafzimmer durch. Handtücher, Bettwäsche, vor allem aber Tischdecken bilden den Hauptanteil. »Da hat die

Frau Professor keinen Fleck geduldet, gleich mußte ein neues Tischtuch her.«

Die beiden Stubenmädchen schleppen dann den schweren Korb fünf Stockwerke hinauf zum Boden des Hauses, wo, wie in vielen Wiener Häusern üblich, die Waschküche gleich neben dem Trockenboden liegt. Hier oben wird auch gebügelt und geplättet, das steife Leinen muß wieder naß gemacht werden. Für jedes der weißen Baumwollhemden des Professors braucht Paula eine Viertelstunde, bis sie mit dem Ergebnis zufrieden ist. Nicht weniger Sorgfalt erfordern seine langen Unterhosen mit ihren vielen Knöpfen und Verschlußbändern an den Beinen.

Pünktlich um 13 Uhr, »wie bei Herrschaften üblich«, setzt sich die Familie an den Mittagstisch: Paula und Mizzi tragen auf. Die Unterhaltung wird meist von den Frauen bestritten. Freud, bei Tisch ohnehin nie zum Reden aufgelegt – er pflegte den Verbleib nicht anwesender Familienmitglieder von seiner Frau zu erfragen, indem er mit der Gabel auf den leeren Stuhl deutete –, bereitet zudem die Kieferprothese erhebliche Schwierigkeiten bei der Artikulation, und auch der Eßvorgang selbst ist beeinträchtigt. Dementsprechend gering ist sein Appetit, oft bleibt die Hälfte des Gerichts auf dem Teller zurück; nur Paulas Gemüsesuppen ißt er meist ganz auf und auch ihr selbstgemachtes Vanilleeis – im Sommer sein Lieblingsdessert. Nach einer halben Stunde ziehen sich schließlich alle wieder in ihre Arbeits- oder Wohnzimmer zurück. Der Professor hält auf der Couch seines Arbeitszimmers einen kurzen Mittagsschlaf, dann erneut Arbeit am Manuskript, bis gegen 15.30 Uhr die Mädchen den Familienmitgliedern in ihren Zimmern eine Kaffeejause servieren. Wieder an den Schreibtisch, schließlich Abendessen um sieben. Am Sonnabend folgt ab halb acht Freuds heißgeliebte Partie Tarock mit »Tante Minna« als ständiger Partnerin. Alte Bekannte ergänzen die Runde, wie Otto Ries, der Kinderarzt der Familie, oder der Vater Anny Katans, einer Freundin Anna Freuds, ebenfalls ein Kinderarzt. Paula serviert Kaffee und Kekse, später am Abend eine Flasche Rotwein. »Um Geld haben die Herrschaften nicht gespielt, das wäre dem Herrn Professor auch wirklich teuer gekommen.« Freud ist kein sehr erfolgreicher Spieler – wenn auch konzentriert bei der Sache. »Gesprochen hat er beim Tarocken nicht viel.« Zwei Stunden später geht der Tag im Hause Freud zu Ende.

In den Mußestunden setzt sich der Professor oft mit einem Buch ins Wohnzimmer, während seine Frau und seine Schwägerin meist mit einer Handarbeit beschäftigt sind. Freud besitzt eine Vorliebe für Wilhelm Busch und englische Romane: In der Bibliothek stehen die Gesamtausgaben von Dickens, Thackeray und Milton, aber Paula beobachtet, daß »er fast immer einen Krimi von Sherlock Holmes gelesen hat«. Auch bei den Kriminalromanen wählt Freud meist englische Autoren wie G. K. Chesterton, Agatha Christie und Dorothy Sayers: »Der Herr Professor hat fast immer gewußt, wer der Mörder war, aber wenn's dann doch wer anders war, hat er sich geärgert.« Der Hobby-Detektiv Freud ist ein schneller Leser. Nur selten braucht er länger als einen Abend für ein Buch. War das nicht gelungen, hatte das Hausmädchen morgens beim Aufräumen achtzugeben, daß Freuds Lesezeichen nicht verlorenging: »Die Krimis lagen immer auf seinem Nachttisch. Der Professor hat immer seine abgebrochenen Streichhölzer zwischen die Seiten eingelegt.«

Martha Freuds Lektüre ist von anderer Art. Die verschlossene Hanseatin blättert mit Vorliebe in Bildbänden und Biographien über Ludwig II. von Bayern, den Märchenkönig. Auch Paula Fichtl verfällt in Schwärmerei für den »armen schönen König«. Ihr Leben lang werden Martha Freud und ihr Stubenmädchen Verehrerinnen des schwermütigen Monarchen und seiner unglücklichen Liebe, der Kaiserin »Sissi«, Elisabeth von Österreich, bleiben.

Besondere Aufmerksamkeit schenkt Paula von Anfang an dem fünften »Mitglied« der Familie, Jofie, der Chow-Chow-

Hündin Sigmund Freuds. Das Tier, ein Geschenk Dorothy Burlinghams, ist Freuds großer Liebling. Das Tier liegt ihm zu Füßen unter dem Schreibtisch im Arbeitszimmer und lagert während der Speisezeiten getreulich neben dem Stuhl seines Herrn, wohlwissend um den kargen Appetit des Kranken. Nach Tisch serviert Paula Jofie in der Küche den halbleeren Teller des Professors. Sehr zum Unwillen von Martha Freud, die mit Tieren nichts anfangen kann und gegen Hunde eine spezielle Abneigung hegt. Aber was zählt, ist einzig die Meinung des Hausherrn. Martha ist bald von den pelzigen Hunden regelrecht umzingelt, denn Dorothy Burlingham versorgt im Laufe der Jahre fast alle Mitglieder des engeren Bekanntenkreises mit dem Nachwuchs aus ihrer Chow-Zucht. Jofie ist nicht nur bei jeder Analyse zugegen und »hat auch sonst alles dürfen«, ihr Urteil über Besucher ist auch für »Herrchen« maßgeblich. Ein Besucher oder Patient, von dem sich Jofie unwillig schnüffelnd abwendet oder vor dem sie gar knurrend unter den Schreibtisch zurückweicht, der hat es nicht leicht, noch Gnade vor den Augen des Meisters zu finden. »Wen die Jofie nicht mag, bei dem stimmt auch etwas nicht«, hat der Professor immer gesagt – so erinnert sich Paula Fichtl. Und natürlich »hat die Jofie immer recht gehabt«.

1937 muß die unfehlbare vierbeinige Vorzimmerwächterin eingeschläfert werden. Das Tier hat Krebs und ist zudem fast blind. »Das hat der Professor lange nicht verwunden.« Aber bald kommt Ersatz. Lün-yu, ein kräftiger Chow-Rüde, den Freud bereits vier Jahre zuvor einmal aufnehmen wollte, der aber »ewig mit der Jofie gerauft hat«. So verbrachte Lün die Jahre bis zum Tod seiner Rivalin ein Stockwerk höher in der Obhut seiner Ziehmutter Dorothy Burlingham. Lün wird Freuds letzter vierbeiniger Gefährte und sollte seinen Herrn um viele Jahre überleben.

Paula Fichtls erste Wochen in Diensten der Familie Freud vergehen im Gleichmaß. Nach und nach sammelt sie Beobachtungen aus ihrem Gesichtsfeld, gewinnen Personen an Kontur; Wertigkeiten und Einflußbereiche schälen sich heraus, deren Zusammenhänge Paula zwar nicht rational begreift, die aber ihrem Wesen auf sonderbare Weise vertraut sind. So stellt sie fest, daß Martha Freud ihrem Mann jeden Morgen das Bad richtet und ihm beim Anziehen hilft, das Reinigen und Einsetzen der Prothese aber Sache der Tochter ist. Auch wenn Freud anstelle des Mittagsschlafs einen kurzen Spaziergang unternimmt, ist es Anna, die ihn begleitet, nicht seine Frau. Martha verbringt den Tag damit, zusammen mit den Stubenmädchen in der riesigen Wohnung zu »räumen«, oder sitzt still über einer Handarbeit im Wohnzimmer. Beim Tarock nimmt Minna Bernays mit am Tisch Platz, die Ehefrau ist erst wieder beim Zu-Bett-Gehen in nächster Nähe ihres Mannes, um ihm beim Ausziehen zu helfen. »Sie betreut ihn wie ein Kind.«

Paula registriert, daß die Ehe der Freuds »ruhig ist, friedlich halt, aber nicht unbedingt glücklich«. Verglichen mit dem Trauma, das die Ehe ihrer Eltern für sie bedeutet hat, muß ihr das Zusammenleben zwischen Martha und Sigmund Freud trotzdem paradiesisch erscheinen. Daß dieser Zustand vor allem durch die totale Verzichtshaltung der Frau ermöglicht wird, geht Paula so wenig auf wie irgend jemandem in der Umgebung Freuds.

Sigmund Freud ist nun mal der Maßstab aller Dinge. So ist es seiner »Gutmütigkeit« zu danken, wenn zwischen den Eheleuten »nie ein Wort fällt«, gibt es doch auch dazu kaum Gelegenheit, denn schließlich »hat man ihn überhaupt nicht viel mit ihr reden hören«.

»Tante Minna« hingegen ist den ganzen Tag unübersehbar. Als ehemalige Gesellschafterin und Gouvernante kann sie nichts unkommentiert lassen. Der Kontrast zwischen den beiden Schwestern fällt Paula Fichtl schnell auf. Wenn sich der Herr Professor unterhält, dann »immer mit der Frau Bernays«, die ja auch »geistig sehr rege ist«. Es gibt »kein Buch, das sie nicht gelesen hat, sogar ausländische«. Ein wenig erstaunt bemerkt das Mädchen, daß sich »Tante Minna« am Telefon ohne weiteres mit »Frau Professor Freud« meldet. Bald steht für Paula fest, daß Minna Bernays, »die immer so gestiegen ist, weil sie sich so viel eingebildet hat«, im Haus »die Hauptperson hat sein wolln«. »Sogar den Schlüssel zum Panzerschrank im Salon hat sie g'habt«, bemerkt Paula nicht ohne Neid. Die Gesprächsfetzen, die Paula von Freud und seiner Schwägerin mitbekommt, enthalten meist Äußerungen über seine Arbeit. Ihr Inhalt bleibt dem Dienstmädchen rätselhaft, aber es ist wohl so, daß man »sehr feinfühlig« sein muß, um sich mit dem Professor unterhalten zu dürfen. Martha Freud, der »eigentlichen Frau Professor«, geht diese Feinfühligkeit offenbar ab; anders als dem »Fräulein Anna«, das nicht nur Freuds Prothese pflegt, die Wange ihres Vaters regelmäßig auf die gefürchteten Krebsflecken hin untersucht, sondern auch seine Arbeit als eine Art Privatsekretärin kundig und tatkräftig unterstützt.

Paula Fichtl zieht aus alledem ihre Schlüsse. Fürsorge oder geistige Regsamkeit – am besten beides – muß an den Tag legen, wer im Hause Freud, anders als Frau Martha, nicht bloß als Randfigur anwesend sein will.

Mit ihren 27 Jahren hat Paula bisher »halt so in den Tag hinein« gelebt, ohne Familie, ohne Heim und ohne eigenen Lebensinhalt. Auf einmal ist sie nun in den Einflußbereich dreier Frauen geraten, deren Dasein einzig auf einen alles dominierenden Bezugspunkt ausgerichtet ist. Unmerklich gleitet das Stubenmädchen Paula Fichtl in diesen Sog, in das Anziehungsfeld des »Übervaters«. Es sind Kleinigkeiten bei der täglichen Arbeit, an denen die Veränderungen in Paulas Einstellung deutlich werden. Von jenem »Lust hab' ich zuerst keine g'habt« bis hin zur langsam, aber stetig sich steigernden Identifikation mit dem »Haus Freud«, von der Brotarbeit als Dienstmädchen bis hin zum »Dienst« am »Herrn Professor«. Das allmorgendliche Schuhputzen, »sie müssen immer blank sein«, gibt viel Anlaß zu besonderem Einsatz: Der Professor trägt lange Zeit dasselbe Paar. Auch beim Strümpfestopfen zeigt Paula größeren Ehrgeiz. Sie flickt Freuds meist braune oder graue Socken im Maschenstich so sorgfältig, daß »es aussieht wie gestrickt«, die Anzahl der neu zu kaufenden Sockenpaare verringert sich dank ihres Einsatzes in Zukunft beträchtlich. »Der Herr Professor hat lange Fußnägel g'habt, denn immer waren die Strumpflöcher vorn.« Dann ist da der Schreibtisch des Hausherrn: Kein Staubflöckchen findet der alte Mann morgens auf seiner Arbeitsunterlage; jeder Bleistift, jedes Blatt Papier liegt akkurat auf dem Platz vom vergangenen Abend, keines der antiken Figürchen ist auch nur um einen Zentimeter verrückt.

Paula ist nun tief beeindruckt, wenn sie morgens die vollgeschriebenen Papierbögen auf dem Schreibtisch sieht, die der Professor am Tag zuvor oder auch oft bis spät in die Nacht hinein mit seinen verschlungenen Schriftzügen gefüllt hat. Zeile um Zeile steht da in der für das Mädchen kaum zu entziffernden altdeutschen Kurrentschrift. Das ist halt »etwas Geistiges«, Paula ist damit zufrieden, Geburtstags- oder Festgrüße an ihre Schwester zu schicken. Für diese Gelegenheiten leistet sie sich aber etwas. Bei einem Schreibwarengeschäft läßt sie einige Bögen Briefpapier drucken, DIN-A-3-große Blätter, auf die sie oben in der Mitte in blauen Druckbuchstaben setzen läßt: »Paula Fichtel [sic!] IX Wien Berggasse 19«. Die Verwandten in Gnigl werden wohl denken: »Die ist jetzt was Besseres, wohnt bei einem Professor.« Für einen kurzen Brief benutzt Paula, heimlich und voller Vorsicht, den Füller, mit dem Sigmund Freud seine Gedanken zu Papier bringt.

Beim Abstauben der Bücherregale prägt sich Paulas Gedächtnis nach und nach die Position jedes einzelnen Buches ein. Sie versteht die Titel nicht und weiß auch nichts von den Inhalten, aber anhand der Muster der Buchrücken und der Farben der Deckel lernt sie Freuds Bibliothek regelrecht auswendig. Sitzt der Professor im Salon im Gespräch mit Minna Bernays und will in einem bestimmten Werk etwas nachschlagen, ist Paula zur Stelle und eilt ins Arbeitszimmer, das Buch zu suchen. Bald wird ein regelrechtes Spiel daraus. Schmunzelnd schickt Sigmund Freud das Hausmädchen mit besonders schwierigen Aufträgen los und ist großväterlich amüsiert über den kindlichen Eifer der Siebenundzwanzigjährigen, die umgehend, stolz und wohlwissend um den freundlichen Scherz, wieder aus dem Arbeitszimmer auftaucht, das genannte Exemplar in den Händen. »Die Paula kennt sich hier besser aus als wir alle«, pflegt er dann zu sagen.

Auch über das körperliche Wohlergehen des kranken Greises macht Paula sich Gedanken. Beim Bettenmachen legt sie den Pyjama so zurecht, »daß er bequem hineinschlüpfen konnt'«. Als der Winter kommt, liegt jeden Abend eine Wärmflasche, »halb voll mit heißem Wasser«, zwischen den Decken. Nach dem Mittagessen richtet sie dem Professor sein »Platzl« auf der Analyse-Couch, klopft das weißbezogene Kissen zurecht und faltet die Wolldecke am Fußende. Kaum hat Freud sich niedergelegt, kommt die getreue Jofie und räkelt sich auf Herrchens Schoß. Manchmal, wenn Paula im Wartezimmer zu tun hat, hört sie nebenan die Hündin wohlig knurren, während der Professor eine Melodie vor sich hin summt. Der Geist des walzer- und operettenseligen Wien ist im Hause Freud fast ohne Bedeutung. Es gibt kein Grammophon in der Wohnung, auch in die Oper gehen die Freuds nie, obwohl, wie Paula Gesprächen entnimmt, »die Frau Professor hätt' manchmal schon gern wolln«. Aber: »Sein Wort war Gottes Wort«, so erinnert sich Anny Katan, eine Jugendfreundin Anna Freuds und spätere Schülerin des Vaters. Freud ist unmusikalisch, und Musik gilt überdies als aufdringliche Zerstreuung. So taub er für die Musik war, so empfänglich war er doch für den Reiz von Blumen. »Besonders gern g'habt hat der Professor Maiglöckchen, Schneerosen und die teuren Orchideen«, weiß Paula, die diesen Tip an viele ratlose Besucher weitergegeben hat. Bevor der Professor nach dem Mittagsschlaf wieder an den Schreibtisch geht, huscht Paula schnell noch einmal durchs Arbeitszimmer, rückt den Stuhl etwas vom Schreibtisch ab, damit es so aussieht, »als ob alles auf den Professor warten tät'«.

Auch der intime Bereich der Herrschaften bleibt Paula nicht verborgen. Diskret leert und säubert sie täglich die beiden Urinflaschen, von denen die eine aus Emaille stets griffbereit neben dem Schreibtisch des Professors steht, die andere aus Glas im Schlafzimmer unterm Bett. Es geniert sie auch nicht, wenn sie beim Zusammentragen der Wäsche manchmal Blut- und Stuhlgangflecken in der Unterwäsche Freuds entdeckt. Martha Freud hat ihr erklärt, daß ihr Mann seit Jahren unter einer Darmentzündung und ständiger Verstopfung leidet. »Weil er so viel am Schreibtisch sitzt«, ist Paulas schlichte Diagnose.

Schockiert ist sie aber schon, als sie eines Morgens eilig ins Bad will und den Professor nackt in der Wanne stehen sieht, während ihn seine Frau gerade abtrocknet. Das Blut schießt Paula in den Kopf, sie schließt schnell die Tür und fragt sich, wie der alte Herr »so ein großes Glied haben kann«. Einen beschnittenen Penis hat die junge Frau aus der Provinz noch nie gesehen. Paula läßt sich nichts anmerken, und auch die Herrschaften übergehen den Vorfall, als wäre nichts geschehen. Doch für das einfache Mädchen ist diese Badezimmerszene ein Schlüsselerlebnis. Sie bestätigt und verstärkt ihre Furcht vor dem männlichen Glied. Und solch eine »unheimliche Waffe« besitzt nun auch der von ihr so sehr verehrte Professor. Es beschäftigt sie noch tagelang.

Bei Tisch gibt es im Hause Freud keinen Alkohol, statt dessen kohlensäurearmes Mineralwasser, »weil der Herr Professor doch solche Schwierigkeiten mit dem Magen hatte«. Seine schlechte Verdauung macht Freud oft zu schaffen. »Wenn's besonders schlimm war« und Freud vor Magenschmerzen keine Ruhe fand, »hat er nichts gegessen und sich in sein Arbeitszimmer gesetzt, die Vorhänge zugezogen und die ganze Nacht hindurch geschrieben«. Eines Nachts schreckt Paula, die nur zwei Türen weiter schläft, auf: »Ich hab' den Professor was rufen hören und bin gleich hineing'laufen.« Freud sitzt zusammengesunken hinter seinem Schreibtisch. »Es ist schon gut, Paula«, sagt er leise, »ich bin wohl doch eingenickt und habe schlecht geträumt.« Von welchem Alp der Verfasser der *Traumdeutung* in dieser Nacht geplagt wurde, »hat er aber nicht gesagt«.

Manchmal, wenn Paula bereits auf ihrer Bank vor der Ordination liegt, hört sie die Tür zum Arbeitszimmer aufgehen, und eine Wolke kalten Tabakgeruchs dringt zu ihr. In der Dunkelheit vernimmt sie schlurfende Schritte, die sich an ihrem Nachtlager vorbei in den kleinen Ordinationsraum richten. »Dann hat er wohl Schmerzen mit seiner Prothese g'habt und sich den Mund g'spült«, schließt sie aus dem Rauschen des Wassers im Waschbecken der Ordinationskammer. »Der Herr Professor hat dann immer so getan, als ob er nicht merkt, daß ich wach bin.«

Erfahrungen aus dem Nußdorfer Krämerladen wiederholen sich für Paula Fichtl. Der alte Herr hat stets ein freundliches Wort für sie, und wenn das Mädchen trotz aller Mühe einmal nicht weiß, ob sie etwas richtig gemacht hat, und sich drucksend an ihn wendet, dann nimmt der Professor sie beim Ohrläppchen und wienert: »Was will sie denn schon wieder, die Kleine?«

Freud läßt sich den naiven Charme dieser Anhänglichkeit gern gefallen. Der Umgang mit »seiner Paula« ist für den Dreiundsiebzigjährigen eine erfrischende Abwechslung von der stillduldenden Hingabe seiner Frau, der aggressiven Bewunderung Minna Bernays' und der nüchtern-intellektuellen Verehrung durch die Tochter.

Paula Fichtl ist im Freudschen Familienalltag bald unabkömmlich. Der Professor legt auf die Nähe seiner »Kleinen« so viel Wert wie auf den Anblick seiner Statuen und Bücher. Als die Familie im Frühsommer 1932 die Abreise in die Sommerfrische plant, ist es selbstverständlich, daß Paula mitkommt. Schon im August des vergangenen Jahres hatten die Freuds ein paar Wochen in einer Villa in Pötzleinsdorf, im XVIII. Bezirk, am Stadtrand Wiens verbracht. »Dem Herrn Professor hat es dort so gut g'fallen, daß er immer wieder hat hin wolln.« Von Mai bis Oktober ist die Villa in der Klevenhüllerstraße Nr. 6 dieses Jahr gemietet. Ein regelrechter Umzug steht also ins Haus, denn Freud will auf seine gewohnte Umgebung nicht verzichten. Ende April beginnen Martha Freud und Paula mit den Vorbereitungen. Paula muß die Lieblingsstücke aus der Sammlung Freuds sorgsam verpacken. Hunderte von Büchern hat er ausgesucht; seine Frau Martha denkt vor allem an die vielen Gäste, die erwartet werden, also müssen körbeweise Bettwäsche und Tischdecken zurechtgelegt werden. Denn nicht nur Martha, Anna, Minna und Paula werden mit dem Familienoberhaupt in der Villa wohnen, auch etliche Stammpatienten des Professors sind bereits nach einem genau festgelegten Zeitplan in der Klevenhüllerstraße einquartiert. So kommt schließlich »eine ganze Spedition zusammen«, um die Sommerresidenz wohnlich zu gestalten.

Paula liebt die Tage und Wochen im »Schlößchen«. Die Villa stammt aus den ersten Jahrzehnten des 19. Jahrhunderts. Da gibt es einen weitläufigen verstaubten Dachboden und einen unterirdischen Gang, der einst als Weinkeller diente. Während der Revolution von 1848 versteckten sich hier Aufständische vor dem Zugriff der kaiserlichen Polizei. Freuds Arbeitszimmer geht, wie in der Berggasse, direkt auf den Garten hinaus. Die Villa mit ihren großen Fenstern und Verandatüren ist hell und luftig, die Zimmer sind alle erheblich größer als in der Stadtwohnung, geräumige Flure durchziehen das Haus. Die Atmosphäre hat etwas Hochherrschaftliches: »Es war alles nicht so eng wie daheim in der Berggasse«, findet Paula. Auch der Chow genießt den freien Auslauf im Park. (Nur bei Gewitter fürchten sich Herr und Hund.) Bevor Jofie ins Haus zurück darf, muß das arme Tier jedesmal gründlich gewaschen werden: »Darauf hat die Frau Professor bestanden.« Einmal gelingt es Freuds Liebling jedoch, den reinigenden Händen von Martha und Paula zu entrinnen und sich zu seinem Herrn zu flüchten; triefend von Wasser und Seifenschaum stürzt sich der Chow-Chow in den Garten hinaus, wo der Professor mit seiner Tochter spazierengeht. Die beiden »Waschfrauen« kommen gerade noch zurecht, um mitanzusehen, wie sich Jofie zu Füßen Freuds das pelzige Fell trocken schüttelt. »Der Herr Professor hat ausgesehen, als ob er g'rad aus dem Regen gekommen wär'« – sehr zum Verdruß seiner Frau, deren ohnehin geringe Sympathie für den Hund durch diesen Zwischenfall nicht gerade gesteigert wird. »Aber sie hat ihn nicht schimpfen dürfen«, erzählt Paula, »der Professor hat nur gelacht und die Jofie gestreichelt.«

Während der nächsten drei Jahre siedelt die Familie, wann immer es Freuds Gesundheit erlaubt, regelmäßig ab Ostern nach Pötzleinsdorf um. Zu den ständigen Besuchern gehört Prinzessin Marie Bonaparte, »um sich vom Herrn Professor behandeln zu lassen«. Eine »Behandlung« besonderer Art läßt sich aber auch der Professor selbst gefallen, als er im Garten der Villa dem jugoslawischen Bildhauer Oscar Nemon zur ersten und einzigen Freud-Büste Modell sitzt. Freud unterzog sich der Prozedur, wie Paula bemerkte, nur widerwillig und ganze 15 Minuten lang auf einem unbequemen, hölzernen Küchenstuhl, den sie eiligst herbeischaffen mußte. Auch Freuds bedeutendster englischer Schüler und Verfechter seiner Lehre, Ernest Jones, kommt mit seiner Familie. Jones' Sohn, der dreizehnjährige Mervin, hat es dem Professor auf sonderbare Weise angetan. »In den war der Professor ganz vernarrt, obwohl er ihn nur einmal gesehen hat.« Mervin Jones begleitet seine Eltern Ostern 1935 bei einem Besuch in der Klevenhüllerstraße. Der Junge spricht nur Englisch und Französisch, trotzdem hat er den Eindruck, Freud zu verstehen, der sich mit ihm auf Deutsch unterhält. Mervin interessiert sich sehr für Geschichte, er ist begeistert, als ihm Sigmund Freud seine Sammlung zeigt. Fast peinlich ist es dem Jungen, als ihm der alte Herr einen kleinen etruskischen Bronzekrieger mit den Worten in die Hand drückt: »Du kannst ihn behalten.«

Paula, die derweil den Tee serviert, sieht sprachlos mit an, wie »ihr« Herr Professor dem englischen Jungen ein Stück seiner Sammlung nach dem anderen in die Hand drückt, insgesamt vier, und immer nur sagt: »Wenn sie dir gefallen, nimm sie nur mit.« Zu Mervins Vater, Ernest Jones, bemerkt Freud später beim Tee: »Es wäre doch eine gute Sache, wenn der Junge Archäologe würde.« Aber Mervin Jones wird Schriftsteller und tummelt sich in der linken politischen Szene Englands während der vierziger und fünfziger Jahre. Die »Ostergeschenke« Freuds stehen noch heute in seinem Arbeitszimmer.

Im Pötzleinsdorfer Park und im nahegelegenen Wiener Wald kann Freud auch endlich wieder einer heißgeliebten Beschäftigung nachgehen, bei der er »immer ganz außer sich gerät«, wie Paula erstaunt feststellt: dem Pilzesammeln. Schon als junger Mann war er auf Bergwanderungen und langen Waldspaziergängen ein unermüdlicher Pilzjäger gewesen. In der Klevenhüllerstraße kann er endlich wieder an Annas Arm, Paula mit dem Körbchen hinterdrein, seiner Leidenschaft frönen. »Der Herr Professor hat immer seinen Hut in der Hand gehalten, den hat er dann geworfen, wenn er einen Rotkappen- oder gar Knollenblätterpilz gesehen hat.« »Das ist meiner!« – so macht sich Freud an die Bergung seiner Entdeckung. Pilzgerichte gibt es trotzdem nicht allzuviele im Hause Freud, »die Frau Professor hat dann lieber welche gekauft«. Allzugroß ist das Vertrauen Martha Freuds in die Urteilsfähigkeit ihres Mannes auf diesem Gebiet – offenbar zu Recht – nicht.

Zurück in Wien, leert Paula jeden Morgen den Briefkasten und übergibt die Post dem »Fräulein Anna«. Freud erhält jede Woche Dutzende von Zuschriften. Der Professor ist selber ein leidenschaftlicher Briefeschreiber und führt sorgfältig Buch über »Eingänge und Ausgänge«. Eins seiner wenigen Freizeitvergnügen ist die Briefmarkensammlung, die er im Lauf der Jahrzehnte sorgsam zusammengetragen und geordnet hat. Bei dem Umfang der Korrespondenz kommen zahllose Standardmarken und Doubletten zusammen, an denen Freud kein Interesse hat. Paula soll sie nach dem Aufräumen des Arbeitszimmers wegwerfen. Stattdessen beginnt sie selbst, ein Album anzulegen. Es enthält keine seltenen Stücke, aber bald gibt es nur noch wenige Länder, die nicht vertreten sind. Und manchmal hat der Professor sogar Zeit, sich Paulas Kollektion anzusehen. Stolz über ihren Fleiß und selig über das freundliche Interesse ihres verehrten Herrn, blättert Paula ihm dann ihre wachsende Sammlung vor.

Freud ist amüsiert, aber auch angetan von der kindlichen Begeisterung, die in Paulas Gesicht steht, wenn er von einem seiner Mittagsspaziergänge neben den unvermeidlichen Havannas ein Päckchen mitbringt, ein neues Stück für seine Antikensammlung, das er in einem der zahlreichen Antiquitätenläden im IX. Bezirk erstanden hat. Weder die Tochter noch gar seine Frau teilen die sinnliche Besitzerlust des Hausherrn an einem griechischen Terracotta-Köpfchen oder einer römischen Bronzestatuette. Das Sammeln war für Sigmund Freud die Leidenschaft seines Lebens. Er nannte sie, wie sich sein Arzt und Freund Max Schur erinnert, »eine Sucht, die an Stärke nur von seiner Nikotinsucht übertroffen« werde. Oft stellt er ein frisch erworbenes Stück beim Mittagsmahl vor seinem Gedeck auf und berührt es während des Essens immer wieder. Die Familie nimmt den »Spleen« seit langem kommentarlos hin, für Paula Fichtl dagegen ist es jedesmal »wie Weihnachten«, wenn sie im Arbeitszimmer mit dem Professor zusammen den neuen Schatz sorgsam aus der Verpackung befreit. Dann muß der richtige Platz ausgesucht werden, der Anblick wird von allen Seiten überprüft, eine letzte Korrektur, schließlich sind beide zufrieden. Wenn Paula auch keinen Zugang zum geistigen oder kunstgeschichtlichen Wert der einzelnen Stücke hat, so teilt sie doch mit ihrem Professor die Freuden der Sammlerleidenschaft. Längst hat sie ihre Beklommenheit angesichts der »gruseligen« Atmosphäre des Arbeitszimmers verloren. Was dem Analytiker der inspirierende Blick auf die künstlerischen Zeugnisse der Menschheitsgeschichte, ist seinem Stubenmädchen das Spiel mit der nie besessenen Puppenstube.

Paula Fichtl erweist sich als das, was sie nach dem Urteil eines Familienfreundes immer geblieben ist: eine »genuine anima candida«.

Freuds angegriffene Gesundheit zwingt ihm oft einen wochen-, manchmal monatelangen »Hausarrest« auf, wie er es bitter scherzend nennt. Den ganzen Winter 1935/36 hindurch ist er nicht in der Lage, Treppen zu steigen, geschweige denn spazierenzugehen. Jeden Morgen bricht dann »seine Kleine« auf, um dem Professor die tägliche Zigarrenration – 20 Stück – zu holen, fragt beim Zeitungshändler nach »dem Blatt für Herrn Professor«, dem »Manchester Guardian«, Freuds Lieblingszeitung, für Paulas Salzburger Zunge unaussprechlich.

Gegen die Zugluft, die in allen Zimmern der Berggasse die Temperaturen niedrig hält, legt sie ihrem Herrn Decken um die Schultern, umwickelt ihm die Füße und bringt dem Kranken auf Anraten des Arztes alle paar Stunden ein Glas Zuckerwasser.

Schließlich erbietet sich Paula, mit Jofie »Gassi« zu gehen, bereitet der Hündin ihre täglichen Mahlzeiten und macht dem Professor bald Konkurrenz in der Gunst des Tieres. Einmal zieht sie dabei allerdings Freuds milden Zorn auf sich. In einer Anwandlung von kindlichem Spieltrieb steckt sie den Chow-Chow in einen Pullover und bindet ihm ein Mützchen auf. »Das Tier ist doch kein Mensch«, beendet Freud grummelnd Paulas Puppenstubeneinfall.

Vor allem Martha Freud gilt neben dem Professor Paulas Anhänglichkeit. Sie arbeitet gern unter der Anleitung der Hamburgerin, die auch nach Jahrzehnten in Wien ihren Akzent nicht verloren hat. Ihre immer gleichbleibende Beherrschtheit, ihr Ordnungssinn, die Sparsamkeit, mit der sie sich um alles und jedes im Haushaltsalltag kümmert, färben auf Paula Fichtl ab. Nach dem Urteil eines Familienfreundes leitete Freuds Frau die Dienstboten »mit einer großen Güte und tiefen Menschlichkeit an, die nie den Gedanken ertrug, daß das Leben eines Menschen dem Wohlergehen der Möbel untergeordnet werden sollte«. Bald imitiert Paula regelrecht die Angewohnheiten der Hausherrin, vom allmorgendlichen Aufrollen der Zahnpastatube – »die Frau Professor hat die Tube für den Herrn Professor morgens immer hochgedrückt« – bis hin zum Abbürsten der nicht getragenen Kleider und Anzüge. Für Paula ist Martha Freud, die vielen Besuchern verschlossen und stolz erscheint und nie eine Gefühlsregung zeigt, die »erste freundliche Frau in meinem Leben«, die ihr außer der Schwester Maria begegnet ist. Und so ist Paula ganz Anteilnahme und Mitleid, wenn die Frau Professor einen ihrer häufigen schweren Migräneanfälle hat. Paula hört durch die Badezimmertür ängstlich mit an, wie Martha Freud sich oft viertelstundenlang schmerzhaft erbricht. Das von vielen Freud-Forschern heftig diskutierte »Dreiecksverhältnis« Martha-Sigmund-Minna bereitet Paula Fichtl wenig Kopfschmerzen. »Vielleicht hat die Frau Professor gewollt, daß es in der Familie bleibt«, denkt sie schlicht über die nicht ganz alltägliche Zusammensetzung des Haushalts.

Mit der Zeit lernt Paula auch die übrigen Mitglieder der vielköpfigen Freud-Familie kennen. Das sonntägliche Mittagessen ist ein Muß für die längst erwachsenen Kinder. Regelmäßig erscheinen Annas Schwester Mathilde und ihr Mann Robert Hollitscher, die ebenfalls in Wien leben, dann die Söhne mit ihren Frauen und Kindern, »Dr. Martin«, der als Jurist den Psychoanalytischen Verlag leitet, Oliver und Ernst, von allen nur »der Architekt« genannt. Gelegentlich kommt auch Max Halberstadt aus Hamburg, der Mann von Freuds Lieblingstochter Sophie, die 1920 der großen Grippeepidemie zum Opfer fiel, die nach dem Ersten Weltkrieg ganz Europa heimsuchte. Halberstadt ist Berufsfotograf und der einzige, dem der öffentlichkeitsscheue Sigmund Freud gestattet, Aufnahmen von sich zu machen. Paula findet es immer »ungeheuer aufregend«, wenn sie dabei als »Hilfskraft« eingespannt wird. Sorgsam trägt sie das

Stativ durch die Zimmer und ist stolz, wenn sie zwischen zwei Aufnahmen die Fotoplatte halten darf. Bei diesen Fototerminen fällt Paula auf, »daß der Professor immer ganz streng dreinblickt«, wenn die Kamera auf ihn gerichtet ist. Freud macht sein »Fotogesicht«, ganz tiefgründiger Forscher, allem Privat-Menschlichen abhold. »Dabei«, weiß Paula, »hat er oft g'lächelt und ganz warme Augen g'habt.« Vor allem, wenn seine Enkel oder Kinder von Bekannten zu Besuch sind: »Die hat er geliebt.« Auch die Kinder haben den alten Herrn gern, der sie auf seinen Knien sitzen läßt und ihnen Geschichten erzählt, griechische Sagen etwa oder auch schon mal die Geschichte von »Hans im Glück« aus Grimms Märchen. Zu den eigenen erwachsenen Kindern ist Freud eher förmlich. »Ich hab' nie gesehen, daß er wen in den Arm g'nommen hätt' oder geküßt, auch das Fräulein Anna nicht.« Freud hatte die Erziehung der Kinder weitgehend seiner Frau überlassen, »die hat auch nicht wolln, daß der Professor an ihnen seine Arbeit ausprobiert«. Dafür werden sie vom Vater immer ausreichend finanziell unterstützt. »Dem Architekt«, Ernst Freud, »hat er das ganze Studium bezahlt, eine Acht-Zimmer-Wohnung in Berlin hat der g'habt als junger Bursch, bis er dann reich g'heiratet hat.« Ernst Freud studierte am Berliner Bauhaus bei Gropius und Mies van der Rohe – nebenher führte er ein eher lockeres Studentenleben im Berlin der »wilden zwanziger Jahre«. Auch der Sohn von Max Halberstadt hat es Paula angetan. Ernst Wolfgang ist Anfang Zwanzig, aber für die Familie bis ins hohe Alter immer »das Ernstl, der alles mögliche anfängt und nichts zu Ende bringt«, wie Paula am Familientisch hört. »Er ist halt so recht faul«, meint seine Tante, das »Fräulein Anna«. Paula aber mag »den lustigen Kerl, der immer Hunger hat, auf dem alle immerzu nur herumhacken« und der sich in der Küche von ihr mit Kuchenstücken und Schokolade verwöhnen läßt.

Bei Tisch zeigt »das Ernstl« wie alle anderen vorbildliche Manieren. Denn Martha Freud läßt weder bei ihren Söhnen noch den Enkeln irgendwelche »Unarten« durchgehen und findet dabei die Zustimmung ihres Hausmädchens: »Die Frau Professor ist halt sehr streng, was ein gesittetes Benehmen angeht.«

Ein anderer Berührungspunkt zwischen Hausfrau und Mädchen ist das Kochen. Paula hilft aus, wenn die Köchin ihren freien Tag hat, krank ist oder im Urlaub. Martha Freud achtet auf eine gediegene Küche, auch wenn ihr Mann am Essen kein besonderes Interesse mehr zeigt. Im Laufe der Jahrzehnte hat sie sorgfältig Rezept um Rezept in eine Kladde geschrieben, nun fügt sie Paulas Kenntnisse aus dem Haushalt der Gräfin Blome in ihrer steilen, peniblen Handschrift hinzu. Beide Frauen haben keinen Sinn fürs Ausgefallene oder gar für exotische Gerichte; die Zubereitung muß perfekt und der Geschmack bis in die letzte Zutat abgerundet sein. Dorothy Burlingham pflegte – nach einer anstrengenden Analyse – beim Tee mit ihrer Freundin Anna zu scherzen: »Aus den Tiefen des Unbewußten zum Duft von Paulas Guglhupf aufzutauchen ist immer eine erfreuliche Rückkehr in die Wirklichkeit.« Paula versteht die Anspielung zwar nicht, aber daß ihr Backwerk Wohlbehagen und eine freundliche Stimmung auslöst, läßt auch sie lächeln.

Für Paula ist die Berggasse die langersehnte Heimat, »mit Wärme und Freundlichkeit«. Sie braucht und will auch keinen Urlaub oder Ausgang, »obwohl ich das hätt' haben können«. Einmal macht Paula aber doch Urlaub: Prinzessin Marie Bonaparte und Anna Freud wollen zur alljährlichen *Jedermann*-Aufführung nach Salzburg fahren. Paula soll mitkommen und ihre Familie besuchen. Und so hält eines Sonntags in jenem besonders heißen August 1934 ein offener Bentley mit Chauffeur und »drei eleganten Damen« vor der Kirchtagmühle in Gnigl. Großes Aufsehen in der Straße. Die drei Frauen tragen Lederhelme und Trenchcoat, und die Fichtls, allen voran Paulas Neffe, der kleine Fritz Mosshammer, sind ganz außer sich über diesen königlichen Besuch, der da »wie im Märchen« vorfährt. Sprachlos sieht die Familie zu, wie unter Lederhelm und Schutzbrille der

»feschen Person« auf dem Beifahrersitz niemand anders als ihre Paula zum Vorschein kommt. Strahlend hält sie für ein paar Tage Einzug in ihrem Elternhaus. »Die war da schon was Besonderes«, erinnert sich ihr Neffe Fritz, »was die Tante Paula gesagt hat, das war richtig.« Fritz darf auch einmal mit der Tante und der »Frau Prinzessin« neben dem Fahrer im Bentley durch die Berge fahren. »Barfuß und in Lederhosen« ist das ein großes Erlebnis für den Jungen.

Für Paula ist die Berggasse die Welt, etwas anderes »konnt' ich mir gar nicht vorstellen«. So fällt ihr auch nicht auf, daß ausgerechnet die Frau Professor alles andere als glücklich über ihren Wohnsitz ist. Noch ein Jahr vor ihrem Tod, 1950, schreibt Martha Freud in einem Brief, sie habe »dem Sigi« nie verzeihen können, daß sie jahrzehntelang in der Berggasse habe leben müssen. Es ist eine zutiefst kleinbürgerliche Gegend, durch die Paula ihre Besorgungsgänge für den Herrn Professor führen. Im Parterre des Hauses Nr. 19 hat der »Erste Wiener Consum Verein« seinen Sitz, gleich daneben ist die Auslage der Fleischerei Kornmehl. Vier- und fünfstöckige Wohnhäuser aus der Wiener Gründerzeit bestimmen das Bild der breiten, kopfsteingepflasterten Berggasse, die Fassaden ein wenig stilsicheres Gemisch, teils der Renaissance, teils dem Barock nachempfunden. Zahlreiche Ärzte haben in der Umgebung ihre Praxen, aber es ist ein weiter Weg zur intellektuellen Atmosphäre des Universitätsviertels, in der Martha Freud viel lieber als ehrbare Professorsgattin ein Haus führen würde. Auch die Leopoldstadt, die bevorzugte Gegend der jüdischen Elite Wiens, liegt weitab. Statt dessen mündet die Berggasse auf den »Tandlmarkt«, wo jüdische Straßenhändler vom gebrauchten Ofen bis zum abgetragenen Anzug allerlei Altwaren feilbieten. Das bunte Treiben, das Paula hier manchmal durchqueren muß, ist für sie eine fremde Welt. Fast ein wenig unheimlich sind ihr die Männer in den langen schwarzen Mänteln, mit ihren steifen Hüten und den dunklen Bärten. Paulas Schritte werden schneller, wenn sie vom »Tandlmarkt« in die Behringerstraße einbiegt, wo stark geschminkte Frauen mit einem »Haben S' Feuer, Herr Doktor?« die vorübergehenden Männer ansprechen. Das unscheinbar Bürgerliche der Berggasse dagegen ist für das Mädchen vom Land von vertrauenerweckender Wohlanständigkeit. Besucher und Patienten des Professors sind für Paula die große Welt, sie kann sich nicht vorstellen, daß Martha Freud bei all dem Kommen und Gehen unter dem Mangel an privaten Kontakten leidet.

Aber Paula Fichtls Werben um Beachtung und Zuneigung stößt auch auf Widerstände von anderer Seite. Minna Bernays wittert unlautere Konkurrenz aus dem Dienstbotentrakt. Das neue Stubenmädchen »tändelt sich ein«, beansprucht – harmlos genug – die Aufmerksamkeit des Patriarchen. Minna reagiert mit unablässiger Kritik an Paulas Arbeit. Für Mizzi Poidinger, das zweite Stubenmädchen, gehört solches Nörgeln einfach zum Wesen von Herrschaft schlechthin, sie hört da gar nicht hin, »das andere Mädl hat sich nichts draus g'macht«. Paula aber leidet. Nicht so sehr unter der Kritik selbst, sie spürt sehr wohl, daß sie in ihre Schranken gewiesen werden soll, daß Minna Bernays die väterliche Zuneigung des Professors zu dem Dienstmädchen ein Dorn im Auge ist.

Paula wehrt sich auf ihre Art. Sie geht nicht etwa zur Frau Professor, die sie eingestellt und über die Qualität ihrer Arbeit zu befinden hat – Paula wendet sich an Anna Freud.

Mit sicherem Instinkt für die Machtverhältnisse »am Hofe Freud« hat Paula erkannt, daß das »Fräulein Anna« dem Ohr des »Herrschers« am nächsten sitzt. Die Dreiunddreißigjährige hat nicht nur die Mutter als Pflegerin am Krankenbett, sondern auch zunehmend die »Tante« als Gesellschafterin im Salon verdrängt. »I weiß net, wie lang i das noch aushalt'«, klagt Paula ihr Leid, »das Fräulein Minna ist immer so bös' zu mir, i kann ihr nix recht machen, immer nur werd' i ignoriert und niedergedrückt, immer setzt sie nur aus, das tut so weh.«

Anna Freud kennt ihre Tante nur zu gut, um nicht zu wissen,

wo das Problem liegt. »Machen S' Ihnen nix draus, die is eifersüchtig, weil der Professor so nett zu Ihnen is«, antwortet sie Paula und fügt hinzu, »mein Vater wär' sehr unglücklich, wenn Sie gingen, er hat Sie so gern.«

Zwar schätzt Anna die Reaktion Minna Bernays' richtig ein, wohl kaum aber geht ihr in diesem Moment auf, wie sie mit einer leichthin gesagten, beschwichtigenden Äußerung das Selbstwertgefühl ihrer Angestellten verändert. Der von aller Welt verehrte und hofierte Professor will sie, das kleine Stubenmädl aus Gnigl, um sich haben. Paula hat die Macht, die Eifersucht einer Frau auszulösen, die so viel »geistig reger« ist als sie selbst, vor allem aber – Paula hat sich gegen diese Ablehnung durchgesetzt. »Danach hätt' ich nicht mehr gehen können«, erklärt sie ihre zukünftige Treue zu den Freuds, zieht aber auch stillschweigend für sich den Umkehrschluß: Danach darf sie auch niemand mehr wegschicken, denn das »Glück« des Professors hängt auch an ihrer Anwesenheit. Sie wird ihre Stellung im Hause Freud fortan weniger denn je nur als Zwischenstation bis zur Gründung einer eigenen Familie auffassen; die Freud-Familie wird ihr dafür von Anfang an bis in ihr Alter eine stabile Existenz und ihre persönliche Würde sichern.

Sie hat das Gefühl, daß »der Herr Professor auf meiner Seite ist«. Auch als Paula einmal ein Mißgeschick passiert – ein Porzellanengel gleitet ihr beim Abstauben der Vitrine aus der Hand und zerbricht –, zeigt Freud keinen Zorn. Paula ist tief verzweifelt und will die Reparatur bei einem Antiquitätenhändler unbedingt selbst bezahlen. Aber Freud will davon nichts hören. Als der Engel wiederhergestellt und gereinigt ist, sagt der Professor nur lächelnd: »Jetzt ist unser gefallener Engel endlich einmal richtig sauber geworden.«

Nach dem Erlebnis der siegreich bestandenen »Minna-Krise« beginnt Paula Fichtl mit dem Ausbau der errungenen Stellung. Der Empfang von Besuchern und vor allem von Patienten gehört mit zu den Obliegenheiten der Stubenmädchen. Mizzi

Poidinger, als »Dienstälteste« bisher dafür zuständig, macht sich nicht viel aus diesem Privileg und ist nur zu gern bereit, Paula die zusätzliche Arbeit abzutreten. Wenn es an der Tür klingelt, ist Paula zur Stelle. Doch bevor sie öffnet, vergewissert sich das Mädchen durch den »Spion«, ob der Besucher ihr bekannt ist. »Denn jeden Tag standen fremde Menschen vor dem Eingang und haben den Herrn Professor sofort sprechen wolln«, obwohl im Wiener Telefonbuch neben der Telefonnummer A 18 17 0 und der Anschrift zu lesen war: »Ord. nach Übereinkommen«. Freunden, Bekannten und Patienten öffnete sie jedoch die Tür, wie es ihr Martha Freud beigebracht hat: Sie macht einen artigen Knicks, nimmt den Herrschaften, zumeist sind es »Herren«, Hut und Mantel ab, führt sie ins Wartezimmer, geht durch das Sprechzimmer, an der Couch vorbei ins Arbeitszimmer, meldet den Besuch und bittet die Patienten schließlich zum Professor herein. Wie als junges Mädchen hinter dem Tresen des Krämers Oberreiter, fühlt sie sich dabei »wichtiger« als bei der Routine der täglichen Hausarbeit. Hinzu kommt, daß sie »Geheimnisträgerin« wird – Paula dürfe ja nicht »herumschnabeln«, wer beim Herrn Professor in Behandlung ist, wird ihr eingeschärft: Eva Rosenfeld etwa, die Nichte Yvette Guilberts, Edith Jackson aus den USA, die Paula »sehr mag« und der sie noch Jahrzehnte später regelmäßig zum Geburtstag schreibt. Dann natürlich Dorothy Burlingham, die sich bei Freud einer Lehranalyse unterzieht, um ihrerseits als Laienanalytikerin tätig zu werden. Auch die Tochter der Prinzessin Bonaparte, Eugénie, läßt sich im Sommer 1937 vom Idol ihrer Mutter behandeln. Dann der Dirigent Bruno Walter mit einer unerklärlichen Armlähmung und die amerikanische Dichterin Hilda Doolittle, »die immer sehr neugierig war, wer grad vor ihr beim Professor war«. Aber Paula läßt sich nicht aushorchen.

Wenn Sigmund Freud nicht an einem Buch schreibt, stehen regelmäßig fünf Patienten auf seinem Stundenplan. »Schwierige Menschen« sind das, vermutet Paula und äußert wenig Schmeichelhaftes über die Arbeit ihres Herrn: »Die san s' mit Depressionen ins Haus kommen und genauso deprimiert wieder hinausgangen« – so kommentiert Paula Fichtl die Psychoanalyse auf ihre Weise. Es sind »mehr Geschäftsleute«, denn »ein armer Teufel hätt' sich das nicht leisten können«. Fünfundzwanzig inflationssichere US-Dollar nimmt Freud mittlerweile pro Sitzung. Von den Einnahmen aus der Analyse muß immerhin ein Sieben-Personen-Haushalt bestritten werden. Die Tantiemen aus Freuds erfolgreichen Büchern verschlingt der Internationale Psychoanalytische Verlag, in dem seit 1919 neben Freuds Schriften auch die Werke von Anhängern erscheinen, die aber meist Zuschußproduktionen sind. Trotzdem bleibt genug übrig, so daß der Professor seiner Paula zu Festtagen, etwa an seinem Geburtstag oder am Neujahrstag, eine wertvolle Münze schenken kann, Gold- oder Silberstücke zumeist. Da die Patienten bar zu zahlen pflegen, verfügt Freud immer über ausreichend »Hartgeld«, das er bei solchen Gelegenheiten aus der Kassette in seinem Schreibtisch nimmt und »der Kleinen« in die Hand drückt. Auch von den anderen Familienmitgliedern gibt es solche Geschenke. »25 Schilling in Gold, Frl. Anna«, notiert Paula auf einem kleinen Zettel, »1 Krone Dr. Martin« oder »1 Krone Prof Goldene Hochzeit 14. Sept. 1936«. Martha Freud erhält an diesem Tag kein Geschenk, gefeiert wird auch nicht. Dagegen hegt der Jude Freud eine große Vorliebe für das christliche Weihnachtsfest. Zwar gibt es keinen Tannenbaum, wohl aber Geschenke für die Kinder und Enkel. Paula bekommt dann regelmäßig »eine solche Münze vom Professor«.

Auch einen Festtagsbraten gibt es, meist einen Puter oder eine Gans. Zum Neujahrstag kommt eine Flasche Champagner auf den Tisch, und Freud frönt einer teuren Leidenschaft: »Kaviar mochte der Professor für sein Leben gern.« Sparsam wie Martha Freud nun einmal ist, kommt diese Delikatesse aber nur höchst selten auf den Speiseplan, so daß Freuds Appetit auf Geschenke von Besuchern angewiesen ist. Eine besonders große Dose bekommt er von Anny Katan zum achtzigsten Geburtstag. »Das ist echt russische Sympathie«, lächelt Freud angesichts der Halbpfund-Dose »Ossietr«-Rogen.

Anfang der dreißiger Jahre steht Sigmund Freud im Zenit seines Ruhmes zu Lebzeiten. Die psychoanalytische Bewegung hat sich aus den Anfängen – der Einschätzung als einem Zirkel sektiererischer Laien – zu einem internationalen Forum intellektueller Auseinandersetzung entwickelt. Freud und seine Lehre sind eine Institution geworden. Seit langem schon haben sich unterschiedliche Schulen der Psychoanalyse gebildet. Auf Kongressen wird erbittert um die reine Lehre gerungen. Die Gespräche des »Inneren Kreises« in der Berggasse drehen sich nicht selten um Abweichler, Verräter und Dissidenten. Da müssen Ungetreue »verstoßen« werden, stehen neue Jünger zur »Adoption« an.

Im Salon werden heikle persönliche Animositäten diskutiert. Kein Wunder, daß die Hausangestellten auf strengstes Stillschweigen eingeschworen werden. Paula weiß mit den meisten Namen nicht viel anzufangen, die sie bei diesen Gesprächen, etwa während des Servierens, aufschnappt. Auch die erörterten Probleme liegen außerhalb ihres Horizontes, aber sie sonnt sich in jener wohligen Pflicht des »Nichts-sagen-Dürfens«.

Obwohl Freuds Chow Jofie, der bei Analysen fast immer zu Füßen des Professors neben der Couch liegt, das Ende einer Sitzung ankündigt, indem er bellend zur Tür strebt, gelingt es Freud nur selten, seine Patienten pünktlich zu entlassen. Paulas Aufgabe ist es dann, peinliche Begegnungen im Wartezimmer oder auf dem Flur zu vermeiden. Sie weiß auf ihre Weise Rat: Paula lotst die Wartenden in die Küche und nötigt sie freundlich, aber bestimmt doch erst einmal eine Kleinigkeit zu sich zu nehmen. »Die waren s' oft so unruhig, da hab' ich dann immer g'sagt, Sie müssen sich stärken, bevor S' zum Professor hineingehen.« Freud erfährt lange nichts von dieser »Vorbehandlung«, bis eines Tages ein offenbar recht respektloser amerikanischer Patient scherzend bemerkt: »Daß in Ihren Honoraren Halbpension mit eingeschlossen ist, finde ich sehr zuvorkommend.« Erstaunt über Paulas eigenmächtige Ausdehnung des Haushaltsetats auf die Patienten, stellt der Professor sie zur Rede. »Das können Sie doch nicht machen«, ermahnt er Paula, aber die ist unbeeindruckt. »Das ist eine anstrengende Sache für die Herrschaften«, kommentiert sie Freuds Analysen, »da geht es nicht an, daß es vorher keinen Imbiß gibt, Herr Professor.« Der schaut seine »Perle« daraufhin nur an und »ist ohne ein Wort zu sagen wieder in sein Zimmer gangen«. Paula Fichtl ist »wohl-etabliert« im Hause Freud, wie Anny Katan zu dieser Zeit feststellt. Unter den Patienten sind viele Frauen, »auch sehr hübsche junge«, stellt Paula ein wenig kritisch fest. Manche kommen tief verschleiert »gleich als erste am frühen Morgen«. Bei manchen sieht Paula das Gesicht erst, wenn sie »ganz aufgeregt« nach der Analyse ins Wartezimmer zurückkehren. »Die Frau Professor hat nie was dazu gesagt, das gehörte halt zur Arbeit vom Herrn Professor«, beurteilt Paula das mangelnde Interesse von Freuds Gattin an den attraktiven Besucherinnen. Paula selbst ist eifersüchtiger: »Die Frauen waren natürlich alle verliebt in ihn; des hab' i schon g'sehen, wenn sie den Herrn Professor beim Umarmen an ihre Brust drückt haben. Manchmal hat der Professor ganz rote Wangen g'habt, wenn so ein hübsches Ding dag'wesen is«, und einmal »hat er nicht aus dem Sessel aufstehen wollen, als die Dame gangen war«.

Eine der interessantesten Patientinnen und Schülerinnen Freuds in den dreißiger Jahren ist Muriel Gardiner. Die Amerikanerin, auch sie eine enge Freundin Anna Freuds, arbeitet zu dieser Zeit bereits unter dem Decknamen »Mary« im antifaschistischen Untergrund als Geldkurier. »Die Herrschaften haben schon g'wußt, daß Misses Gardiner was Geheimes gegen die Nazi tut, aber drüber g'sprochen haben s' mit mir nie«, erinnert sich Paula. Vierzig Jahre später wird die Schriftstellerin Lillian Hellmann in ihrem Roman *Julia* Muriel Gardiners Wiener Erlebnisse, auch die Analyse bei Freud, zum Vorbild für ihre Hauptfigur nehmen.

Ein ehemaliger Patient Freuds aus den Jahren vor dem Ersten Weltkrieg ist auch zu Paulas Zeit noch gelegentlicher Gast der Familie. »Der hat manchmal so lange schwarze Stiefel getragen und einen weiten Lodenmantel, und Frau Gardiner hat bei ihm zu Hause mittwochs immer Russisch gelernt«, weiß Paula Fichtl zu berichten. Der Besucher hat es Paulas romantischer Seele angetan. »›Wie gähts dem Härrn Profässor?‹ hat er immer g'fragt, und mir mit seinem schwarzen Schnurrbart die Hand geküßt und g'sagt: ›Ihr Professor ist ein Genie‹«, schmunzelt sie. Einem kleinen Flirt mit dem Dienstmädchen ist der feine Herr, der so gut nach Lavendel riecht, nicht abgeneigt. »Und wie gäht äs Ihnen, kleines Fräilein?« pflegt Sergej Pankejeff die Paula augenzwinkernd zu fragen. In ihrem weißen Schürzchen und mit dem feschen Haarknoten verkörpert Paula in diesen Jahren das Urbild einer Kammerzofe, und sie ist immer aufgeregt, wenn das »Fräulein Anna« wieder einmal sagt, »heut abend kommt ja unser Wolfsmann«. »Das war natürlich ein Deckname.« Wolfsmann, so nannte Sigmund Freud einen seiner berühmtesten und zugleich kompliziertesten Fälle. Er diagnostizierte bei ihm eine infantile Neurose und sah deren Ursache hinter einem – inzwischen weltberühmt gewordenen – Traum seines Patienten verborgen. Mit vier Jahren träumte Sergei Pankejeff, »daß es Nacht ist und ich in meinem Bett liege. Vor dem Fenster befand sich eine Reihe alter Nußbäume. Plötzlich geht das Fenster von selbst auf ... und ich sehe auf dem großen Nußbaum ... ein paar weiße Wölfe sitzen. Unter großer Angst ... aufgefressen zu werden, schrie ich auf und erwachte.«

Sergej Pankejeff, Sohn eines russischen Großgrundbesitzers aus Odessa, lebte nach der russischen Oktoberrevolution ohne Heimat und Besitz seit 1919 als kleiner Versicherungsangestellter in Wien. »Trotzdem is er aber immer sehr fesch g'wesen«, berichtet Paula. Am 7. Mai 1979 stirbt er, zweiundneunzigjährig, im Psychiatrischen Krankenhaus »Steinhof« in Wien.

»Die Frau Doktor Gardiner hat ihm bis zu seinem Tod immer

jeden Monat Geld g'schickt, und Professor Eissler is auch jedes Jahr extra aus New York kommen, um ihn zu behandeln und ihn über den Professor Freud auszufragen.«

Außer den Patienten kommen aber auch andere Besucher. Schriftsteller, Künstler und Wissenschaftler betrachten es als Vorzug, in der Berggasse 19 empfangen zu werden. Paula Fichtl, die ihnen die Tür öffnet, genießt die Nähe zu den großen Namen, auch wenn ihre Urteile über die einzelnen höchst unterschiedlich ausfallen. Im März 1932 macht Thomas Mann dem Vater der Psychoanalyse seine Aufwartung und findet Gnade vor Paulas Augen: »Das war ein großer Herr.« Stefan Zweig dagegen, ein alter Freund Freuds, »hat nach nix Besonderes ausg'schaut, der war eher klein«. Mann und Freud sind große Bewunderer der Werke des anderen. »Aber unterhalten haben sich die Herren über die Hund' und ihre Zigarren« – zumindest dann, wenn Paula den Kaffee bringt. Dabei stellt sie stolz fest, »daß der Herr Thomas Mann lange nicht so teure Havannas geraucht hat wie der Herr Professor«. Ein wenig gekränkt ist Paula aber, daß der Literaturnobelpreisträger ihren Kuchen nicht anrührt, und als sie ihm Zucker zum Kaffee reichen will, nur ein kurzes »Nein danke« herausbringt. Mann scheint Paula eingebildet: »Der hat mich nie ang'schaut.« Dafür bemerkt sie, daß er »immer ganz blank gewienerte Schuhe g'habt hat und eine saubere Bügelfalte, gar nicht wie der Herr Professor«. Freuds Hosen sind vom vielen Sitzen in den Knien meist ziemlich ausgebeult, so sehr Paula sich auch mit dem Dämpfen und Bügeln der Anzüge müht. Trotzdem bleibt Freud für Paula der alleinige Maßstab männlicher Vornehmheit. Stefan Zweig, der Freund Rilkes und Hugo von Hofmannsthals, kann da nicht mit, »auch wenn der immer so geschniegelt war und sogar am kleinen Finger einen Goldring getragen hat«.

Am 6. Mai 1936 wird Freud achtzig Jahre alt. Paula hat alle Hände voll zu tun. Auch wenn es keinen Empfang in der Berggasse gibt, so kommen doch Hunderte von Briefen, Telegrammen und Blumensträußen. Darunter ist sogar ein eigens in den Bergen gepflückter Strauß Alpenprimeln, die Paula einem siebzehnjährigen Mädchen abnimmt, das den Blumengruß im Auftrag der Angehörigen des Wiener Psychologischen Instituts dem Professor überreicht. Journalisten wollen Freud interviewen, Maler bitten um Sitzungstermine für Porträtstudien. Der Jubilar ist für das alles gar nicht zu haben, und Paula Fichtl, die an diesem Tag pausenlos zum Telefon rennt, muß ständig wiederholen: »Der Herr Professor ist heut' nicht zu sprechen.«

Es geht nicht immer nur »ernst und strikt« zu im Hause Freud. »Der Herr Professor und vor allem das Fräulein Anna haben gern g'scherzt und sich oft über andere Leut' lustig g'macht.« Auch Freud selbst wird einmal zum Opfer eines Schabernacks. »Der Herr Professor hat eine Zeitlang immer Post bekommen von einem Herrn aus Deutschland, Astrologe und Psychoanalytiker hat auf dem Absender g'standen.« Der Mann, offenbar ein harmloser Wichtigtuer, wünscht dringend einen persönlichen Meinungsaustausch unter »wissenschaftlichen Kollegen«. Freud, der mehr als genug derartiger Anträge unter seiner Post findet, antwortet nicht, aber der »Kollege« läßt nicht locker. Der »Astrologe und Psychoanalytiker« wird zum geflügelten Wort zwischen dem Professor, Anna und Martin Freud, der mittlerweile den Psychoanalytischen Verlag leitet. Eines Tages verabredet Martin mit Paula einen Streich. Bei einem Trödler besorgt er sich einen Schlapphut, dunkle Brille, einen weiten Mantel und einen Theaterbart, »der dem Herrn Martin bis auf die Brust hing«, dazu eine Visitenkarte, auf der Name und Titel – eben »Astrologe und Psychoanalytiker« – gedruckt sind.

Zu einem verabredeten Zeitpunkt klingelt Martin Freud in der Berggasse. Paula soll aufgeregt mit der Visitenkarte zum Hausherrn laufen und so tun, als ließe sich der Besucher nicht abweisen. Als Freud die Karte liest, fährt er auf: »Um alles in der Welt, Paula, halten Sie mir den Mann vom Leib!« Aber Martin Freud steht schon in der Tür des Arbeitszimmers und brummt mit tiefer Stimme: »Herr Professor, es gibt unter wissenschaftlichen Kollegen ein Mindestmaß an Höflichkeit ...« Weiter kommt er nicht. Freud »hat den Herrn Martin so was von wütend ang'schaut, daß der ganz starr worden ist«. Erst Anna Freud, die ins Zimmer geeilt kommt, löst die Spannung. »Papa, das ist ja der Martin«, ruft sie. Freud ist von dem Scherz nicht sonderlich angetan. »Der Herr Martin war nachher noch lange ganz erschrocken, daß der Herr Professor so böse ausschaun konnt'.«

Paula wird inzwischen zum Intellektuellen-Fan. Obwohl sie »immer reserviert bleiben muß« und »keiner der Gäste groß mit mir G'schichten macht«, sind ihr die Besucher nicht gleichgültig. Anders als in den Jahren zuvor kann sie sich jetzt, in der Dienstbotenanonymität und im Vorübergehen, gefahrlos verlieben. Denn »auch wenn ich selbst nicht geistreich war, ich hab' dumme Leut nicht gern; wenn ich verliebt war, hab' ich immer für diese großen Persönlichkeiten g'schwärmt, nie für diese gewöhnlichen Leut'.« Aber sie hat sich dabei »nie den Kopf verdrehn lassen«, weil sie weiß, »i bin a armer Teufel, i kann mich mit so einem Menschen nicht abgeben, die kann man nicht haben, die haben bessere Frauen«.

Das erfährt sie, als Harry Freud, ein Enkel des Professors, zu Besuch ist. »In den war ich wirklich verliebt, aber der hat mich nicht mögen.« Daß Paula »den möchte«, hat sie »nie zeigen dürfen«, auch nicht, wie »eifersüchtig« sie ist, »als er g'heiratet hat«. Dieses eine Mal denkt sie, »so g'scheit wie die bin ich auch«, mutmaßt aber resigniert, »wahrscheinlich war sie hübscher«.

Für all die »klugen Leut'«, Besucher wie Familienmitglieder, bleibt Paula das Dienstmädel, von der eine vertraute Freundin Anna Freuds einmal sagen wird, sie sei irgendwann »größenwahnsinnig« geworden. Nach den Maßstäben derer, die sich erwählt fühlten, die Botschaft vom Unbewußten zu verkünden, hat Paula Fichtl als lebendes Inventarteil das ihr zustehende Höchstmaß an Beachtung gefunden. Putzen, Ordnung halten,

ɔen: Das neue »home« – so
·d die Villa im Londoner Stadt-
Hampstead mit ihren 20 Zim-
·rn von der Familie genannt.
·r stirbt 1939 Sigmund Freud und im Jahr 1982 auch seine Tochter Anna. Heute ist das Haus in Maresfield Gardens Nr. 20 ein Museum
Unten: Empfang auf einer Zwischenstation der Emigration am Pariser Ost-Bahnhof. Freuds Sohn Ernst ist seinen Eltern von London aus nach Paris entgegengereist

Paula Fichtl ist der Familie ohne zu zögern ins Exil gefolgt. Sie ist kein Flüchtling aus politischen oder rassischen Gründen und gilt daher in England seit Kriegsbeginn als »feindliche Ausländerin«. Sie wird in ein Internierungslager auf der Isle of Man gebracht. Anna Freud und englische Freunde der Familie bemühen sich in Eingaben um ihre Freilassung und sprechen ihr in zahlreichen Briefen Mut zu

HAMPSTEAD 2002.

20, MARESFIELD GARDENS.
LONDON. N.W.3.

23rd May 1940.

Paula Fichtl has been in service with us for the last eleven years. She was my late father's personal maid and helped to nurse him in his last illness. Her attachment to my family was so strong that she decided to break with her former home and accompany us in emigration in 1938. This close connection with a Jewish family was all to her disadvantage. But her interests are exclusively those of a very faithful, loving and hardworking girl with a horror of everything that is brutal and dangerous. I am absolutely convinced of her complete trustworthyness.

Anna Freud.

HAMPSTEAD 2002.

20. MARESFIELD GARDENS.
LONDON, N.W. 3.

2. Juni 1940.

Liebe Paula! Wir waren sehr froh über die schnelle Nachricht, haben die ganze Zeit sehr viel an Sie gedacht. Jumbo ist traurig und schaut immer auf die Türe, aber er frisst jetzt und manchmal erlaubt er, daß ich mit ihm spiele. Er schläft bei Jula Weiß, die für Sie aushilft. Sie gibt sich große Mühe und ich helfe in der Früh auch. Aber ich weiß nicht, ob es so ausschaut wie sonst, es ist nicht so leicht. Alle Leute vom Seminar lassen Sie grüßen und alle Patienten. – Gibt es gar nichts, was ich Ihnen schicken soll? Vielleicht etwas zum Stricken oder eines Ihrer guten Kleider? Es ist gut, daß das Wetter schön ist.

Die Prinzessin hat angefragt, wie es Ihnen geht.

Ich hoffe, Sie können regelmäßig schreiben.

Mit vielen herzlichen Grüßen
Ihre

Anna Freud.

Es ist in der Zeitung gestanden, daß man auf der Isle of Man schwimmen gehen kann. Soll ich Ihnen einen Badeanzug schicken? Im Garten sind jetzt alle Rosen aufgegangen

Links: Im Garten von Maresfield Gardens (um 1939): Prinzessin Marie Bonaparte, Prinz Georg von Griechenland, Sigmund Freud und sein Bruder Alexander (v.l.n.r.)
Martha Freud, aufgenommen im Todesjahr ihres Mannes, 1939

Oben: Sigmund Freuds Arbeits- und Behandlungszimmer in Maresfield Gardens. Paula Fichtl richtet nach dem Einzug das Zimmer des »Herrn Professors« ein. Sie weiß für jede Kleinigkeit den richtigen Platz. Die Räume des Hauses sind erheblich größer und luftiger als die in der Berggasse. In diesem Zimmer stirbt Sigmund Freud

Paula Fichtl spielt im Garten von Maresfield Gardens mit dem Pekinesen Jumbo, einem der vielen Hunde, die die Familie über die Jahre hinweg besessen hat (um 1938)

Rechts: Sogar der englische Premierminister Sir Winston Churchill setzt sich 1941 für die Freilassung der Haushälterin der Fam[illie] Freud ein. In der Nachkriegsz[eit] besucht Churchill Anna Freud [in] Maresfield Gardens – ob als [Pa]tient oder Gast, »das darf ich ni[cht] sagen«, äußert Paula Fichtl spä[ter]

In any further communication on this subject, please quote

No. W 2356/12/48.

and address—

not to any person by name

but to—

"The Under-Secretary of State,"
Foreign Office,
London, S.W.1.

Foreign Office.
S.W.1.
4th March 1941.

Madam,

I am directed by Mr. Winston Churchill to inform you that the following message has been received on your behalf from Her Royal Highness Princess George of Greece:-

"I can testify that Paula Fichtl, "who was born in Austria, has been in "England since 1938 when, being a "faithful servant, she followed her "master Professor Freud there, and "that she is a most reliable person, "and that she is loyal to England, "where she found refuge. I have "known her personally for about ten "years and can vouch for her. She "is at present in Rushen internment "camp at Hotel Imperial, Port Erin, "Isle of Man, and will soon come "before the Tribunal".

I am,
Madam,
Your obedient Servant,

Barclay.

Miss Anna Freud,
20 Maresfield Gardens,
N.W. 3.

PROF. DR. SIGM. FREUD

WIEN XIX.
STRASSERGASSE 47

WIEN IX.
BERGGASSE 19

PAULA FICHTEL
BERGGASSE 19
WIEN IX

Marzipan Ball
8 oz Almon fein grounded
Caster Sugar and 1 w. of a
Eggs, Sugar so much you like
the Pastry ~~[illegible]~~. Rum or Brandy

Oben: Erstaunlicherweise fehlt die Telefonnummer A 18170 auf der Visitenkarte Freuds. Er hatte eine starke Abneigung gegen »dieses technische Gerät« und wollte es so wenig wie möglich benutzen

Unten: Das Selbstverständnis von Paula Fichtl spricht aus diesem Briefkopf: Sie war stolz, unter dieser Adresse erreichbar zu s[…] und ließ sich 100 Briefbögen ([…] einem Druckfehler!) fertigen, die sie in blauen Buchstaben […] berühmte Adresse setzen ließ[…] London verwendet sie das Pap[…] um sich Rezepte zu notieren

den Herrschaften jeden nur denkbaren Gefallen tun, sich unentbehrlich machen: Paulas Möglichkeiten, Beachtung zu suchen. Wenig taugliche Mittel in einem Kreis von Menschen, die sich zu Höherem berufen wissen. Schon Martha Freud war mangels intellektueller Qualitäten fast nur als Hausfrau und Mutter zur Kenntnis genommen worden. Wer »dazugehören« wollte, mußte psychoanalytisch mitreden können. Entweder durch umfangreiches Wissen über Freuds Theorie oder durch die Weihe einer Analyse auf der Couch des Professors, wie sie Anna Freud erfahren hatte. Eins ergab sich zumeist aus dem anderen. Martha kam für beides nie in Betracht.

In den dreißiger Jahren bestand die Mehrzahl der »Erwählten« aus Frauen, meist durch Anna Freud bei ihrem Vater eingeführt. Ruth Mack-Brunswick, Jeanne Lampl-de Groot, Dorothy Burlingham, Anny Katan, Muriel Gardiner, Marianne Kris, Edith Jackson, Eva Rosenfeld waren die beherrschenden Figuren; sie alle entdeckten in der Psychoanalyse den Fixpunkt ihres Lebens. Anna Freud fand ihre private Erfüllung in Dorothy Burlingham, die sich von ihrem Mann getrennt hatte, Ruth Mack-Brunswicks Ehen verliefen höchst problematisch, Jeanne Lampls Mann wurde von Anna und ihren Freundinnen Verfolgungswahn attestiert, als er darauf bestand, die Fixierung seiner Frau auf die Psychoanalyse gefährde ihre Ehe. Nur Freud selbst vermochte ihn von diesem Verdikt freizusprechen. In einer umgehend angesetzten Analyse förderte der Meister die banale Erkenntnis zutage: Hans Lampl war eifersüchtig.

Ruth Mack-Brunswick, hochintelligent, dabei forsch und impulsiv, war eine für die im Haus in der Berggasse herrschenden Verhältnisse höchst schillernde Erscheinung. Paula findet sie denn auch »sehr amerikanisch« und bemerkt genau, daß Anna Freud dieser Frau »recht kühl« gegenübertritt. Kein Wunder, ist doch die Amerikanerin Freuds erkärte Lieblingsschülerin, der er sogar seinen berühmtesten Patienten überweist, den Wolfsmann. Weit davon entfernt, je etwas Schlechtes über ihre Herrschaft zu sagen, denkt Paula Jahrzehnte später aber doch: »Komisch, daß sich so viele von den Patienten vom Fräulein und vom Herrn Professor das Leben g'nommen haben.« So Ruth Brunswick, die als Hypochonderin ständig unter Schmerzen leidet und spätestens seit 1933 medikamentenabhängig ist, so ein Sohn und eine Tochter Dorothy Burlinghams.

Für Paula Fichtl ist alles, was der Professor tut, jenseits jeglicher Kritik; die analytischen »Inzestverhältnisse« am Hofe Freud liegen außerhalb ihres Horizonts. Paula denkt sich nichts dabei, wenn die Kinder Dorothy Burlinghams von Anna Freud analysiert werden, die schließlich die Geliebte ihrer Mutter ist, die wiederum von Annas Vater analysiert wird, der seinerseits die eigene Tochter behandelt hatte.

Paula findet es auch völlig normal, daß sie kurz nacheinander Ruth Brunswick und ihren um Jahre jüngeren Ehemann Mark zum Professor ins Wartezimmer führt. Sie weiß nur aus Gesprächen der Familie, daß die Ehe der Brunswicks nicht allzu glücklich ist, und nimmt an, »der Professor soll das wohl richten«. Er tut es mit wechselndem Erfolg: Die beiden werden geschieden, heiraten wieder, trennen sich erneut.

Auch die Tiefe von Dorothy Burlinghams Verhältnis zu Anna Freud bleibt Paula verborgen. Mit dem Wort »lesbisch« kann sie noch als alte Frau nichts anfangen. Trotzdem fühlt sie so etwas wie Eifersucht, wenn Dorothy Burlingham am Telefon ist. Die beiden Wohnungen sind durch eine hausinterne Leitung verbunden, und Paula muß das »Fräulein Anna« oft »für die Misses Burlingham« an den Apparat holen. Es schmerzt sie auch, wenn Anna Freud – immer seltener, je schwerer die Krankheit ihres Vaters wird – mit der Freundin und deren Kindern nach Hochrotherd verreist. Bereits in den zwanziger Jahren haben sich die beiden Frauen dieses Landhaus 45 Autominuten von Wien entfernt gemietet, und auch dort erzieht Anna »die Kinder ihrer amerikanischen Freundin mit fester Hand«, wie Sigmund Freud seinem Sohn Martin berichtet.

Die Teilnahme an den geistigen Entdeckungsfahrten des »Kolumbus der Seele«, als der sich Freud durchaus empfand, war für die Frauen um Anna Freud ein Mittel der Selbstverwirklichung – Jahrzehnte bevor das Wort als Gemeinplatz Eingang in die Alltagssprache gefunden hat. Angesichts dieses Zirkels unkonventioneller, selbstbewußter, wortgewandter und nicht zuletzt wohlhabender Frauen ging der gleichaltrigen Paula mit den Jahren auf: »Als Dienstmädchen ist man halt gezeichnet.«

Nur zu einer Frau entwickelt sich über den Graben von Intellekt und Herkunft hinweg so etwas wie eine Freundschaft. Ausgerechnet »die Prinzessin« entdeckt ihr Herz für das Stubenmädchen Freuds. Marie Bonaparte, eine direkte Nachfahrin des Napoleon-Bruders Lucien, ist mit Prinz Georg von Griechenland verheiratet, einem Bruder des Königs von Griechenland, Georg II. Die Prinzessin hatte einst ihren Jungmädchentraum, Ärztin zu werden, zugunsten der Heirat mit Prinz Georg aufgeben müssen. Über die Psychoanalyse, die damals die intellektuelle Avantgarde Europas fasziniert, findet sie zu ihrem Jugendtraum zurück und zugleich das dringend benötigte Gegengewicht zu ihrem nach außen hin konventionell geführten Aristokratenleben. Seit 1925 immer wieder bei Freud in Analyse, ist sie inzwischen eine der engagiertesten Schülerinnen Freuds, der als ihren »Lebenskonflikt« das »gleich starke Beieinander des Männlichen und des Weiblichen in ihrem Wesen« diagnostiziert. Außerdem bescheinigt ihr der Meister anerkennend, daß sie »bar jeder Prüderie« sei – sie hatte ihm in einer Analysestunde ihre operierten Brüste gezeigt. Die »Prüderie« Freuds schildert sie amüsiert in ihrem penibel geführten »Analysetagebuch« so: »Ich wage Freud auf den Kopf zuzusagen, daß er sexuell überentwickelt sein müsse. ›Davon‹, sagt er, ›werden Sie nichts erfahren. Vielleicht nicht so sehr!‹«

Sie ist, nach Freud selber, Paula Fichtls uneingeschränkter Liebling. Die kräftig gewachsene Frau mit der großen Hakennase verhält sich wahrhaft königlich. Für Paula, die bereits den

Leichenzug der Mutter zu einer kleinen Modenschau nutzte und »schon immer hat elegant sein wolln«, ist Marie Bonaparte das Ebenbild einer »großen Dame«. Mit ihren exquisiten Kleidern und kostbaren Pelzmänteln ist die Achtundvierzigjährige zumindest äußerlich der glanzvolle Mittelpunkt in der Schar Freudscher Anhängerinnen, denen ein männlicher Gast des Hauses einmal »eine bis zur Nachlässigkeit gediehene Uneleganz« als gemeinsames Merkmal attestierte.

Anders als die in ihrer Lebensführung zutiefst bürgerlichen Freuds sieht die Prinzessin in Paula Fichtl ein Mitglied des »Hauses«: Kammerzofe, Butler und Vertraute in einem. Die Aristokratin aus Paris verfügt über eine seit Generationen anerzogene selbstverständliche Ungezwungenheit im Umgang mit Personal, während die Haltung der Familie Freud Dienstboten gegenüber immer noch vom Bemühen um Distanz gekennzeichnet ist, eine Distanz, die nur gelegentlich – wie beim Professor – durch Anwandlungen jovialer Freundlichkeit durchbrochen wird. Paula erfährt bei den Freuds, wie in ihrem ganzen Leben zuvor, Anerkennung immer nur für ihren Eifer. Das souverän vertrauliche Auftreten der Prinzessin dagegen mißversteht Paula in ihrer Sehnsucht nach persönlicher Wärme als – endlich einmal – nur auf ihre Person bezogen. Ihr Leben lang wird sie Marie Bonaparte vergöttern, anders als Anna Freud und deren Freundinnen. Stets führt sie ein Bild der Prinzessin mit sich.

So gelangt Paula aus ihrer Jugend in die zweite Hälfte ihres dritten Lebensjahrzehnts – ohne Sünde, ganz in der Gegenwart ihrer alltäglichen Pflichten aufgehend. Die Ereignisse, die Paulas Schicksal endgültig mit dem Namen Freud verbinden werden, kündigen sich im Sommer ihres neunten Jahres in der Berggasse 19 an.

IV. Die Flucht

»Lassen Sie die Herren herein!«

In den frühen Abendstunden des 10. März 1938, eine Woche nach Paula Fichtls sechsunddreißigstem Geburtstag, klingelt das Telefon in der Eßzimmerecke der Freudschen Wohnung. Anders als der Professor telefoniert Paula sehr gern, so eilt sie hin und nimmt den Hörer ab. Sie kennt die Stimme des Anrufers nicht: »Sagen S' dem Herrn Professor, morgen kommt der Hitler!« Das ist alles, was der wohlmeinende Unbekannte durch Paula der Herrschaft ausrichten läßt. »Das wird schlimm, Paula«, ist Freuds ganzer Kommentar.

Am nächsten Nachmittag wird Österreichs Bundeskanzler und Heeresminister Schuschnigg von Hitler gezwungen abzudanken. Freud, der die Meldung im Radio hört, hält die Nachricht im ersten Moment für ein Gerücht. Besorgt schickt er Paula los, den »Abend« zu kaufen, eine Pro-Schuschnigg-Zeitung. Beinahe vorsichtig nimmt er sie dem Mädchen aus der Hand und liest die Schlagzeile. Wütend zerknüllt der alte Mann daraufhin das Blatt und wirft das Papier unbeherrscht in eine Ecke. »So außer sich hab' ich den Herrn Professor vorher noch nie gesehen«: Paula ist tief erschrocken über den Ausbruch. »Finis Austriae« schreibt Freud an diesem Abend des 11. März in sein Tagebuch.

Als Paula am nächsten Morgen aufsteht, sieht sie im Giebel des Hauses schräg gegenüber zum ersten Mal eine Hakenkreuzfahne – über dem Eingang zum Schuhgeschäft Sedlak. In ganz Wien raffen in diesen Stunden linke und jüdische Intellektuelle das Nötigste zusammen, tauchen unter oder versuchen, nach Frankreich oder in die Schweiz zu entkommen. Manchen bleibt, wie dem Schauspieler und Schriftsteller Egon Friedell, nur der Ausweg in den Selbstmord.

Paula serviert wie jeden Morgen das Frühstück, »aber es hat kaum wer etwas ang'rührt, der Herr Professor hat nur dauernd den Chow g'streichelt«.

Den ganzen Vormittag sitzt die Familie zusammen im Wohnzimmer. Wird es Ausschreitungen geben, wird die Gestapo kommen und Wiens berühmtesten Juden abholen? An diesem Tag ist Paula die einzige unter den Bewohnern der Berggasse, die das Haus verläßt. Überall in den Straßen hängen Hakenkreuzfahnen, Trupps von SA-Leuten durchziehen jubelnd und grölend die Stadt. Als Paula zurückkommt, ruft ihr das Dienstmädchen von Dorothy Burlingham aus einem Fenster im zweiten Stock zu: »Kommen S' rauf, im Radio spricht der Hitler, das müssen S' hören!« »Schämen S' Ihnen sich nicht? Sie arbeiten bei Juden und sagen so was«, ist Paulas mehr erstaunte als empörte Antwort. »Sein S' bloß vorsichtig, Paula, wenn Sie so reden, werden S' eines Tages abgeholt, und man wird Sie einsperren«, warnt Sigmund Freud, als Paula der Familie von dem Vorfall berichtet.

Aber Paula bleibt unbeeindruckt. »Ich hab' mich nicht gefürchtet vor die Nazi.« Sie ist eine unter den rund 200000 Österreichern und Deutschen – von knapp 50 Millionen Wahlberechtigten –, die am nächsten Tag nicht für den Anschluß der »Ostmark« an das »Großdeutsche Reich« stimmen.

Am Montag, dem 14. März, ist Hitler in Wien. Zwei Tage später hämmert eine Faust an die Wohnungstür im ersten Stock der Berggasse 19. Paula hat die Tür kaum einen Spaltbreit geöffnet, da wird sie zur Seite gedrückt: Fünf SA-Männer stehen im Flur. Als die Braunhemden an der völlig überraschten Paula vorbei in die Wohnung vordringen wollen, tritt ihnen aus dem

Eßzimmer Martha Freud entgegen. »Die Frau Professor war ganz ruhig«, erinnert sich Paula bewundernd. Am Anführer des Trupps vorbeiblickend, wendet sie sich mit beherrschter Stimme an den Mann, der als Wachtposten an der Tür stehengeblieben ist. »Nehmen Sie doch im Vorzimmer Platz, es ist in meinem Hause nicht üblich, Besucher stehen zu lassen«, verkündet sie mit eisiger Würde. Die SA-Männer sind deutlich verunsichert. Erst recht, als die Frau Professor sie – ganz Gastgeberin – ins Wohnzimmer »bittet« und dort aus ihrem Portemonnaie das Haushaltsgeld auf den Tisch leert. »›Bedienen Sie sich‹, hat die Frau Professor dann gesagt, als wenn's eine Schüssel mit Knödeln gewesen wär'.«

Während die anderen Männer das Geld einsammeln, »hat das Fräulein Anna mit dem Anführer nach nebenan gehen müssen und alles Geld aus dem Panzerschrank herausgeben«, beobachtet Paula. 6000 Schilling zählt die Beute. In diesem Moment taucht aus seinem Arbeitszimmer die ehrfurchtgebietende Greisengestalt Freuds auf. »Der Herr Professor hat nur dagestanden im Flur und hat sehr zornig ausg'schaut, g'sagt hat er aber nix.« Unter Freuds zornigem Blick treten die Eindringlinge, die offenbar auf eigene Rechnung und ohne besonderen Auftrag gekommen sind, den Rückzug an. »›Wir kommen wieder‹, haben s' noch gerufen, dann hab' ich schnell die Tür hinter ihnen zugemacht.«

Die Gefahr, in der Freud und seine Familie in diesen Märztagen schweben, ist nicht erst mit dem deutschen Einmarsch offensichtlich geworden. Schon nach der Wahl Hitlers zum deutschen Reichskanzler im Januar 1933 hatten Freunde und Schüler dem weltberühmten jüdischen Wissenschaftler nahegelegt, in ein sicheres Land überzusiedeln – nach Frankreich, England oder in die USA. »Vor allem die Misses Brunswick hat beim Abendessen immer wieder davon ang'fangen, aber der Herr Professor hat nur g'meint: Ich bin ja doch schon fast tot. Dabei hat er aber immer gelächelt«, erinnert sich Paula.

Jahrelang hatte Freud nicht an eine persönliche Gefährdung in seiner Heimat geglaubt. Als im Mai 1933 unter dem Jubel von Tausenden auch Freuds Bücher vor der Berliner Oper auf den Scheiterhaufen flogen, war ihr Autor nur zu traurigem Spott fähig: ». . . Im Mittelalter hätten sie mich verbrannt, heutzutage begnügen sie sich damit, meine Bücher zu verbrennen«, hört Paula ihn beim Tee zu einem Besucher sagen.

Bis 1936 wird die psychoanalytische Bewegung in Deutschland vollständig zerschlagen, eine »Allgemeine Deutsche Medizinische Gesellschaft für Psychotherapie« tritt an ihre Stelle, an ihrer Spitze ein Vetter Hermann Görings. Die Zweigstelle des Psychoanalytischen Verlages in Berlin wird von der Gestapo geschlossen, sämtliche Bücher und das Bargeld werden beschlagnahmt. Mehr als die Hälfte der deutschen Analytiker verläßt das Land. Auch Ernst und Oliver Freud sind mit ihren Familien längst nach England und Frankreich emigriert. In Wien praktizieren 1938 nur noch vier von ursprünglich 120 Psychoanalytikern. Freud aber will bleiben.

»Da ich nicht weiß, was ich mit meiner Freizeit anfangen soll, habe ich begonnen, etwas zu schreiben«, teilt Freud im Sommer 1936 Arnold Zweig mit. Der Professor steckt mitten in der Arbeit an *Der Mann Moses und die monotheistische Religion*, das sein letztes großes Buch werden soll. Auch Anna Freud arbeitet intensiv an einem neuen Projekt. 1937 hat sie zusammen mit Dorothy Burlingham und der Kinderärztin Josephine Stross die »Jackson Nurseries« gegründet, einen Vorschulkindergarten, in dem sie die ersten Erkenntnisse ihrer eigenen psychoanalytischen Arbeit in der Praxis zu erproben beginnt. Ein Jahr zuvor, rechtzeitig zu des Vaters achtzigstem Geburtstag, hat sie die Niederschrift von *Das Ich und die Abwehrmechanismen* beendet, bis heute ein Standardwerk über die kindliche Psyche. Zudem hat Freuds Tochter noch die Eröffnung des »Hauses der Psychoanalyse« in der Berggasse 7 organisiert.

Der Siegesmarsch der Nationalsozialisten durch Deutschland, der italienische Faschismus, der immer aggressivere Antisemitismus in Wien – die gedämpfte Tagesroutine in der Berggasse 19 wird davon kaum erschüttert. Für Sigmund Freud war der Nationalsozialismus zwar ein »Rückfall in nahezu vorgeschichtliche Barbarei«, wie er es einem Freund gegenüber formulierte, bedeutete aber keine aktuelle Bedrohung. Außerdem »war der Herr Professor ja schon alt, da wollt' er nicht mehr umziehen«, erzählt Paula Fichtl. Freud will Leben und Werk ungestört in Wien beenden. Nicht einmal der Aufstand der kommunistischen Wiener Arbeiter gegen die Regierung Dollfuß-Schuschnigg im Jahr 1934 vermochte ihn aufzuschrecken. Bei den schweren Kämpfen in der Wiener Neustadt bricht die Stromversorgung der Stadt zusammen; auch die Freuds sitzen für 24 Stunden im Dunkeln. Paula hat alle Hände voll zu tun, die Wohnung in der Berggasse mit Dutzenden von Kerzen notdürftig zu beleuchten. Die österreichische Regierung sei zwar »ein mehr oder weniger faschistisches Regime«, äußert Freud seinem Arzt Max Schur gegenüber, trotzdem, so erinnert sich der Freud-Sohn Martin Jahrzehnte später, »hatte sie all unsere Sympathien«. Das Gemetzel der Heimwehr unter den Arbeitern von Wien läßt Sigmund Freud kalt.

Auch Paula Fichtl macht sich über diese Ereignisse keine großen Gedanken. Sie ist durch die erste Hälfte der dreißiger Jahre gegangen, ohne vom Zeitgeist jener stürmischen Epoche sehr erfaßt zu werden. Ausgegangen ist sie in den letzten Jahren kaum, nur anfangs noch ein paarmal im Jahr zum Beichten, »aber das hab' ich gehaßt«. Freizeit und Kirchgang – »das hätt' ich schon haben können«; die jüdische Herrschaft kümmert sich nicht um Paulas Religion, auch ihr freier Tag wird ihr ohne weiteres zugestanden, aber im Beichtstuhl Rechenschaft abzulegen, das liegt ihr nicht. Der Horizont in ihrer Lebensmitte ist ausgefüllt mit dem Kreis der Menschen um den Professor. Trotz Alter und Krankheit der Herrschaft ist das Leben in der Berggasse für Paula immerwährende Gegenwart.

Erst in den Tagen nach dem 10. März 1938 geht dem Dienstmädchen der Freuds auf, in welcher großen Gefahr ihre Herrschaft schwebt. An diesem Tag kommt Max Schur aus seiner Klinik herbeigeeilt, »der Herr Doktor Schur hat noch seinen weißen Kittel unter dem Mantel ang'habt«, stellt Paula erstaunt fest. Schur bedrängt Freud, umgehend Wien zu verlassen, aber der zögert immer noch. Am nächsten Morgen hat er es sich anders überlegt, aber »da wollten s' den Herrn Professor schon nicht mehr hinauslassen«. Die Grenzen sind gesperrt; wer das Land verlassen will, benötigt eine Sondergenehmigung. Zwei Tage später erscheint die SA in der Berggasse, gleichzeitig werden die Räume des Psychoanalytischen Verlags durchsucht, Martin Freud wird einem stundenlangen Verhör über die Finanzen des Verlags unterzogen.

Paula Fichtl bekommt einen wichtigen Auftrag. Beim nächsten unerwünschten »Besuch« soll sie sich beiseite stehlen und vom Eßzimmer aus schnell und leise über die hausinterne Leitung im ersten Stock bei Dorothy Burlingham anrufen. »Die Misses Burlingham holt dann Hilfe«, wird Paula erklärt. Die Tiffany-Tochter hat mit dem US-Gesandten in Wien mittlerweile vereinbart, daß ein Angehöriger der Botschaft auf ihren Anruf hin schnellstens »zufällig« bei den Freuds vorbeischauen soll, wenn SA oder Gestapo wiederkommen sollten.

Noch am selben Tag hat die Amerikanerin auch Ernest Jones in London telefonisch über die Lage in Wien informiert. Paula erfährt nicht viel von dem Tauziehen, das jetzt auf internationalem diplomatischen Parkett um die Rettung Freuds beginnt. Sie merkt nur, daß sich während der nächsten Wochen »die Leut' in der Berggasse die Klinke in die Hand geben haben«. Der Professor selbst »hat derweil immer ganz ruhig in seinem Arbeitszimmer g'sessen, aber g'schrieben hat er nie was« – das merkt Paula am stets leeren Papierkorb. Vor allem drei Ausländer übernehmen die Aufgabe, für Freuds Sicherheit zu sorgen und die Ausreise der Familie zu organisieren. Der Engländer Ernest

Jones, Schüler und späterer Biograph Freuds, die Amerikanerin Dorothy Burlingham und die Französin Marie Bonaparte tragen die Hauptlast der Verantwortung: Freud zu retten und den Gefährdeten dazu zu bringen, sich retten zu lassen.

Jones ist es möglich, bereits am Tag nach dem SA-Überfall in der Berggasse zu sein. Mit Marie Bonaparte hat er die Möglichkeit einer »Notaufnahme« Freuds in Frankreich besprochen. Aber vordringlich muß jetzt erst einmal für die Sicherheit der Familie in Wien gesorgt werden. Wertvolle Hilfe kommt von einem alten Freund und Patienten Freuds aus den zwanziger Jahren: William Bullitt ist ein Vertrauter des amerikanischen Präsidenten Roosevelt und derzeitig Botschafter der USA in Frankreich. Er macht auf einem Empfang seinem großdeutschen Kollegen in Paris, dem Grafen von Welczek, in eindeutigen Worten klar, welch einen internationalen Skandal ein Nazi-Übergriff auf die Freuds bedeuten würde. Außerdem erreicht Bullitt, daß Roosevelt persönlich seinen Außenminister Cordell Hull anweist, der Wiener US-Botschafter möge ein wachsames Auge auf die Geschehnisse in der Berggasse haben. Die Weichen für die Ausreise werden in Berlin gestellt. Der dortige US-Botschafter erhält vom Staatssekretär im Außenministerium, Ernst von Weizsäcker, dem Vater des heutigen Präsidenten der Bundesrepublik Deutschland, die Auskunft, »man erwartet, daß Dr. Freud um ein Visum ansucht«.

Aber: »Der Herr Professor hat erst gar nicht wolln«, merkt Paula. Ernest Jones steht in Wien vor einer schweren Aufgabe. Freud ist nun doch wieder entschlossen, nicht zu emigrieren, schon gar nicht nach Frankreich, wo seine Psychoanalyse bisher nie sonderlich geschätzt wurde. Ohnehin sei er zu schwach für die Anstrengung einer Umsiedlung, schon fast tot: »Der alte Herr hat nicht mehr fort wolln aus der Heimat«, erzählt Paula Fichtl verständnisvoll.

»Stundenlang hat der Dr. Jones beim Professor drinnen g'sessen und ihm zugered't.« Endlich hat Jones Freuds Widerstand überwunden. Der Professor ist bereit, mit Rücksicht auf seine Familie und Annas Karriere nach England auszureisen.

Fast beiläufig fragt der Professor an diesem Tag seine »Kleine«: »Paula, wir ziehen jetzt also um, kommen S' mit?« Natürlich ist Paula Fichtl dabei, wenn ihre Herrschaft »umzieht«, etwas anderes kommt ihr gar nicht in den Sinn. In den angespannten Wochen, die jetzt folgen, hat niemand Zeit, über die Tragweite von Paulas Entscheidung nachzudenken. Denkbar, daß man der Ansicht ist, so wie die Menschen aus seiner unmittelbaren Umgebung, habe auch das Personal Freud in sein Exil zu folgen. Paula selbst sieht das Ganze denn auch keineswegs als möglicherweise unwiderruflichen Abschied von der Heimat. Das Interieur und die Personen des ersten Stockwerks der Berggasse 19 sind ihr Zuhause. Gnigl, Salzburg, Wien – Erinnerungen an ein Dasein ohne Mittelpunkt. Paula hat in der Person Sigmund Freuds, in der Atmosphäre seines persönlichen Umfelds ihre emotionale Bestimmung gefunden, nicht anders als Minna Bernays, Anna Freud oder Marie Bonaparte, die in ihm die intellektuelle Sonne ihrer Existenz erkennen.

Am 17. März 1938 kommt Marie Bonaparte aus Paris, um ihre »königlichen« Verbindungen auch in Wien wirksam werden zu lassen. Ernest Jones kann abreisen, um in England die Aufenthaltserlaubnis für Freud zu erwirken. Fünf Tage später hat er einen Termin beim britischen Innenminister Sir Samuel Hoare, einem guten Freund, der Jones freie Hand gibt, Arbeits- und Einreisegenehmigungen »nach Belieben« auszustellen. In Paris ist William Bullitt einigermaßen erleichtert, daß Freud sich entschlossen hat, nach England zu gehen, denn »sechzehn Personen zu erhalten übersteigt bei weitem die Mittel, die mir zur Verfügung stehen«, kabelt er an die US-Botschaft in Wien, »machen Sie das bitte eindeutig klar«. Sigmund Freud will nahezu alle ihn regelmäßig umgebenden Personen mitnehmen: seine Familie und angeheirateten Verwandten, Max Schur mit Familie und Paula Fichtl. Nur die vier Schwestern Freuds sollen zurückbleiben. Angeblich reicht das Geld der Freuds nicht aus, die »vier alten Frauen zwischen fünfundsiebzig und achtzig«, wie er sie Marie Bonaparte gegenüber nennt, im Ausland mit zu unterhalten. Statt dessen bekommen sie 160000 Schilling für ihren Lebensabend im Nazi-Reich.

1942 werden die Schwestern Freuds – Marie, Adolfine, Pauline und Rosa – in Theresienstadt und Auschwitz ermordet.

In den Tagen, in denen Ernest Jones in London die Blankoformulare für die Einreise in Empfang nimmt, klingelt es eines Morgens um elf Uhr an der Tür der Freudschen Wohnung Sturm. Diesmal ist Paula gewappnet. Im Flur stehen zwei Männer in Ledermantel und Schlapphut, hinter ihnen drei uniformierte Polizisten mit Gewehren und aufgepflanztem Bajonett. »Da hab' ich die Tür zug'haut' und festg'halten.« Der leitende Gestapomann draußen brüllt: »Sie unverschämtes Frauenzimmer, machen Sie sofort auf!« Paula stemmt ihre 54 Kilo gegen die Tür und »tut recht weinen und schreien«.

Auf den Lärm hin erscheint Sigmund Freud im Vorzimmer. Er braucht gar nicht erst zu fragen, wer da zu ihm will. Er sagt nur: »Lassen Sie die Herren herein, Paula.«

Daraufhin gibt Paula endlich die Tür frei. »Die Kleine fürchtet sich so«, nimmt Freud Paula vor der Wut der Gestapo-Leute in Schutz. Seine Abgeklärtheit entspannt die Lage etwas. Die Beamten nehmen, wie Paula befriedigt feststellt, angesichts des Hausherrn sogar den Hut ab. »Es passiert dem Professor nichts, wenn er macht, was wir wollen«, sagt der Anführer zu Paula. Während die Zivilbeamten mit dem Professor verhandeln, gehen zwei der Uniformierten mit Martha Freud zu ihrer Geldkassette und »bedienen« sich erneut, diesmal gegen Quittung. Paula in ihrer Aufregung denkt erst jetzt daran, daß sie Dorothy Burlingham anrufen soll. Aber jetzt ist es zu spät, die Polizisten beginnen die Wohnung zu durchsuchen. Paula kommt nicht mehr unbeobachtet in die Nähe des Telefons. Die Durchsuchung fördert nichts zutage, seltsam ist: »Zum Professor in die

Zimmer sind s' erst gar nicht gangen.« Dann kommt der Schock. Freud soll die Gestapo zum Verhör und zu weiteren Durchsuchungen in die Räume der Berggasse 7, in das »Haus der Psychoanalyse«, begleiten.

Paula ist entsetzt; sie will irgend etwas tun. »Für den Professor hätt' ich mein Leben gegeben.« Anna Freud rettet die Situation. Sie tritt vor die Beamten und erklärt entschlossen: »Papa kann keine Stiegen gehen, ich selbst werde an seiner Stelle mitgehen und in jeder Weise Auskunft geben«, hört Paula sie sagen.

So verschwindet »das Fräulein Anna mitten zwischen den fünf Männern auf die Nr. 7 Berggasse«, in der Tasche, was Paula nicht weiß, ein Röhrchen Veronaltabletten.

Die Stunden vergehen, ohne daß sich etwas ereignet, außer »daß der Herr Professor eine Havanna nach der anderen geraucht hat«. Gegen halb zehn abends schließlich zieht sich Paula einen Mantel an und geht los, »das Fräulein zu holen«. Vor dem Haus Berggasse Nr. 7 sieht sie einen der Gestapo-Leute in einem schwarzen Auto sitzen. »Was wollen Sie hier?« fährt er Paula barsch an. »Der Herr Professor braucht das Fräulein, sie tut ihm immer die Prothese richten und ein schmerzstillendes Mittel geben«, antwortet sie. Der Mann im Auto scheint zu merken, daß das eine Notlüge ist, um zu erfahren, was im Haus vorgeht. »Sagen S', dem Fräulein passiert nichts, sie sitzt bequem in einem Sessel«, ist seine zynische Auskunft. »Das nützt dem Professor nix«, versetzt Paula schnippisch und macht sich davon, ehe es zu weiteren Auseinandersetzungen kommen kann. In der Zwischenzeit hat Dorothy Burlingham in der amerikanischen Gesandtschaft angerufen und den Geschäftsträger Wiley über Anna Freuds Lage informiert. Etwa zur gleichen Zeit, als Paula ihren »Erkundungsvorstoß« unternimmt, ruft Wiley in der Berggasse 7 an. Seine Intervention hat offenbar Erfolg, eine halbe Stunde nach Paula Fichtl kommt auch Anna Freud zurück. »Das Fräulein war schrecklich blaß und hat so gezittert, daß sie kaum sprechen konnt'.«

An diesem Abend schreibt Freud nur drei Worte in sein Tagebuch: »Anna bei Gestapo«

Während der nächsten Tage bietet sich Besuchern und Bewohnern der Berggasse 19 ein seltsames Bild. Auf den Treppenstufen zum zweiten Stock sitzt eine elegant gekleidete Frau in den Fünfzigern. Den schwarzblauen Nerzmantel eng um die Schultern gezogen, helle Wildlederhandschuhe an den Händen, einen weiten, zerbrechlich wirkenden Hut auf dem Kopf, neben sich eine braune Krokodilledertasche und in eine Wolke Stephanotis-Duft gehüllt, kauert sie Stunde um Stunde auf den kalten Stufen unter der Wohnung der Familie Freud – Prinzessin Marie Bonaparte von Griechenland und Dänemark hat sich zur Abwehr weiterer Übergriffe vor der Tür postiert. »Der Herr Professor hat das gar nicht gewußt«, erzählt Paula, »er hätt's auch sicher nicht zugelassen.« So wacht die Prinzessin heimlich, nur Paula ist eingeweiht; ab und zu stiehlt sie sich aus der Wohnung und bringt ihrer verehrten Frau Prinzessin »einen Becher Tee oder Schokolade«.

Am Montag, den 28. März, kommt Nachricht von Ernest Jones: Die Genehmigung für die Einreise nach England ist ausgestellt. Das bange Warten auf die Erteilung der Ausreiseerlaubnis beginnt. Es wird den ganzen April hindurch dauern. Die zähen Verhandlungen über die Bedingungen des »Arrangements«, wie die Emigration Freuds von deutscher Seite genannt wird, führt Dr. Indra, der Rechtsanwalt der Familie. Anna Freud nimmt die endlosen und demütigenden Gänge auf die Auswanderungsbehörde, in die damalige Villa des Barons Rothschild, auf sich. Mehrfach hat es den Anschein, als ob die Nazis ihre Zustimmung doch wieder zurückziehen würden. Die Hoffnung auf die Freiheit ist durchsetzt von Momenten tiefster Depression. Einmal, als die Ausreise zum dritten Mal innerhalb von zehn Tagen wieder in Frage gestellt scheint, ist sogar die nervenstarke Anna Freud mit ihrer Kraft am Ende. Erschrocken hört Paula ein kurzes Gespräch zwischen Vater und Tochter im Eßzimmer mit an: »Sollten wir uns nicht lieber selbst umbringen?« fragt Anna. »Darauf warten sie doch nur«, antwortet Freud bitter.

Die Gestapo verlangt ihren Preis für die Freiheit Freuds. Die »Reichsfluchtsteuer« ist zu entrichten. Dazu wird zunächst der Wert des Psychoanalytischen Verlags geschätzt. Angeblich drei Millionen Reichsmark soll der Bücherbestand wert sein, der in den Räumen des Verlagshauses lagert. Eine fiktive Summe, denn die Werke des Juden Sigmund Freud dürfen seit langem nicht mehr verkauft werden. Anfang Mai 1938, als alle Ausreiseformalitäten endlich geklärt scheinen, fordert die Gestapo erneut Geld. Freud habe noch Schulden bei seinem Verleger: 32 000 Schilling, nach damaligem Kurs rund 5000 US-Dollar, die der Professor nicht mehr flüssig hat. Schließlich springt Marie Bonaparte ein. »Die Prinzessin hat alles bezahlt«, erinnert sich Paula Fichtl, »das war dem Herrn Professor gar nicht recht.« Für den täglichen Bedarf erlaubt die Gestapo den Freuds, »daß sie sich jeden Tag was haben holen können von der Bank«.

In der Berggasse 19 haben trotz aller Unsicherheiten und Zweifel die Vorbereitungen für die Reise begonnen. Freud darf nur eine begrenzte Anzahl der Bücher mitnehmen, und so machen sich Anna Freud, Marie Bonaparte und Paula an die traurige Aufgabe des Aussortierens und Verpackens. Über 800 Werke müssen zurückbleiben. Freud läßt einen alten Bekannten kommen, den Wiener Buchhändler Heinrich Hinterberger. »Der hat all die schönen Bücher mitg'nommen, da hätt' ich fast geweint.« Niemand, am allerwenigsten Paula, kann wissen, daß ein Jahr später Dr. Jacob Schatzky, der Bibliothekar des New Yorker Psychiatrischen Instituts, diesen Schatz für 1850 Reichsmark erwirbt und vor der Vernichtung rettet.

Andere wertvolle Unterlagen bleiben gegen den Willen Freuds erhalten. Private Dokumente, Briefe und Aufzeichnungen, die er am liebsten verbrennen will. »Mein Leben ist nur von Interesse in Bezug auf die Psychoanalyse«, sagt Freud einmal, und so ist ihm diese Gelegenheit ganz recht, um gründlich aufzuräumen. »Der Herr Professor hat alles in den Papierkorb geworfen, aber sobald er aus dem Zimmer war, hat die Frau Prinzessin das meiste wieder herausgenommen«, erzählt Paula Fichtl verschmitzt, die bei diesem Rettungswerk der Prinzessin eifrig Handlangerdienste leistet. »Sie hat alles unter ihren Rock g'stopft und ist damit jeden Tag zu ihrer Botschaft gangen.« Von der griechischen Gesandtschaft in Wien gehen die Dokumente dann per Diplomatenpost nach Paris.

Auch andere Dinge läßt Marie Bonaparte »mitgehen«. Als Paula am Morgen nach der Abreise der Prinzessin das Arbeitszimmer Freuds aufräumt, entdeckt sie erschrocken, daß einige Statuetten vom Schreibtisch fehlen. Aufgeregt läuft sie zum Professor, »aber der hat's schon gewußt und nur gelächelt«. In diesen Tagen verschwinden auch die Goldmünzen und die Briefmarkensammlung Freuds, die bei der Hausdurchsuchung in seinem Arbeitszimmer nicht gefunden wurden. Diesmal weiß Paula, wo sie geblieben sind: »Die hat der Dr. Toni mitgenommen.« Anton Toszeghi, der junge ungarische Hausarzt der Familie Martin Freuds, ist sofort bereit, die unschätzbaren Werte auf einer »Urlaubsreise« über Budapest nach London zu schmuggeln. Auch Paula »rettet« etwas aus dem Papierkorb für ihren Herrn Professor. Sie packt die bereits aussortierten Club-Tarock-Spielkarten wieder ein und schreibt drauf: »Letzte Karten von Prof. Freud 1938«.

An einem regnerischen Vormittag im Mai öffnet Paula Fichtl einem jungen Mann die Tür, der sich als Edmund Engelmann vorstellt. Er hat ein Stativ und mehrere Fotokameras dabei. August Aichhorn, ein alter Freund und Weggefährte Freuds, hat ihn geschickt: Engelmann soll die Räume der Berggasse fotografieren, ehe alles ausgeräumt wird. Während der nächsten drei Tage ist Paula »Regieassistentin«. Sie weiß ganz genau, wo der Professor am liebsten sitzt, wann er sich in den verschiedenen Zimmern aufhält, alles, was Engelmann braucht, um die Wohnung aus der Perspektive Freuds aufzunehmen. Paula zupft schnell noch einmal das Kissen auf der Couch zurecht, rückt die verbliebenen Statuetten auf dem Schreibtisch in richtiges Licht. Auch die letzten Porträts Sigmund Freuds, seiner Frau und seiner Tochter in ihrer Heimatstadt Wien entstehen in diesen Tagen. Engelmanns Fotos sind, neben Paula Fichtls Erinnerungen, heute die einzigen Quellen über Freuds jahrzehntelange Wirkungs- und Wohnstätte. Erst 1953 sollte Engelmann seine Aufnahmen wiedersehen. Der mittlerweile verstorbene August Aichhorn hatte die Negative durch die Kriegswirren gerettet, seine Sekretärin übersandte sie nach seinem Tod Anna Freud in London, wo nach fünfzehn Jahren Paula zum zweiten Mal Edmund Engelmann die Tür öffnete.

Die Wochen in der Berggasse ziehen sich quälend hin. Seit dem 10. April ist die schwer herzkranke Minna Bernays aus dem Sanatorium zurück. Ihr Zustand bereitet der Familie zusätzlich große Sorgen. Um sich abzulenken, beginnt Freud mit der Übersetzung eines Buches, »das die Frau Prinzessin über ihren Hund geschrieben hat«, was Paula bei aller Tierliebe ziemlich verwundert, aber *Topsy, der goldhaarige Chow* gilt allgemein als eine sehr feinsinnige Tierstudie. Wenn der Professor nicht schreibt, muß Paula losgehen und für ihn Stadtpläne von London kaufen, die Freud mit großem Eifer zu studieren pflegt.

Am 17. April verzeichnet Freuds Tagebuch gleichgültig ein Jubiläum: »52 Jahre Praxis«. Gefeiert wird nicht, auch nicht der zweiundachtzigste Geburtstag am 6. Mai. »Das holen wir nach, wenn wir in England sind«, meint Freud tröstend zu Paula, die ihm zu gern einen Kuchen gebacken hätte. Ende April gibt es kurzfristig Aufregung um Freuds Gesundheitszustand. »Er hat fast den ganzen Tag nichts hören können, aber der Dr. Schur konnt' überhaupt nichts feststellen«, erinnert sich Paula an diesen Schreckenstag. Möglicherweise waren die Nerven Freuds, bei aller zur Schau getragenen Gelassenheit, durch die Anspannung überfordert. Endlich treffen die Pässe ein.

Am 5. Mai 1938, einen Tag vor Freuds Geburtstag, kann

Minna Bernays in Begleitung von Dorothy Burlingham als erste ausreisen. Freuds ältester Sohn Martin mit Familie, seine Tochter Mathilde und ihr Mann Robert Hollitscher folgen. Auch Freuds Bruder Alexander und seine Frau reisen ab. Ihr Sohn Harry – Paulas großer Schwarm aus den frühen Tagen in der Berggasse – erwartet die Eltern in Kanada. Sigmund Freud selbst muß weiter warten. Am 12. Mai werden die Pässe freigegeben. »Ausreise innerhalb 14 Tagen?« hatte Freud zwei Tage zuvor hoffend-zweifelnd notiert; aber erst am 2. Juni kommt die »Unbedenklichkeitserklärung« – und erneut die Gestapo. Freud soll schriftlich bestätigen, daß alles vorschriftsmäßig und rechtens abgewickelt worden sei. Freud unterschreibt das betreffende Papier, aber Paula hält den Atem an, als sie den Professor zu dem Gestapo-Beamten sagen hört: »Darf ich hinzusetzen: Ich kann die Gestapo aufs beste jedermann empfehlen?« »Der Polizist hat den Professor nur wütend ang'schaut und ist ohne ein Wort zur Tür hinaus.«

Am Abend des dritten Juni sind alle Vorbereitungen abgeschlossen. Bis auf die Betten, einige Sessel und Schränke ist das Mobiliar verpackt; die Antikensammlung des Professors und seine Bücher stehen in Holzkisten und Kartons in den leeren Arbeitsräumen. Die Familie Freud sitzt ein letztes Mal am Eßzimmertisch in der Berggasse, Paula serviert Tee. Gesprochen wird an diesem Abend nicht viel, die Anspannung der letzten Monate hat alle erschöpft, und auch Paula Fichtl, deren Stimmung sonst nicht leicht zu trüben ist, spürt das Bedrückende dieses Abschieds. Die kahlen Räume, die leeren Regale: »Es war gruselig wie auf einem Friedhof.« Paula hat trotzdem keine Angst vor dem nächsten Tag. Sie ist bereit für die große Reise ihres Lebens. Am Nachmittag hat sie sorgfältig ihre Kleider zusammengefaltet und in ihren einzigen Koffer gelegt, dann mit der Frau Professor ihren »Schatz« versteckt: die Gold- und Silbermünzen, die sie in den letzten Jahren geschenkt bekommen hat. Das Geld ist in das Futter ihres Mantels eingenäht, zusammen mit einer Fotografie, die Martha Freud als junge Frau zeigt. »Heute wollen wir einmal etwas früher zu Bett gehen«, beendet Freud den trostlosen Abend mit einem Scherz Paula gegenüber.

Am Morgen des Pfingstsamstags ist Paula wie immer als erste auf den Beinen und bereitet das Frühstück. Das übliche weiche Ei mit ein wenig Tatar für den Professor, geröstetes Weißbrot und Konfitüre für die anderen. »Bringen Sie dem Herrn Professor auch noch ein Gläschen Wermut«, schickt Anna Freud Paula noch einmal in die Küche. Paula merkt, wie sehr sich die Tochter sorgt, »der alte Mann möcht' die Reise nicht durchstehen«.

Kurz nach dem Frühstück klingelt Annas Mitarbeiterin und Freundin Dr. Josephine Stross. Sie wird die Familie als »Leibärztin« begleiten. Freuds alter Freund und vertrauter Arzt, Dr. Schur, »war so ungeschickt, in elfter Stunde einer Blinddarmoperation bedürftig zu werden« – so formuliert es der Patient selbst zwei Tage später in einem Brief.

Gegen Mittag geht Paula zum letzten Mal zum Telefon in der Eßzimmerecke und bestellt zwei Taxis. Dann, gegen halb drei, ist es endlich soweit. Die Freuds verlassen die Berggasse Nr. 19. Paula Fichtls letzter Eindruck ist der helle Fleck an der Wand über dem Sofa im Eßzimmer, »da, wo das Bild vom Herrn Professor g'hangen hat«.

Der alte Herr mit dem Chow-Chow und die vier Frauen erregen keine Aufmerksamkeit, als sie die Halle des Wiener Westbahnhofes durchqueren. Anna Freud hat die Fahrkarten bereits ein paar Tage zuvor gelöst, so daß die kleine Gruppe ohne Aufenthalt auf den Bahnsteig gelangt. Der Zug, es ist der Orientexpreß von Istanbul nach Paris, steht schon zur Abfahrt bereit. Zwei Abteile sind reserviert, eins für den Professor, seine Frau und seine Tochter, das andere teilen sich Dr. Stross und Paula Fichtl. Chow Lün fährt natürlich bei seinem Herrn mit. Im Abteil der Freuds sind die Vorhänge zugezogen, so steht Paula allein auf dem Gang und schaut aus dem herabgelassenen Fenster, als pünktlich um 15 Uhr 25 die Wagen anrucken. Kaum hat der Zug den Bahnhof verlassen, tritt ein Mann auf Paula zu und fragt, ob sie zu den Freuds gehöre. Erschrocken glaubt sie zuerst, »daß jetzt doch noch die Nazis kommen«, aber es ist ein Beamter der amerikanischen Botschaft, der die Anweisung hat, der Familie diskreten Begleitschutz zu geben. Er stellt sich nur kurz den Freuds vor, den Rest der Reise läßt er sich nicht mehr blicken. Paula glaubt, »der hat Juden nicht mögen«.

Als der Orientexpress in Salzburg einfährt, steht Paula wieder am Fenster. Sie hat für ein besonderes Abschiedskomitee gesorgt; ihre ganze Familie ist da. Der Vater, die Mitzl, die Rosa und ihr Neffe Fritz, in der Hand einen frischgepflückten Strauß Edelweiß; den soll er dem Herrn Professor überreichen, hat Paula nach Haus geschrieben. Ebenso stolz wie naiv hat sie ihrer Familie mitgeteilt, daß sie mit den Freuds »ins Ausland« geht; wann genau der Zug in Salzburg Aufenthalt hat und daß sie doch alle kommen sollen. Ein wenig schüchtern und verlegen stehen sie dann im Abteil der Freuds, Fritz übergibt seinen Blumenstrauß und bekommt vom Professor die Hand geschüttelt. Paula wird noch einmal umarmt, sie solle in der Fremde ja gut auf sich aufpassen. Winkend bleibt Paula Fichtls Familie auf dem Bahnsteig zurück.

Im Abteil der Freuds herrscht nach Paulas Abschiedsüberraschung eisiges Schweigen. Ein derartiges Aufsehen ist das letzte, was sich die Emigranten gewünscht haben. Paula hat es diesmal einfach zu gut gemeint. Sie versteht nicht, warum die Herrschaften sich nicht freuen können, und ist sogar recht gekränkt, daß sie während der nächsten Stunden nicht mehr ins Abteil der Freuds gerufen wird und ihr Dr. Stross die ganze Zeit nur durchbohrende Blicke zuwirft.

Nachdem er Salzburg verlassen hat, rollt der Zug durch das nächtliche Deutschland, über München, vorbei an Dachau, in Richtung französische Grenze. Es sind die schlimmsten Stunden der Fahrt, jeder Halt bedeutet eine fast unerträgliche Spannung. Auch Paula bekommt das mit, denn Josephine Stross geht immer öfter mit ihrem Arztkoffer ins benachbarte Abteil. Die junge Kinderärztin ist zu Paulas Leidwesen nicht zum Plaudern aufgelegt. Dr. Stross empfindet die Verantwortung für die Gesundheit ihres berühmten Patienten als bedrückende Last. Und Sigmund Freud geht es in dieser Nacht nicht gut. Als ein Mann des 19. Jahrhunderts empfindet er in Eisenbahnzügen immer noch ein unbestimmtes Unbehagen vor dieser scheinbar unkontrollierbaren Technik. Freuds Herz ist der doppelten Belastung durch Reise und Angstgefühle kaum gewachsen. Mehrfach muß Dr. Stross dem Professor Nitroglycerin und Strychnin verabreichen, um einen drohenden Herzanfall abzuwenden.

Paula Fichtl wird erst wieder ins Abteil der Freuds hinübergerufen, als sich der Zug gegen halb vier Uhr morgens Kehl nähert, dem Grenzübergang nach Frankreich. »Die Frau Professor wollte, daß wir alle beisammen sind«, erinnert sich Paula an diese Minuten. Ein alter Mann, vier Frauen und ein Chow-Chow sitzen im Abteil, als die Zöllner kommen. »Der Professor hat die ganze Zeit nur vor sich hingeschaut, das Fräulein Anna hat alles erledigt.« Wortlos werden die Papiere zurückgereicht, dann gehen die Grenzer weiter zum nächsten Abteil. Bevor der Zug anfährt, geht noch einmal die Abteiltür auf. Es ist der Schaffner, der hier den Zug verläßt, offenbar ein Wiener: »Ich wollt', ich könnt' mit Ihnen fahren, Herr Professor«, sagte er leise und schließt sofort wieder die Tür.

Über die Eisenbahnbrücke bei Kehl rollt der Zug über den Rhein nach Frankreich hinein. »Der Herr Professor hat sich zurückgelehnt und nur gesagt: ›Jetzt sind wir frei.‹ Die Damen haben dann davon gesprochen, wie schön es wohl bei der Prinzessin in Paris sein wird.«

Am frühen Vormittag nähert sich der Zug der Seine-Metropole. Am Gare de l'Est warten bereits Marie Bonaparte, US-Botschafter Bullitt, Freuds Sohn Ernst, sein Neffe Harry und zahlreiche Journalisten und Fotografen. Paula ist beeindruckt: »Die haben alle ganz wild drauflosgeknipst.« Die Emigranten und ihr Empfangskomitee bieten ein seltsames Bild auf dem Pariser Bahnhof: »Der Herr Professor hat sehr alt ausg'schaut, ganz ärmlich.« Mit zusammengesunkenen Schultern und kraftlos herabhängenden Armen steht Freud ein wenig verloren inmitten des Rummels, den die Fotografen veranstalten. »Meist hat ihn der Architekt oder die Frau Prinzessin am Arm nehmen müssen, weil er nicht wußte, wohin.« Gestützt auf den schwarzen Gehstock mit Elfenbeingriff, ein Geschenk Marie Bonapartes, wird der greise Forscher durch das Blitzlichtgewitter geführt. »Auch die anderen haben seltsam ausg'schaut.« Die hagere Martha Freud in einem knittrigen Trenchcoat und einem schmucklosschlappen Hut, die große Handtasche mit beiden Händen haltend. Anna Freud in einem Regenmantel, »der sah aus, als ob das Fräulein drin versinken tät'«, eine haubenartige Wollkappe tief in die Stirn gezogen – »gar nicht hübsch hat das ausg'sehen«. Dagegen »die Frau Prinzessin«! Marie Bonaparte trägt ein elegant-fließendes Modellkleid, den Zobel lässig um die Schultern geworfen, einen breitkrempigen Hut »mit hübschen Margeriten drumrum«. Auch Botschafter Bullitt war »ein sehr feiner Herr«. Den Homburg keck nach links geneigt, trägt er »eine wunderschöne Krawatte und ein Taschentuch aus reiner Spitze«, das nonchalant aus der Brusttasche seines grauen Einreihers hervorschaut. Auch Ernst Freud ist ein Bild der Lebenskraft. Bullig und dynamisch wirkt er, »als ob er den Herrn und die Frau Professor gleich wegtragen tät'«.

Vor dem Bahnhof stehen die Wagen der Prinzessin, ihr Bentley und der Rolls-Royce. Die Chauffeure halten auch für Paula Fichtl die Tür auf, dann geht es durch das frühsommerliche Paris hinaus nach St. Cloud, zur Villa der Bonapartes. Dort ist bereits alles für die Durchreisenden vorbereitet. Im Garten wartet ein Sofa mit Wolldecken auf Sigmund Freud, darum ein Kreis von Korbstühlen für die anderen. Zum ersten Mal in ihrem Leben ist Paula auch Gast, sie wird behandelt wie ein Mitglied der Familie. Das Personal erkundigt sich genauso aufmerksam nach ihren

Wünschen wie nach denen der Herrschaft. Paula ist glücklich. Auch beim Abendessen sitzt sie mit an der Tafel, ein wenig verlegen, aber sehr aufmerksam, um ja nichts falsch zu machen. Vor allem die Austern bereiten ihr Schwierigkeiten, »dabei haben die noch nicht amal g'schmeckt«. Die Freuds genießen die entspannte, großzügige Atmosphäre. Zum Abschied hat die Prinzessin noch eine besondere Überraschung für den Professor: die bronzene Athena-Statuette aus seiner Sammlung als Symbol der neuen Freiheit. Sorgsam wickelt Paula die Plastik in eine Wolldecke und legt sie zu ihren Kleidern in den Koffer.

Abends um 10 Uhr wird die Reise fortgesetzt nach Calais, wo die Waggons auf die Eisenbahnfähre verladen werden, das »Ferryboat«, Paulas erstes englisches Wort. Die Überfahrt ist ruhig, erst beim Einlaufen in Dover gehen die Reisenden an Deck. Die weißen Klippen leuchten hell im Mondlicht, »das war ein schönes Bild«, aber Paula hat kaum Zeit, sich den ersten Eindruck ihrer neuen Heimat einzuprägen, es geht ohne Aufenthalt nach London. Die Zollformalitäten werden den Freuds erlassen, Ernest Jones hat beim Innenministerium für die Exilanten einen vorläufigen Diplomatenstatus erwirkt. Trotzdem bleiben dem Professor und Paula ein trauriger Abschied nicht erspart. Der arme Lün muß in Quarantäne; die englischen Einreisebestimmungen für Tiere sind sehr streng. Sechs Monate wird die Trennung dauern, aber Paula und »Herrchen« sind einigermaßen getröstet, als sie erfahren, daß Lün bald nach South Kensington gebracht wird, einem Vorort von London, wo sie ihren Chow problemlos besuchen können.

Auch bei der Ankunft an der Victoria Station ist alles arrangiert, um Unannehmlichkeiten zu vermeiden. Der Zug fährt auf einem anderen Bahnsteig ein als üblich, um den Journalisten auszuweichen, die natürlich auch in London auf die Ankunft des weltberühmten Analytikers warten. Dafür werden die Freuds vom Direktor der Eisenbahnlinie und vom Stationsvorsteher der Victoria Station empfangen. Auch Ernest Jones und seine

Frau Katherine sind da und natürlich Freuds Kinder Mathilde und Martin. Ein Seiteneingang des Bahnhofs ist abgesperrt, draußen wartet das Auto von Ernest Jones auf Freud und seine Frau. Ernst Freud, Anna und Paula mühen sich derweil mit dem umfangreichen Gepäck und folgen später mit zwei Taxis nach. Von der Fahrt durch London ist Paula begeistert. Ernst Freud erklärt ihr die Sehenswürdigkeiten an der Fahrtstrecke. Buckingham Palace, Picadilly Circus, Regent's Park. Paula Fichtl hat in den letzten 24 Stunden mehr von der Welt gesehen als irgend jemand vor ihr im fernen Gnigl.

Ernst Freud, »der Architekt« im Familienjargon, hat für seinen Vater als vorläufiges Domizil ein Haus in der Elsworthy Road gemietet, im Londoner Stadtteil St. John's Wood. Es ist ein gemütliches einstöckiges Haus im Cottage-Stil: aus roten Ziegelsteinen, mit einem kleinen Portal mit griechischen Säulen und einem schmucken weißen, holzverkleideten Giebel. Paula findet das Haus »lustig«, die kleinen Schornsteine »wie die Orgelpfeifen«, die engen Treppen, vor allem »die komischen Fenster«, die sich, wie in England üblich, nicht nach innen öffnen lassen, sondern deren untere Hälfte nach oben geschoben werden muß. Tatkräftig geht Paula mit Martha Freud daran, die am dringendsten benötigten Utensilien und Kleidungsstücke einzuräumen. Freud sitzt meist im Garten, wo er einen unverstellten Blick über den herrlichen Regent's Park hat, an dessen Nordende das Haus auf dem Primrose Hill steht. Ernest Jones ist ein ständiger Gast in den ersten Tagen; als er einmal mit Freud in der Sonne im Garten sitzt, hört Paula fast erschrocken ihren Professor sagen: »Wir danken unserem Führer, daß er uns gezwungen hat, hierher auszuwandern.«

Außer der Sorge um das Wohl des Professors ist Paula vollauf damit beschäftigt, einen endlosen Strom von Blumensträußen, Telegrammen, Briefen und Geschenken entgegenzunehmen, darunter auch wertvolle Antiquitäten von Bewunderern, die aus Zeitungen erfahren haben, daß Freuds Sammlung noch in den

Händen der Nazis ist. Auch Besucher stellen sich ein. Als einem der ersten öffnet Paula Fichtl Samuel Freud, dem Sohn eines Halbbruders aus erster Ehe von Sigmunds Vater. Es ist ein bewegendes Wiedersehen zwischen »Onkel Sigi« und seinem achtundsechzigjährigen Neffen, dessen Vater nach England ausgewandert war und den Freud 1919 das letzte Mal gesehen hatte. Und natürlich kommen auch Autogrammjäger und Schnorrer. Aber Paula verteidigt die Ruhe ihres Herrn: »Die haben vom Herrn Professor alles mögliche wollen, ich hab' sie aber nicht hereing'lassen.«

Vier Tage nach der Ankunft in der Elsworthy Road, an einem Freitagnachmittag, fahren Sigmund Freud und Paula mit Ernest Jones nach South Kensington ins Tierasyl. Der treue Lün ist ganz außer sich, und auch der Professor »war ganz gerührt«. Freud vermißt die Nähe des Tieres sehr. Ein paar Tage später kommt Anna Freud mit einem Ersatz nach Hause. Jumbo heißt der kleine Pekinese, der den Professor über die Abwesenheit des geliebten Tieres hinwegtrösten soll. Zum Leidwesen Freuds konzentriert sich der kleine Kerl aber voll auf Paula, die ständig für einen gefüllten Napf sorgt.

Einige Wochen nach der Ankunft ist der größte Trubel überstanden. Paula ist froh und zufrieden, als der Professor sich wieder an den Schreibtisch setzt, um an seinem Moses-Manuskript weiterzuarbeiten. Während Sigmund Freud seinen gewohnten Tagesablauf wieder aufnimmt, gehen Anna und Ernst Freud auf die Suche nach einem endgültigen Wohnsitz. Nach ein paar Wochen ist etwas Passendes gefunden, eine geräumige Villa, die im Nord-Londoner Stadtteil Hampstead zum Verkauf steht. Das rechtzeitig über die Schweiz mit Hilfe der Prinzessin transferierte Vermögen steht mittlerweile in England zur Verfügung. Mit den Vorbereitungen für den Einzug wollen die Freuds allerdings noch warten, bis das Mobiliar und die Bücher des Professors eingetroffen sind. Freud »hat große Furcht g'habt, daß die Nazi seine Sachen doch noch dabehalten«, erinnert sich Paula,

»ohne seine Bücher und die alten Stücke hat der Herr Professor am Schreibtisch ganz verloren ausgeschaut«. Mitte August ist es mit der Angst vorbei. Wohlbehalten und vollständig trifft die ersehnte Sendung in London ein.

Trotzdem reicht die Zeit für die Einrichtung der Villa nicht mehr bis zum Ablauf des Mietvertrages für das Haus in der Elsworthy Road. Am 6. September 1938, drei Monate nach der Ankunft, ziehen Sigmund und Martha mit Paula in das vornehme Esplanade-Hotel (heute Hotel Colonnades) am Warrington Crescent um. Die Strapazen des erneuten Umzugs sind kaum überstanden, »da mußte der Herr Professor schon wieder ins Krankenhaus«. Max Schur ist mittlerweile ebenfalls in London eingetroffen und hat bei seiner ersten Untersuchung ein neues Krebsgeschwür festgestellt. Vier Tage nach der Übersiedlung ins Esplanade-Hotel begibt sich Freud in die Londoner Universitätsklinik zu einer weiteren – der letzten – Operation an seinem Kiefer.

Martha Freud und Paula wirken derweil als Vortrupp beim Herrichten des neuen »home«, wie die Villa in Hampstead in der Familie nur noch genannt wird. Maresfield Gardens Nr. 20 lautet die Adresse. Sigmund Freud ist populär in London. Die Zeitungen berichten regelmäßig über den berühmten Emigranten, so ist auch der Wohnsitz der Öffentlichkeit bald bekannt. Wenn Martha und Paula morgens vor dem Hotel ins Taxi steigen und Martha Freud in ihrem ungelenken Englisch das Fahrtziel nennt, ist Paula ganz stolz, wenn der Fahrer sagt: »Oh, Freud's place.«

Paula genießt die morgendlichen Fahrten durch das frühherbstliche Hampstead. Über die Fitzjohn Avenue, die Finchley Road hinab – schließlich biegt der Wagen in Maresfield Gardens ein. Hampstead ist ein ruhiges Villenviertel, »fast wie in Grinzing«, findet Paula. Akademiker, pensionierte Regierungsbeamte und Direktoren aus der Londoner City bewohnen die meisten der dezent-gepflegten Anwesen. Die Hortensiensträucher in den Vorgärten, die regelmäßig gepflanzten Bäume entlang der Gehwege, kaum Verkehr – ein Bild vornehmer Beschaulichkeit. Das Haus Nr. 20 stammt aus dem 19. Jahrhundert, eine typische Neo-Queen-Anne-Villa, geräumig mit über 20 Zimmern – viel Arbeit für Paula; ursprünglich einstöckig, wurde das Dach später zu einem weiteren Geschoß ausgebaut. Die zahlreichen kleinen, weißquadrierten Fenster bilden einen lebendigen Kontrast zum Dunkelrot des Ziegelmauerwerks, das an den Seiten und an der Rückfront fast vollständig von Weinlaub überwuchert ist. Zum Haus gehören eine ebenerdige Terrasse und ein weitläufiger Garten von rund 700 Quadratmetern. Englisch-ungezwungen stehen hier Pappeln und Platanen zwischen Rosensträuchern, Rhododendron und Forsythien: ein kleiner Park.

Die Kisten mit dem Mobiliar sind bereits eingetroffen, so daß die beiden Frauen unverzüglich an die Arbeit gehen können. Auch Ernst Freud ist regelmäßig dabei. Der »Architekt« kümmert sich vor allem um den Einbau eines Fahrstuhls zum ersten Stock. In der Elsworthy Road mußten Paula, Ernst und Anna Freud »den Professor jeden Morgen und jeden Abend im Stuhl zu seinem Zimmer hinauftragen, er hat die Treppen einfach nicht mehr steigen können«. Auch für die schwerkranke Minna Bernays ist der »Lift«, wie Paula ihn bald nur noch nennt, unentbehrlich. Das Arbeitszimmer des Professors, entscheidet seine Frau, soll wie in Wien direkt auf den Garten hinausgehen. Ein großer Wanddurchbruch öffnet den Weg auf der anderen Seite ins zukünftige Behandlungszimmer. Die Räume sind alle erheblich größer als in der Berggasse, durch die vielen Fenster und die hellen Tapeten wirken sie auch viel luftiger. Paula kümmert sich vor allem um die Einrichtung der beiden Zimmer des Professors. Sie rollt die dicken Perserteppiche über das hellbraune Parkett, verteilt großzügig die kostbaren Brücken – meist Geschenke von Freuds ehemaligen Patienten –, denn hier ist mehr Platz als in der Berggasse. Dort hatten die guten Stücke oft übereinandergelegen und nicht wenige Besucher straucheln lassen. Freud pflegte diese

Ausrutscher mit Gleichmut zu übersehen. Dann stellt sie die Bücher in der alten Reihenfolge in die Regale, rückt Schreibtisch und Drehstuhl so lange hin und her, bis sie den längstmöglichen Lichteinfall herausgefunden hat. Zwischendurch geht es immer wieder mit Martha Freud zum Einkaufen: Stoffe für die Gardinen, Nägel für die Bilder und jede Menge Putzmittel. Die Schlafräume der Familie sind im ersten Stock, auch für Paula Fichtl gibt es endlich ein eigenes Zimmer. Mit dem kann sie vorerst aber nicht allzuviel anfangen. »Ich hab' lieber die Zimmer vom Professor hergerichtet.« Vor allem die Vitrinen und den Schreibtisch. Paula weiß für jede Kleinigkeit noch den richtigen Platz. Martha Freud steht manchmal nur dabei und »hat den Kopf g'schüttelt«, erinnert sich Paula. Die ägyptischen Öllämpchen, griechische Terracottastatuetten, die von Marie Bonaparte gerettete Athene, die Federzeichnungen Wilhelm Buschs, das Bild, das Freuds Lehrer Charcot bei einer Vorlesung zeigt – vom Stuhl des Professors aus gesehen bietet sich der gleiche Anblick wie in der Berggasse. Auch der lächelnde »Chinamann« rechts von der Schreibfläche fehlt nicht. »Der Professor hat immer gesagt, wenn der ihn morgens anlächelt, kann der Tag nur gut werden: Als der Professor die kleine Ägypterin auf seinem Schreibtisch wieder-g'sehn hat, hat er sie in die Hand g'nommen und so zärtlich g'streichelt. Dabei hat er mir erzählt, daß er sie vor 24 Jahren vom Wolfsmann g'schenkt bekommen hat.« Das Patientenkissen auf der Couch im Behandlungszimmer ist frisch weiß bezogen; sobald es möglich ist, besorgt Paula auch die ersten Blumen für die Vase auf dem Eßzimmertisch. Das Porträt des Professors wird vorsichtig über dem Kamin aufgehängt, auf ein Thermometer kann diesmal verzichtet werden, die Fenster schließen dicht. Endlich können die Frauen daran gehen, die Fenstervorhänge umzunähen, eine Arbeit, die beiden einträchtig und schnell von der Hand geht. Gegen Ende des Monats ist es soweit, das Haus wartet auf den Professor.

Paula Fichtl, die Freud während des dreiwöchigen Klinikaufenthalts nicht gesehen hat, ist entsetzt. »Er konnt' kaum sprechen und war furchtbar schwach.« Die einunddreißigste Operation war die schwerste seit der ersten im Jahr 1923 gewesen. Max Schur hat seinem alten Freund und Patienten zwar Mut gemacht, er werde sich bald, wie schon so oft, wieder erholen, aber im Grunde wissen beide, daß es mit Freuds enormer Lebens- und Leidenskraft zu Ende geht. Als der Professor zum ersten Mal wieder sein Arbeitszimmer betritt, bemerkt der alte Mann denn auch resigniert: »Alles ist wieder da, nur ich nicht.«

Trotzdem erinnern die Tage im Spätherbst 1938 noch einmal an die alten Zeiten in der Berggasse. Im November beginnt Freud wieder mit der analytischen Arbeit: Bis zu vier Sitzungen täglich sind das unerbittliche Pensum. Besucher stellen sich ein. Paula öffnet dem vertrauten Stefan Zweig – er emigrierte bereits 1934 nach England –, wundert sich aber doch etwas über dessen exotischen Begleiter. Salvador Dalí ist mitgekommen, um ein paar Skizzen des greisen Sigmund Freud anzufertigen.

»Der hat sehr komisch ausg'schaut mit so einem spitzen Bart und der vielen Pomade im Haar, und wie der geguckt hat, ganz gruselig konnt' einem werden«, urteilt Paula über Dalí. Beide, Freud und Dalí, sind voneinander beeindruckt, aber können offenbar nicht viel miteinander anfangen: »Der Professor hat ihn immer nur ang'schaut, aber nie was g'sagt. Meist hat der Herr Zweig allein g'sprochen.« Die melancholisch-schöne Virginia Woolf, der Visionär H. G. Wells, Zionistenführer Chaim Weizmann – die Zahl der Berühmtheiten ist eher noch größer als in Wien und Paula Fichtl als weiblicher Butler wieder so wichtig, wie sie es sich nur wünschen kann.

Von Virginia Woolf ist Paula angetan. »Die hat schöne Augen g'habt und so leis g'sprochen.« Paula versteht noch nicht genug Englisch, merkt aber: »Das Fräulein Anna hat sich sehr gut mit der Misses Woolf verstanden. Die haben lange miteinander g'redet. Ihr Mann hat derweil beim Professor g'sessen und Tee trunken.« H. G. Wells, der Autor der *Zeitmaschine*, zieht Paulas

Mißachtung auf sich. »Der hat so strubbelige Haar' g'habt, und vom Kuchen haben ihm nachher noch die Krümel im Schlips g'hangen.«

Ende August klingelt es an der Haustür, »als ich aufmach, steht der Wolfsmann vor mir«. »Was machen S' denn hier in London? Sie sind doch kein Jude«, fragt Paula aufgeregt und erschrocken Sergej Pankejeff. Ihr »Lavendel-Schwarm« hat Freud dreimal besucht. »Die haben zusammen Kaffee getrunken und sich lange unterhalten. Danach war der Professor immer schrecklich müde.« Beim letzten Londoner Besuch schenkte der Wolfsmann dem Professor eine bunte Zeichnung von Brügge, die er erst vor Tagen selbst angefertigt hatte. Sie trägt auf französisch die Widmung: »Dem berühmten Professor Sigmund Freud in Verehrung und Dankbarkeit.« »Der Professor schenkte mir das Bild am nächsten Tag und sagte, das sei ein Andenken von dem Wolfsmann, ›den Sie doch so mögen‹.«

Sergej Pankejeff besuchte zu dieser Zeit London für zehn Tage, um von der Freud-Schülerin Ruth Mack-Brunswick behandelt zu werden – seine Ehefrau Therese hatte sich am 31. März in Wien das Leben genommen.

Alte Bekannte, die bereits vor Jahren emigriert sind, schauen vorbei. So der Kinderarzt Dr. Hamlyn, der ganz in der Nähe der Elsworthy Road wohnt. Er bringt seinen Sohn mit, den dreizehnjährigen Paul. Der Junge wird Freud vorgestellt, der ihn zum Abschied auf den Kopf küßt. »Das war, als ob er ihn g'segnet hätt'.«

Anfang Dezember geht Lüns Quarantäne zu Ende. Freudig ergreift der Chow von seinem neuen Heim Besitz und tollt durch den winterlichen Garten. Sigmund Freud lebt in der Gegenwart seines geliebten Hundes sichtlich auf. Für Paula wäre somit alles in Ordnung, wenn sie nicht kochen müßte. »Anfangs hab' ich das gar nicht gern getan« – es ist ein Rückschritt gegenüber den in der Berggasse erworbenen Privilegien. Aber die Dienstbotenfrage ist für Exilanten ein Problem. Englisches

Personal ist knapp und deutsches naturgemäß nicht zu haben. Außerdem soll dem Professor nicht zugemutet werden, sich noch einmal an neue Gesichter gewöhnen zu müssen. Also muß Paula ihre Fähigkeiten, die sie in der Küche der Gräfin Blome erworben hat, wieder beleben. Sie hält sich an die Rezepte der Wiener Köchin, die in einem kleinen »Bücherl« gesammelt mit der Freudschen Bibliothek ebenfalls nach London gelangt sind. Auch das gesamte Geschirr, die gußeisernen Töpfe und Pfannen aus der Berggasse sind mit der übrigen Wohnungseinrichtung nach Maresfield Gardens geschickt worden. Paula gibt sich alle Mühe, aber sie hat den Eindruck, »der Professor ißt alles, was er kriegt«. Dafür weniger und lustloser denn je: morgens ein paar Häppchen Tatar mit »ham and eggs«, wie Paula bald lernt, abends einen weichgekochten Tafelspitz oder ein zartes Wiener Schnitzel, »was er halt essen kann«. Nach Tisch reicht Paula ihm »zur Stärkung ein kleines Glaserl Wermut«. Sie serviert Freud das Essen von dieser Zeit ab in seinem Arbeitszimmer: »Er hat nicht wollen, daß die Familie zuschaut.« Paula schneidet in der Küche das Fleisch in mundgerechte Häppchen, trotzdem kann Freud mit seinem krebszerfressenen Kiefer die Nahrung nur unter großen Schwierigkeiten zu sich nehmen. »Da ist dem Herrn Professor halt wieder viel herausgefallen, aus dem Mund, auf die Weste und auf die Hose.« Jeden Morgen holt Paula den Anzug vom Vortag und säubert ihn von den Flecken, die Hosen hat sie »immer unter einem feuchten Tuch gedämpft«.

Das Essen in dem jüdischen Haushalt ist schon seit Jahren nicht mehr koscher, »ich hätt' auch gar nicht g'wußt, wie das gangen wär'«. Freud, das weiß Paula Fichtl schon lange, ist kein religiöser Mensch. Jüdische Feiertage und Riten werden nach dem Willen des Hausherrn nicht beachtet, zum Leidwesen von Martha Freud und Minna Bernays. Die beiden Schwestern sind sich in diesem Punkt ausnahmsweise einmal einig. Aber sie wissen, was auch Paula vermutet: »Der Herr Professor glaubt an nix.«

Zu Beginn des Jahres 1939 mehren sich die Anzeichen für das nahende Ende. Im Februar werden zwei der namhaftesten Krebsspezialisten jener Zeit nach Maresfield Gardens gerufen. Aber Sir Wilfred Trotter, der Chef der Londoner Universitätsklinik, und Professor Lacassagne vom Pariser Curie-Institut bleibt nur die deprimierende Feststellung, daß der Krebs inoperabel geworden ist. Freud nimmt das Urteil so gelassen, wie er jahrzehntelang die Krankheit ertragen hat. »Der Herr Professor hat nie geklagt«, nur manchmal hört Paula ihn hinter der Tür seines Arbeitszimmers vor Schmerzen stöhnen, »aber wenn er gemerkt hat, daß jemand im Nebenzimmer ist, hat er sofort aufgehört«. Wie unerträglich die Schmerzen sein müssen, merkt Paula daran, »daß der Professor jetzt auf einmal täglich vier Aspirin hat haben wolln«. Bis zu seinen letzten Lebensmonaten hatte Freud nie irgendwelche Betäubungsmittel genommen.

Trotzdem läßt Freud nicht von seiner schriftstellerischen Arbeit. Kaum ist *Der Mann Moses* beendet, beginnt der Todkranke mit der Arbeit am *Abriß der Psychoanalyse* und der Schrift *Ein Wort zum Antisemitismus.* Bis in den Sommer hinein werden weiter Patienten empfangen. Im August ist es auch damit vorbei. Der Greis wird von Tag zu Tag schwächer – »man hat ihn kaum noch verstehen können«. Freud muß das Schreiben aufgeben, der *Abriß* bleibt unvollendet, nicht einmal die geliebten Havannas schmecken mehr. Am schlimmsten trifft ihn, daß »der Chow nicht mehr hat zu ihm wollen«. Der Geruch des mittlerweile offenen Krebsherdes vertreibt das Tier aus Freuds Nähe. Der Sieche liegt auf einem Krankenlager in seinem Arbeitszimmer mit Blick durch die Terrassentür auf den Garten. Während der warmen Sonnentage genießt Freud noch einmal den herrlichen Anblick »seines« Gartens. Paula Fichtl und Ernst Freud haben für ihn auf der Terrasse eine Hollywoodschaukel aufgestellt. Hier liegt der Professor, von Paula in Wolldecken gehüllt, und liest die letzten Manuskriptbögen vom *Abriß der Psychoanalyse.*

Nur noch selten will er etwas zu sich nehmen. Als Freud eines Nachts um halb zwei aufwacht, flüstert er zu seiner Tochter Anna, die bei ihm im Arbeitszimmer schläft, hinüber: »Ich glaube, jetzt könnte ich etwas essen.« Anna Freud weckt Paula, die sofort in die Küche eilt und zwei Scheiben weiches Weißbrot und ein paar Spiegeleier zubereitet. Als sie dem Herrn das Essen bringt, ißt Freud nur ein paar Happen, dann sagt er: »Danke, Paula, das war gut, jetzt kann ich weiterschlafen.« Paula ist in diesen Wochen immer da, um ihrem Professor jeden Wunsch von den Augen abzulesen. Gemeinsam mit Anna Freud betreut sie den Sterbenden rund um die Uhr, was ihr die Tochter nie vergessen wird.

Am Sonntag, dem 3. September 1939, um 11 Uhr vormittags meldet die BBC die Kriegserklärung Englands an das Deutsche Reich. Die Nachrichten über die Tagesereignisse sind Freuds einzige geistige Anregung. Zwar muß ihm Paula noch ab und zu ein Buch holen, »aber meist hat er es aufgeschlagen in der Hand g'habt und die Augen geschlossen«. An diesem Morgen der Kriegserklärung ist die ganze Familie im Arbeitszimmer am Krankenbett. Martha, Minna, Anna und Freuds Neffe, »das Ernstl«, auch Max Schur sind jetzt täglich um den Patienten. Kurz nach elf heulen die Sirenen, der erste Fliegeralarm. Dr. Schur, der sich im Gästezimmer ein wenig ausruhen will, sitzt auf dem Bett, von Angst gepackt. »Der hat sich so gefürchtet, so gezittert, daß ich ihm hab' helfen müssen die Schuh' ausziehen.« Auch Ernst ist in Panik und will sich »in einem Kastl im Keller« vor den erwarteten Bomben verstecken.

»Die Männer sans alle feig g'wesen«, stellte Paula fest. Nicht so der Professor und die Frauen. »Das sind g'scheite Leut' gewesen, die haben mit so was g'rechnet.« Auch Paula bleibt unbeeindruckt. Schließlich stellt sich heraus, daß der Alarm ein Irrtum war: Die Privatmaschine des französischen Luftwaffenattachés in England ist auf dem Flug von Paris nach London auf den Radarschirmen der britischen Luftverteidigung erschienen.

Zweieinhalb Wochen später erinnert der zusehends verfallende Freud seinen Arzt an ein altes Versprechen: ihm zu helfen, wenn sein Zustand unerträglich wird. Schur soll mit Anna darüber sprechen, nicht mit Martha Freud. Anna Freud ist aufgelöst. »Sie hat ihn erhalten wollen«, erinnert sich Paula, aber der Wille des Vaters zählt mehr. Das Ende ist von einer letzten Komplikation begleitet. Schur hat ein befristetes Einreisevisum für die USA in der Tasche und will in panischer Angst vor einer deutschen Invasion unbedingt das nächste Schiff erreichen. Josephine Stross, die Schur schon auf der Bahnreise vertreten hat, muß kommen und ein zweites, letztes Mal den Leibarzt ersetzen. Nachdem Schur, »der sehr geweint hat«, am Morgen des 23. September dem schon Verdämmernden eine leichte Dosis Morphium gespritzt hat, nimmt er seinen Koffer und eilt zum nächsten Bahnhof. Freud, in seinem geschwächten Zustand und ohnehin keine starken Mittel gewohnt, schläft bald ein. Zurück an seinem Bett bleibt Dr. Stross, »die hat mit einer zweiten Spritze gewartet, wenn der Professor noch einmal zu sich kommen wär'«. Der Tag vergeht, und Freud atmet immer noch. »Gehen s' noch einmal hinein zum Herrn Professor«, fordert Anna Freud gegen Abend Paula auf, »aber der war schon bewußtlos.« Die vier Frauen, Freuds Gefährtinnen in der Emigration, sitzen die halbe Nacht hindurch und warten. Erst nach drei Uhr morgens, mehr als sechsunddreißig Stunden nach der Injektion, ist Freud gestorben – ohne noch einmal das Bewußtsein erlangt zu haben.

Drei Tage später steht Paula Fichtl zwischen Jeanne Lampl-de Groot und Marie Bonaparte unter Hunderten von Trauergästen, als Freuds Asche auf dem nahen Friedhof von Golders Green bestattet wird. Dies geschah – entgegen jüdischem Brauch – auf Freuds ausdrückliche Anordnung. Als Urne diente ein antikes italienisches Gefäß, in dem man einst Wein gemischt hatte. Freud hatte es von der Prinzessin als Geschenk erhalten. Ernest Jones hält die Totenrede in Englisch; als Stefan Zweig seinen Nachruf in Deutsch verliest, weint Paula »die ganze schöne Rede lang«.

V. Ohne Familie

»Loyalität zweifelhaft«

Die Tage und Wochen nach der Beisetzung lassen Paula Fichtl nicht viel Zeit für die Trauer um den verehrten und geliebten »Herrn Professor«. Ihr Tag ist mit Arbeit angefüllt wie selten zuvor. Zwar erlebt sie jeden Morgen einen Moment der Ergriffenheit, wenn sie – als wäre nichts geschehen – Arbeits- und Behandlungszimmer des Toten auslüftet und die Antiquitäten auf dem Schreibtisch abstaubt, aber da warten noch die anderen Räume des Hauses auf sie. Frühstück, Mittag- und Abendessen wollen zubereitet sein, der Abwasch türmt sich, die beiden »Waisen« Lün und Jumbo streichen bei all diesen Arbeiten schwanzwedelnd um Paulas Beine. Zwischendurch geht sie einkaufen. Mit ihren paar Brocken österreichisch gefärbtem Englisch zieht Paula, bewaffnet mit zwei großen Taschen, jeden Vormittag los. In der Villengegend von Hampstead liegen die Läden nicht gerade nahe beieinander, und so ist sie täglich über zwei Stunden unterwegs.

Martha Freud sitzt seit dem Tod ihres Mannes meist still in einem Sessel des Salons oder bleibt oft den ganzen Tag in ihrem Zimmer. Auch Minna Bernays verläßt ihre Räume nicht mehr. Die herzkranke neunundsechzigjährige Frau ist zu schwach, der Verlust ihres Idols hat auch ihr die Lebenskraft genommen. Paula muß ihr fettarme Mahlzeiten zubereiten und aufs Zimmer bringen. Sie übernimmt es auch, die Kranke zu waschen, ihr das

Bettzeug zu wechseln. Nach dem Tod Freuds gilt Paulas Fürsorge jetzt ganz ihrer alten »Feindin« aus den frühen Tagen in der Berggasse. Und Minna Bernays revidiert ihr Urteil über die »Eintändlerin« von damals: »Paula, ich hab' Sie verkannt«, ist die mit kraftloser Stimme ausgesprochene späte Anerkennung für das »Stubenmädl«.

Auch Patienten müssen weiter empfangen werden. Anna Freud nimmt bald nach dem Tod ihres Vaters die eigene Analyse-Praxis wieder auf. Überhaupt ist dem Haus in Maresfield Gardens ein neues »Familienoberhaupt« erwachsen. »Fräulein Professor« wird Anna, die nie ein akademisches Studium absolvierte, jetzt ganz selbstverständlich von ihrer Umgebung genannt. Entschlossen hat sie die Zügel an der Spitze der psychoanalytischen Bewegung in die Hand genommen, in den Geschäften des Alltags von der sieben Jahre jüngeren Paula Fichtl tatkräftig unterstützt. Diese führt das große Haus praktisch allein. Anna Freud ist vollauf damit beschäftigt, das Erbe ihres Vaters zu verwalten – das materielle, vor allem aber das geistige. Noch im Herbst beginnt sie mit den Vorarbeiten für die Herausgabe der Gesammelten Werke Sigmund Freuds. Dazu gehört die Sichtung Tausender von Briefen, die Freud in seinem langen Forscherleben geschrieben und erhalten hatte. Anna weiß, daß das englische Exil nicht nur vorübergehende Station sein wird, daß sie sich als Analytikerin und Wissenschaftlerin auf fremdem Boden etablieren muß. (Sie plant ein Seminar zur Ausbildung von Analytikern.) Zusammen mit Dorothy Burlingham, die sich in Maresfield Gardens Nr. 2 eingemietet hat, entwickelt Anna Freud das Projekt einer »War Nursery«, eines Heims für Kinder, deren Familien durch den Krieg auseinandergerissen wurden. Das soll ihr Beitrag im Kampf gegen Hitler und der Dank für die Aufnahme im englischen Exil sein. Dafür müssen Räumlichkeiten gefunden werden: Verhandlungen mit der Stadtverwaltung und den zuständigen Ministerien kosten endlose Stunden, schließlich muß Anna viele Bittgänge unternehmen, um die nötigen Gelder aufzutreiben. Um Zeit zu sparen, wird ein Auto gekauft, und so steuert die kleine, zerbrechlich wirkende Frau den alten Ford zielstrebig durch den Herbstnebel, der die Straßen Londons erfüllt.

Für Mutter und Tante, geschweige denn für den Haushalt bleibt da wenig Zeit. Paula Fichtl ist für Anna in diesen Monaten unentbehrlich, hält ihr den Rücken frei von den anfallenden Alltagssorgen, so daß sie lediglich die Schecks für Rechnungen und Miete ausstellen muß. Für alle, die in jenen Herbst- und Wintermonaten 1939/40 Maresfield Gardens betreten, Patienten wie Freunde der Freuds, wird Paula Fichtl in dieser Zeit zu einem Denkmal der Aufopferung und Treue. Und Paula genießt diese Rolle. Immer mehr lädt sie sich auf, lehnt jede Hilfe eifersüchtig ab. Sie ist die »Löwin« des Freud-Hauses, für die jede Kleinigkeit gleich wichtig und unabdingbar ist. Und gerade wegen ihrer doch so deutlich zur Schau getragenen Arbeitswut wurmt es Paula, daß das Fräulein Anna mehr und mehr außerhalb ihres »Reiches« engagiert ist. Je konkreter die Pläne für das Lehrseminar und die »War Nursery« sich in Realität verwandeln, desto weniger Zeit und Interesse hat Anna für Paulas Hausfrauensorgen: was denn einzukaufen sei, die undichte Wasserleitung in der Küche, die Streiche der Hunde. Ganz allmählich steigt in Paula die Ahnung auf, daß sie für Anna Freud nie die »Kleine« sein wird, die der alte Freud so gern um sich hatte. Statt wie früher als diensteifriges »Kammerfräulein« ihren verehrten »Herrn Professor« zu umsorgen, gilt es nun, dem »Fräulein Professor« ein gut Teil Verantwortung abzunehmen und eigenständig auszufüllen. Paula Fichtl hat nun die Schlüsselgewalt in Maresfield Gardens.

Anna Freud selbst wächst in dieser Zeit nicht nur in ihrer Rolle als neues Familienoberhaupt, sondern auch durch ihre Arbeit an der ersten Gesamtausgabe von Freuds Werken immer weiter in die Identifizierung mit ihrem Vater hinein – was sich zunehmend in ihrer Handschrift, ja sogar Unterschrift widerspiegelt. Die Liebe zu ihm war die Triebfeder dafür, daß sie sich schon in jungen Jahren für den Analytikerberuf entschieden hatte. Aus der unerwünschten Tochter wurde schon bald eine berühmte Frau, die seinen Namen weitertrug. Noch bevor das »Annerl« ihre Analytikerausbildung abgeschlossen hatte, leistete sie mit ihren Erkenntnissen Pionierarbeit in der Kinderanalyse und wurde so Mitbegründerin einer wissenschaftlichen Disziplin, die ihr Vater unbeachtet gelassen hatte. »Kinder kann man ja nicht auf die Couch legen und frei assoziieren lassen«, erklärte Anna Freud, »sondern hier mußte man eine Mischung aus Lehrer und Spielgefährte sein.« Die Fähigkeit, in die kindliche Erlebnisweise und Gefühlswelt einzudringen, hatte das »Annerl« schon, als sie im Wiener Montessori-Kindergarten in ihrer Freizeit Kleinkinder betreute. »Anna genießt ihre angeblichen Ferien«, schrieb Freud in einem Brief ironisch, »das heißt, sie spielt mit den Kleinen anstatt mit den Großen.«

Aus der Spielgefährtin wurde schon bald eine Wissenschaftlerin von Weltruf, die ab 1950 mit Doktortiteln, Ehrungen und Preisen der international renommierten Universitäten überhäuft wurde. Schon in Wien wagte die Achtundzwanzigjährige als erste in eigener Praxis in der Berggasse die Behandlung von Kindern. Sie entwickelte Erziehungskonzepte (sie war auch Mitbegründerin der »Sesamstraße«), die zu den fortschrittlichsten ihrer Zeit gehörten. So wie Sigmund Freud zum Vater der Psychoanalyse wurde, wurde sie zur Mutter der Kinderanalyse: eine Frau, die Kinder richtig verstand. Sie wies als erste mit den Methoden ihres Vaters wissenschaftlich nach, daß und warum schon kleine Kinder seelisch gestört sein können. Durch Anna Freud wurden Fehler in der Erziehung aufgedeckt und benannt und therapeutische Mittel bereitgestellt, die Millionen von Eltern und Kindern bis heute geholfen haben.

Neben dem wissenschaftlichen und pädagogisch-sozialen Engagement, das Anna Freud bis an ihr Lebensende voll beansprucht, sind es für Paula Fichtl in jenen Jahren vor allem zwei

Frauen, deren Vertrautheit mit Anna ihr die ersehnte Beachtung entzieht: Dorothy Burlingham, die Annas gleichberechtigte Mitarbeiterin bei der Leitung des Kinderhorts wird, und Jula Weiss, die, ebenfalls emigriert, wie schon in Wien als »graue Eminenz« die Bücher führen wird. In diesem »Braintrust« ist kein Platz für Paula Fichtl. Jula Weiss, kurz angebunden und scharfzüngig, ignoriert den kindlichen Charme Paulas. Die Frau in dem strengen dunklen Kostüm, mit kurzgeschnittenen, glattgescheitelten Haaren, die unvermeidliche Aktentasche unter den Arm geklemmt, wird Paula immer fremd bleiben. Ein Mensch, der so gar nicht auf Gefälligkeiten reagiert, ist ihr unheimlich. So konzentriert sich Paulas Enttäuschung, ihr Neid auf »die Misses Burlingham«. Zehn Jahre ist es her, seit sie damals aus der Kinderstube der Amerikanerin »fortgeschickt« wurde, ein Stachel, der immer noch tief sitzt. Dorothy Burlingham besitzt, was Paula nach dem Tod Freuds aussichtslos begehrt: das Vertrauen und die Nähe der Tochter. Und so kann sie sich nicht anders helfen, als in der Burlingham »die Wurzen« zu sehen, »die alles gezahlt hat«. In Paulas Vorstellung ist es das Geld der Tiffanys, das sie in der Gunst Annas ausgestochen hat.

Die Wochen des ersten Kriegswinters vergehen. Im März kommt ein trauriger Brief aus Paris. Topsy, Marie Bonapartes »goldhaariger Chow«, ist gestorben. Die Prinzessin schreibt an Paula: »Sie starb auf meinem Bett in der Nacht vom 7. Februar, und jetzt scheint das Haus so leer, überall, wo sie war, suche ich Topsy mit den Augen.« Paula ist voller Anteilnahme und schickt der Prinzessin eine Fotografie von sich und Jumbo im Garten der Londoner Villa.

Mit Paulas Stimmung steht es in diesen Wochen ohnehin nicht zum besten. Neues Ungemach ist aufgetaucht in Gestalt von zwei jungen Engländerinnen. Sophie und Clare Daun heißen die beiden Schwestern, die Anna Freud – nach langem Suchen – als Entlastung für Paula gefunden hat. Sie kommen täglich, um bei der Hausarbeit zu helfen. Als schließlich noch Albine, die Tochter aus einer österreichischen Emigrantenfamilie, für die Küche eingestellt wird, wird Paula auf ihre Weise aktiv. Bald muß sich das »Fräulein Professor« regelmäßig Paulas Klagelied anhören: »Die Mädchen können überhaupt nichts recht machen, immer muß ich dabei sein, die Albine schmeißt allweil zuviel weg von den guten Sachen.« Kurz, man wäre ohne die Mädchen besser dran, wenn das Fräulein die Paula nur machen ließe.

Paulas Feldzug zur Wiedergewinnung ihrer Alleinherrschaft ist kaum richtig in Gang gekommen, als sich Dinge ereignen, die weit außerhalb ihres Horizonts liegen. Im April 1940 besetzen die Deutschen Dänemark und Norwegen, am 10. Mai fallen sie in Frankreich ein. Das englische Heer entkommt bei Dünkirchen nur knapp der Vernichtung, und die britische Insel erwartet stündlich die Invasion der Hitler-Truppen.

Der »Umzug« von Wien nach London hat Paula ihren Paß gekostet. In England ist sie seit Kriegsbeginn ein »enemy alien«, feindliche Ausländerin. Das Stubenmädchen aus Gnigl ist eine von über 70000 Deutschen und »ehemaligen« Österreichern, die ohne gültigen britischen Paß in England leben. Einige sind seit Jahrzehnten in Großbritannien ansässig, die meisten flohen wie die Freuds zwischen 1933 und 1939 vor dem Zugriff der Nazis. Für die englischen Behörden stellen diese Emigranten, darunter zahllose Juden, trotzdem ein erhebliches Sicherheitsrisiko dar. Bereits im Sommer 1938 hatte Sir Vernon Kell, Chef von MI 5, der englischen Spionageabwehr, eine Liste von potentiell gefährlichen »falschen« Emigranten erstellen lassen. Noch in den Tagen vor der Kriegserklärung waren die ersten 415 Männer und Frauen verhaftet und interniert worden. Als nächstes verfügte Innenminister Sir John Anderson die Einsetzung von »Tribunalen«, bestehend aus »Herren mit juristischer Erfahrung«, die jeden einzelnen in Großbritannien lebenden Deutschen über 16 Jahre auf seine Zuverlässigkeit überprüfen sollen. Am 28. September 1939 tritt das erste Tribunal zusammen, einen Monat später sind 13031 Fälle »bearbeitet«.

Ein Aktendeckel trägt die Aufschrift »Fichtl, Paula, Austrian, age 37, housemaid«. Seitdem prangt auf Paulas Aufenthaltsgenehmigung ein dickes grünes »B«. In Maresfield Gardens findet niemand Zeit, sich über die Angelegenheit Gedanken zu machen. Der Buchstabe scheint harmlos genug, der Vorgang für ein kriegführendes Land normal und – verglichen mit den Praktiken der Gestapo – demokratisch und human. Am wenigsten Gedanken macht sich Paula selbst, die zwar persönlich vor dem Tribunal des Bezirks West-London erschienen war, von der Anhörung aber so gut wie nichts begriffen hat – ein Rechtsbeistand war für die Betroffenen nicht vorgesehen.

Das organisatorische Chaos bei Kriegsbeginn, ungenügend durchdachte Vorschriften, Unkenntnis über die Zustände in Hitlers Reich, schließlich hoffnungslose Arbeitsüberlastung der »juristisch erfahrenen Herren« führen zu kuriosen, für die Betroffenen oft tragischen Fehleinschätzungen. Drei Kategorien von »feindlichen Ausländern« soll es geben. »A«: gefährlich und sofort zu internieren; »B«: von zweifelhafter Loyalität, meldepflichtig unter der Auflage von Reisebeschränkungen; »C«: freundliche, »echte« Flüchtlinge.

Paula ist also seit dem Herbst 1939 »Kategorie B«, ein klassisches Opfer für die Tücken des Systems. Sie war keine Jüdin, hatte keine Verwandten in England, dafür viele im Land des Feindes, war nicht von der Gestapo zur Flucht gezwungen worden und hatte auch nicht den Wunsch, England wieder zu verlassen. Folglich: »Kein Flüchtling vor der Nazi-Unterdrükkung«. Nicht weniger als 3189 solcher »Bs« waren in der ersten Welle der Anhörungen geortet worden.

Der Pflicht schien soweit Genüge getan, bis im Frühjahr 1940 Hitlers Armeen den Kontinent überfluten. In der englischen Öffentlichkeit steigert sich die Angst vor Verrat und der »Fünften Kolonne« in der bedrohten Heimat. Die Hinterhältigkeit der Deutschen, so scheint es, kennt mit einem Mal keine Grenzen mehr. Da sind Fallschirmjäger in Nonnenkleidern über Holland abgesprungen, geben »enemy aliens« deutschen Bombern Signale, indem sie ihre Wäsche im Garten nach bestimmten Mustern aufhängen. So jedenfalls will es der alte Kämpe Colonel Henry Walter Burton wissen, Unterhausabgeordneter von Sudbury in West-Suffolk. Er fordert eine gründliche Änderung der »Ausländerpolitik«: »Den ganzen Haufen internieren und dann erst die Guten rauspicken!« Am 12. Mai, dem Tag des deutschen Durchbruchs in Frankreich, gibt die neue Regierung unter Winston Churchill entsprechende Order.

Vier Tage später. Paula Fichtl geht, wie es ihre Aufgabe ist, auf ein Klingeln hin zur Tür. Draußen steht ein Mann, der sich als Detective-Constable von Scotland Yard ausweist. »Are you Mrs. Fichtl?« fragt er nur. Das versteht Paula und bejaht. »Dann müssen Sie mitkommen.« Die Polizei hat vom Innenministerium die Anweisung bekommen, alle Ausländer der Kategorie »B« »einzusammeln«. Einwände helfen da nichts, der Detective hat seine Befehle, auch Anna Freud kann daran nichts ändern. Paula soll das Nötigste in einen Koffer packen, es handele sich nur um eine vorübergehende Vorsichtsmaßnahme. »Sehen Sie, Paula, so was passiert, wenn Sie Christin sind und zu den Juden gehalten haben«, versucht Anna Freud über den Schock hinwegzuscherzen. Paula aber nimmt das völlig ernst, bis heute glaubt sie, daß sie deshalb »ins Gefängnis« mußte.

Dahin kommt sie tatsächlich. Vor der Pforte von Maresfield Gardens Nr. 20 steht eine »Black Maria«, Londons »Grüne Minna«. In schneller Fahrt geht es quer durch die Stadt. Ehe Paula richtig begriffen hat, hält der Wagen im Hof des Frauengefängnisses Holloway. Paulas Koffer und Kleider werden durchsucht, dann führt sie eine Gefängnisbeamtin in eine Zelle. An der Tür klebt ein Zettel: »Enemy alien«. Die Zellentür bleibt offen, aber niemand kümmert sich weiter um sie, also sitzt Paula auf der Pritsche und wartet. Im Laufe des Tages füllt sich das Gefängnis mit Hunderten anderer Österreicherinnen und Deutscher, die mit ihren Koffern und Pappkartons eingeliefert werden.

Paula bekommt Gesellschaft, zwei Frauen mittleren Alters, ebenfalls Hausangestellte. Auch sie wissen lediglich, daß sie jetzt alle »Internierte« sind. Ein paar Tage bleibt alles in der Schwebe. Aufstehen morgens um halb sieben, essen, waschen, eine halbe Stunde spazierengehen auf dem Rasen des Gefängnishofes, Abendessen, schlafen – zu tun ist nichts. Am 28. Mai 1940 schließlich werden die Frauen erst in Busse, dann in einen Zug verfrachtet, ein paar Stunden später marschieren sie unter den Pfiffen und Drohrufen der Passanten durch Liverpool zu den Schiffsanlegeplätzen an der Mersey-Mündung. Dort erwartet sie die »Princess Josephine Charlotte«, ein belgischer Dampfer unter Charter bei der »Steam Packet Company«, Bestimmungshafen Douglas auf der Isle of Man. Paula hat noch nie etwas von diesem Ort gehört, sie hat buchstäblich keine Ahnung, wohin die Reise geht. Trotzdem schläft sie fest und ruhig während der nächtlichen Überfahrt durch die stürmische Irische See.

Die Daheimgebliebenen in Maresfield Gardens sind unterdes nicht untätig geblieben. Anna Freud hat alle erreichbaren englischen Bekannten und Freunde mobilisiert und über Paulas »Verhaftung« informiert. Briefe werden geschrieben. Aber wohin genau soll man sich wenden? Der Wirrwarr in den britischen Behörden ist in diesen Tagen komplett. So lautet die erste Zeile des Empfehlungsschreibens von Mrs. Loe Kann-Jones recht hilflos: »To whom it may concern«, wen immer es angeht … Ernest Jones schreibt am 21. Mai: »Fräulein Fichtl war erfüllt von einer heftigen Abneigung gegen das Nazi-Regime, (…) es ist mir unverständlich, wie sie je in die Kategorie B eingeordnet werden konnte.« Zwei Tage später Elizabeth Trotter, Witwe des mittlerweile verstorbenen Chefs der Londoner Universitätsklinik, Sir Wilfred Trotter: »Mein Gatte war tief beeindruckt von der ruhigen und tüchtigen Art, in der Paula Fichtl ihre Pflichten erfüllte. Sie wurde von Professor Freud und seiner Familie hoch geschätzt.« Auch Anna Freud stellt Paula ein »Zeugnis« aus: »Ihre Interessen sind ausschließlich die eines treuen, liebenden und hart arbeitenden Mädchens, das Entsetzen vor allem empfindet, das brutal und gefährlich ist. Ich bin absolut überzeugt von ihrer völligen Vertrauenswürdigkeit.« (Originale in Englisch) Aber in diesen Tagen gehen Tausende derartiger Briefe beim Innenministerium ein, und die zuständigen Beamten haben weder Zeit noch Interesse, Einzelfällen nachzugehen. So bleibt Anna Freud ohne Antwort und auch ohne Nachricht über Paulas Verbleib.

Um sieben Uhr morgens am 29. Mai macht die »Princess Josephine Charlotte« an der Kaimauer des idyllischen Fischerhafens von Douglas fest. Kaum ausgeschifft, wird die Kolonne der Frauen zum Bahnhof geleitet, mit dem Inselzug geht es weiter nach Süden, in den verschlafenen Sommerfrischler-Ort Port Erin. Viertausend Frauen, zum Teil mit ihren Kindern, werden hier in den nächsten Wochen eintreffen und die Bevölkerung von »Camp Rushen« bilden. Ihre erste Station ist die St. Katharinen-Kirche von Port Erin. Paula hat kaum ihr Köfferchen abgesetzt, als ihr ein Zettel in die Hand gedrückt wird. »Imperial Hotel« entziffert sie mühsam. Zusammen mit einer anderen Frau, Josephine Leidenbagen, soll sie sich dahin auf den Weg machen. Dutzende solcher Grüppchen schwärmen daraufhin auf der Suche nach ihrer neuen »Adresse« aus dem Kirchhof in die Straßen des kleinen Städtchens. Hilflos und aufgeregt stehen sie an der Strandpromenade und blicken auf die endlose Reihe eng aneinandergebauter Pensionen und Hotels, alle im gleichen Stil aus der Zeit Königin Victorias. Paula versucht, mit Hilfe ihres mageren Englisch ein Straßenschild zu entziffern, aber die Isle of Man hat ihre eigene Sprache, das »Manx«, ein keltischer Dialekt, der mit Englisch wenig gemein hat. Schließlich, nach etlichen Fehlversuchen, sind die zwei Frauen dann doch am Ziel. Das Imperial ist eines der größten Häuser am Platz, Paula und Josephine Leidenbagen werden in einem Zweibettzimmer im ersten Stock untergebracht.

Die älteren unter den Bewohnern der Isle of Man erinnern

sich noch gut an die letzte derartige »Einquartierung«. Bereits im Ersten Weltkrieg war ihre Insel zum Lager für 23 000 Untertanen des deutschen Kaisers umfunktioniert worden. Die Aufnahme der neuen »Deutschen-Schwemme« ist aber nicht nur patriotische Pflicht, sie bringt auch Geld. Die Isle of Man lebt – auch heute noch – von der Fischerei und vom Sommertourismus. Der Krieg hatte den Fischfang auf ein Minimum reduziert, die meisten Männer waren zur Marine eingezogen worden, und wann wieder einmal Urlauber ihren Fuß auf die Insel setzen würden, stand in den Sternen. So sahen es die »Landladies«, die Wirtinnen der kleinen Pensionen und Hotels von Port Erin und dem benachbarten Port St. Mary, nicht ungern, daß sie ihre leeren Zimmer gegen eine Entschädigung von 1 Pfund 5 Shilling pro Woche dem nationalen Interesse zur Verfügung stellen konnten.

»Camp Rushen« ist nur dem Namen nach ein Lager. Die Frauen dürfen sich innerhalb der beiden Ortschaften, die das Camp bilden, frei bewegen, lediglich die nächtliche Sperrstunde ab neun Uhr muß eingehalten werden. Darauf achten die Constabler der kleinen Polizeiwache von Port Erin. Tagsüber dürfen die »Gefangenen« entlang der Hafenpromenade spazierengehen, auf den Bänken die herrliche Frühsommersonne genießen, sogar ein Bad im Meer ist möglich. Mangels ausreichender Garderobe verzichtet die eine oder andere Sonnenhungrige dabei schon mal auf die Schicklichkeit eines Badeanzugs. »Shokking« für die Inselbewohner, aber so sind sie nun mal: die »verruchten Europäerinnen«.

Das »Urlaubsidyll der enemy aliens« ist natürlich eine Schlagzeile wert, und so erscheinen in den Londoner Zeitungen am 2. Juni die ersten Berichte über die Lager auf der Isle of Man. Gleichzeitig, Paula hat kaum den Fuß auf die Insel gesetzt, trifft in Maresfield Gardens die offizielle Benachrichtigung über ihren Aufenthaltsort samt Postanschrift ein: Miss Paula Fichtl, Rushen Internment Camp, Port Erin. Anna Freud setzt sich sofort an den Schreibtisch und schickt zur Sicherheit eine Karte und einen Brief. Durch die Schlagzeilen über das süße Nichtstun auf Man hat das »Fräulein Professor« offenbar eine nicht ganz zutreffende Vorstellung über Paulas Lage. Ihre Karte könnte genausogut an eine Sommerfrischlerin im Salzkammergut adressiert sein: »Meine Liebe, gute Paula, Sie können sich gar nicht vorstellen, wie sehr wir uns mit Ihren guten Nachrichten gefreut haben. Genießen Sie nur die ruhigen Tage, ein jeder gönnt es Ihnen. Im Haus ist alles soweit in Ordnung, Frl. Weiss sehr brav und das Wetter herrlich, so daß wir sehr viel im Garten sind, ebenfalls die Hunde. Jumbo frißt sehr anständig, bellt die Leute tüchtig an und alle fragen nach Paula! Wenn Sie etwas geschickt haben wollen, dann schreiben Sie nur. Es grüßt Sie herzlich Ihre getreue A. F.«

Einem PS des Briefes vom selben Tag ist die Frage angehängt: »Soll ich Ihnen einen Badeanzug schicken?«

Es wird noch über zwei Wochen dauern, ehe Paulas Antwort eintrifft. Sämtliche Post der Internierten wird in Liverpool gesammelt und von einem Militärzensor auf »gefährliche« Stellen hin durchgelesen. Trotzdem entsteht in der Folgezeit ein reger Briefkontakt zwischen den Daheimgebliebenen und der »Verbannten«. Wenn auch Paulas kurze Mitteilungen nicht mehr erhalten sind, so bilden die Schreiben aus Maresfield Gardens doch eine lebendige Chronik der Sorgen und Nöte im Hause Freud und des Lebens einer »enemy alien« im Winter 1940/41.

»6. VI. 1940

Heute ist der zweite Jahrestag, daß wir hier angekommen sind. Wie viel schöner war es damals und ich wollte, es wäre noch um diese zwei Jahre früher. Mr. Bullit hat angefragt, wie es Ihnen geht und ob er etwas für Sie helfen kann. Ich antworte ihm gleich. Wir suchen jemand, der bereit ist, ganz ins Haus zu kommen, denn Sophie will nicht und die Köchin sagt, sie wird sehr bald heiraten. Albine wird ja auch nicht mehr lange arbeiten können, die Ärztin meint, das Kind kommt schon im August. Sie fehlen an allen Ecken und Enden und ich sehe erst, was Sie alles immerfort für mich gemacht haben. Das Auto habe ich gestern der Feuerwehr in Maresfield Gardens geschenkt und die haben sich sehr damit gefreut. Ihre Anna Freud.«

Paula ist beim Lesen hin- und hergerissen. Stolz vernimmt sie, daß ein so »hoher Herr« wie US-Botschafter Bullitt sich für ihr Schicksal interessiert, und die Anerkennung für ihren Einsatz ist nur recht und billig. Um so mißtrauischer registriert sie, daß trotzdem jemand ihre Stelle im Haus einnehmen soll.

»13. VI. 1940

Gestern ist Ihr Brief und Ihre Karte angekommen (...) Ich habe gleich das Garn für zwei Netzbeutel gekauft und geschickt (...) alle Patienten fragen immer ob Post von Ihnen gekommen ist. Frl. Weiss hilft noch für Sie aus (...) Die Seminare hören jetzt langsam auf, nur jeden Montag halte ich einen Vortrag (...) Wenn kalte Tage kommen, so schicke ich Ihnen schon jetzt wärmere Sachen. Und geben Sie ruhig Geld für sich aus, Sie bekommen alles von mir zurück (...)«

Paula will sich auch fernab von London nützlich machen und mit selbstgehäkelten Einkaufsnetzen in Erinnerung bringen. Das scheint um so dringender, als die Erwähnung »kalter Tage« mitten im Sommer darauf schließen läßt, daß Anna Freud bis auf weiteres nicht mit Paulas Rückkehr rechnet. In Port Erin haben die Behörden den Internierten mittlerweile erlaubt, Konten auf der Zweigstelle der Isle-of-Man-Bank zu eröffnen. Und so verzeichnet Filialleiter C. R. Ducker bald einen Kundenzulauf, um den ihn mancher Kollege einer großen Bank beneiden würde. Die Frauen hinterlegen ihre Pelzmäntel, Ketten und Ringe; aus den Shillingen und Ein-Pfund-Noten in den Portemonnaies entstehen Mini-Guthaben, die gelegentlich durch Überweisungen von Angehörigen auf dem Festland aufgestockt werden. Die Frauen von »Camp Rushen« machen das Beste aus ihrer Lage. Das Lagerleben wird Alltagsroutine. Paulas haushälterische Fähigkeiten kommen bei den 120 Bewohnerinnen des Imperial Hotels bestens zur Geltung. Sie arbeitet in der Küche, serviert, vergißt auch nicht, den Hauskatzen immer einen gefüllten Milchnapf hinzustellen. Ihre Tüchtigkeit ist anerkannt, und so hat sie »eben wieder Glück gehabt«, fügt sich ohne aufzubegehren in die »von oben« geschaffenen Verhältnisse. Sprachkurse werden eingerichtet, und so gelingt es Paula auch, den ersten Brief von Dorothy Burlingham zu entziffern, die in nervösen Schriftzügen ebenfalls beteuert, wie sehr man sie doch vermißt. Paula beginnt sogar selbst, auf Englisch zu schreiben, in der Hoffnung, die Briefe würden so schneller befördert. Aussicht auf eine baldige Rückkehr besteht jedoch nicht, schreibt doch Anna Freud am 23. 6. 1940:

»Eine Eingabe an das Home Office (das Innenministerium) haben wir für Sie gleich am ersten Tag gemacht. Man hat aber gleich gesagt, daß es längere Zeit dauern wird, bis alles geprüft ist. Die warme Unterwäsche ist von mir, die Jacke ist von Mrs. Burlingham. Jetzt stricke ich Ihnen auch einen warmen Sweater, der wird in zwei Tagen fertig.

Wir haben noch eine Änderung gemacht, denn die Mama kann sich nicht entschließen, sie will nur Sie wieder zurück. Von morgen an wird Mrs. Burlingham hier schlafen, in der kleinen Mansarde, damit ich nachts nicht so allein bin, wenn einmal ein Airraid kommt.

Von der Prinzessin haben wir nichts mehr gehört, sie muß auch irgendwo auf der Flucht sein und nicht mehr in ihrem Haus. Wenn wir sie nur hier hätten aufnehmen können, wo sie doch immer so gut zu uns war.«

Am Tag zuvor hatte Frankreich vor den Deutschen kapituliert, und Hunderttausende von Flüchtlingen füllten die Landstraßen in dem noch unbesetzten Süden des Landes. Paula Fichtl sorgt sich um das Schicksal ihrer königlichen Gönnerin. Aber Woche um Woche vergeht. So macht Paula Handarbeiten und schickt alles umgehend nach London. In einem Brief Anna Freuds vom 13. Juli 1940 steht: »Die Handschuhe und die Strümpfe passen großartig und ich nehme gleich ein Netz in Gebrauch. Ich habe Ihnen Seide und Schnitte geschickt, damit

Sie sich Wäsche nähen. Es sind zwei Gesuche für Sie gemacht und heute gehen noch zwei Briefe nach, einer von uns, einer von einer hohen Dame (...) Von der Prinzessin ist keine Nachricht (...) Dr. Martin, Walter und Ernstl mußten alle auch fort (...) Ich mache mir viele Vorwürfe, daß ich Sie im September nicht nach Hause geschickt habe, aber ich habe es gut gemeint (...)«

Die »hohe« Dame ist keine Geringere als Lady Lilian Bowes Lyon, die Tante von Königin Elizabeth und damit Schwägerin des englischen Monarchen. Aber die Sicherheitsbehörden des Landes lassen sich durch nichts mehr aufhalten. So sind auch die drei Freud-Söhne »ohne Ansehen der Person« festgesetzt worden. Über 23000 Internierte zählen offizielle Stellen in diesen Tagen. Allmählich werden jedoch Stimmen laut, die Sinn und Nutzen dieses Rundumschlages gegen die »enemy aliens« bezweifeln. So kommentiert die »Daily Mail« bitter: »Wäre der berühmte Freud nicht klug genug gewesen zu sterben, wäre er jetzt interniert.« Und der »Evening Standard«: »Was haben wir ihnen, unseren Freunden, getan? Es ist nicht nur verrückt, es ist ein Anschlag auf unsere Kriegsanstrengungen. Es ist ein Verbrechen gegen den guten Namen Englands.« Noch am gleichen Tage kündigt der Innenminister eine Überprüfung von Einzelfällen an und gibt zu, »daß offenbar Fehler gemacht worden sind«. Bald kommt es zu den ersten Entlassungen.

Eine der Glücklichen ist ausgerechnet Paulas Zimmergenossin im Imperial Hotel, Frau Danziger. Sie darf noch im Juli zu ihrer Familie nach Birmingham zurückkehren. Nicht so Paula, trotz »all der schönen Empfehlungsbriefe«. Im Gegenteil, sie wird »verlegt«. Am 1. August 1940 tritt Paula eine neue »Stelle« an. Sie wird »maid«, also wieder Dienstmädchen in einem Privathaus. Bei den Cannols, der Vater ist eingezogen, wird sie sich um die Küche und die beiden Kinder Sheila und Michael kümmern. In London geht derweil das Leben ohne Paula weiter. »Mrs. Burlingham wohnt jetzt ganz hier, die Claire ist auch über

Tags da, kein Ersatz für Sie!« Trotz oder vielleicht gerade wegen dieses Nachsatzes wittert Paula Anzeichen einer endgültigen »Ausquartierung«. Und so schreibt Anna Freud beschwichtigend: »In ihrem Zimmer wohnt niemand außer bei Tag Jumbo und an Ihre Sachen geht natürlich niemand. Der Schrank, in dem die Nähsachen sind, ist abgesperrt und ich nehme den Schlüssel nur, wenn ich etwas zum Schicken heraussuche. Das ist doch natürlich, daß wir auf Ihre Sachen gut achtgeben.« Paula sorgt sich trotzdem um ihren Platz in der Familie. Das erkennt auch Anna Freud, und so folgt am 10. August ein massiver »Beruhigungsbrief«, der fast wörtlich Paulas Klagen über ihre Unentbehrlichkeit enthält: »Wir machen jetzt mit den Mädchen keine Aenderungen, weil wir doch immer hoffen, dass Sie wiederkommen. Die Köchin Paula ist sehr gut geworden, natürlich nur bei Tag. Sophie und Clare machen die Arbeit bei Tag, sie kommen nur spät und gehen früh und die Mama kann nicht mit ihnen reden, aber es geht irgendwie. Meine Kleider gebe ich zum Putzen, weil die doch nicht waschen können (...) Ich bin sehr froh, dass Sie wieder privat arbeiten (...) Aber die Mama kränkt sich oft, wenn sie denkt, was Sie jetzt alles für die fremden Leute machen und hier macht es niemand (...)«

Der Brief enthält aber auch Nachrichten, die klarmachen, daß es keineswegs Paula allein ist, um deren Schicksal die Gedanken der Frauen in Maresfield Gardens kreisen. Der Weltkrieg hat Freunde und Verwandte der Familie in alle Winde zerstreut: »Ernstl« ist auch auf Isle of Man, Walter nach Australien verschickt: »... wir wissen gar nichts von ihm.« Martin Freud ist bei Liverpool in einem Camp, »wo er zuerst auf Stroh am Boden gelegen«. »Von Frau Esti und dem Sopherl war Nachricht; sie sind auf Fahrrädern geflüchtet und es geht ihnen gut. Nur versuchen sie jetzt, aus Frankreich herauszukommen und das scheint nicht zu gehen. – Von der Prinzessin war ein Brief vom 18. Juni, der jetzt plötzlich angekommen ist. Sie schreibt, daß sie nicht flüchten wollen, weil die Straßen alle zu voll sind. Sie bleiben in einem grossen Haus auf dem Land und es wird ihnen hoffentlich nichts geschehen. Sie schreibt, daß wir wohl lange nichts von ihnen hören werden. – An Mr. Bullitt hat Mrs. Burlingham über Sie geschrieben. Dr. Kris und Familie sind schon glücklich in Amerika angekommen und sehr bald fährt der Onkel und Frau nach Canada (...)«

Ernst Freud ist einer von mehr als 10000 Männern, die den Sommer 1940 als Belegschaft von sechs »Internment Camps« hinter Stacheldraht auf der Isle of Man verbringen. Verglichen mit den Erlebnissen seiner Brüder ist er auf der »Ferieninsel« noch gut dran. Nahe bei Liverpool fristete Martin Freud mit zweitausend anderen ein mehr als kärgliches Gefangenendasein. »Huyton Camp«, so steht Mitte Juli in einem Leserbrief eines Insassen an die Lokalzeitung »Reynold News« zu lesen, »ist eine Schande. Es gibt kein Reinigungsmaterial, jeder hat einen Strohsack und drei Decken. Es gibt weder Tische noch Stühle. Das Essen ist unzureichend. In einer Woche zwei Selbstmorde. Selbst die primitivste medizinische Versorgung fehlt. Wir werden schlimmer behandelt als Kriegsgefangene.«

Am übelsten erging es Walter Freud. Er gehört zu einem Interniertenkontingent, das nach Australien deportiert werden soll. Zwei Monate dauert die Odyssee unter Deck der »SS Dunera«. Die Wachmannschaften sind äußerst feindselig, plündern die persönliche Habe der Internierten, lassen die zweitausend Männer auch in tropischen Gewässern nur eine halbe Stunde am Tag frische Luft schnappen. Proteste werden mit Prügeln beantwortet. Als diese Zustände nach der Ankunft in Perth, Australien, bekanntwerden, kommt es zu Kriegsgerichtsverhandlungen gegen drei Mitglieder der Wachmannschaft. Sie werden zu längeren Gefängnisstrafen verurteilt und unehrenhaft aus der Armee entlassen. Bei alledem müssen sich die Männer der »Dunera« noch glücklich schätzen; das vorausgegangene Schiff, die »Arandora Star«, war am 2. Juli von einem deutschen U-Boot versenkt worden. Fast 600 Emigranten ertranken.

Während die Männer in Huyton und auf der »Dunera« der Willkür ausgesetzt sind, kommt Paula Fichtl auf der Isle of Man in den Genuß einer Spitzfindigkeit des Völkerrechts. Weil sie keine Kriegsgefangenen sind, haben die Männer und Frauen in den Camps, so will es die Genfer Konvention, Anspruch auf Bezahlung für Arbeiten, die über die reine Selbstversorgung hinausgehen: Tätigkeit in einem fremden Haushalt gehört dazu. Die Schweiz, als Treuhändermacht der deutschen und österreichischen Internierten, setzt die Höhe der Entlohnung fest, Großbritannien bleibt es vorbehalten, die Zahlungen zu überweisen. So wächst Paulas Konto bei der Isle-of-Man-Bank um 10 Pennies pro Arbeitstag, nach einiger Zeit wird der »Tarif« sogar verdoppelt.

Paula weiß schon, was sie mit dem Geld machen wird. Nicht etwas für sich ausgeben, wie ihr Anna Freud immer wieder ans Herz legt, im Gegenteil, ab August 1940 geht ein stetiger Strom von »Päckln« von Port Erin nach Maresfield Gardens. Handtücher und eine Nachthaube für »Tante Minna« zum Geburtstag, bunte Keramikschalen für Dorothy Burlingham. Mit dem Ergebnis ihrer »shopping«-Gänge durch Port Erin ist Paula ganz zufrieden. Schreibt ihr doch Anna Freud: »Wir nehmen alles gleich in Benutzung und jeder bewundert es. Solche Schalen sieht man hier gar nicht, es ist wahrscheinlich wie in Tirol, wo in bestimmten Orten solche Sachen mit den eigenen Wappen und Zeichen gemalt werden.« Auch Minna Bernays, deren Sehkraft ständig nachläßt, setzt sich trotz großer körperlicher Schwäche an die Schreibmaschine: »Ich kann Ihnen gar nicht sagen, wie gerührt ich über Ihr treues Gedenken war. Ich sollte eigentlich schelten, dass Sie eine so unverbesserliche Verschwenderin sind. Aber ich weiß, daß es Ihre größte Freude ist und die will ich Ihnen in diesen schweren Zeiten nicht stören. Die Haube wird mir sicher gute Dienste leisten, ich habe vorigen Winter doch so sehr gefroren und davor bin ich nun geschützt (...)«

Am 13. August beginnen die deutschen Bombenangriffe auf

Südengland zur Vorbereitung der Invasion. Ein paar Tage später liest Paula in einem Brief Annas: »Bei uns nicht viel Neues, nur leider in den letzten Tagen viel Alarm.« Am 23. August: »Heute Nacht wieder Bombenbesuch, bin aber ruhig im Bett geblieben.« In der Nacht zum 7. September fallen die ersten Bomben auf London. Noch 64 solcher »Bombenbesuche« werden folgen. Am 12. September schreibt Anna Freud noch: »Was ich Ihnen nur berichten kann ist, daß wir sehr unruhige Nächte haben. Denken Sie sich, in der Fitzjohn's Avenue ist eine Bombe niedergegangen. Die Detonation war so stark, daß eine der großen Scheiben in der Türe in den Garten von Prof.'s Zimmer ganz zerschmettert ist. Sonst geht das Leben seinen Gang weiter, man kocht, deckt den Tisch und man ißt.« Zwei Wochen später aber: »Unsere Nächte sind furchtbar, es gehören eiserne Nerven dazu.«

Auf der Isle of Man beginnt derweil die Entlassung der ersten »Class B«-Internierten. Josephine Leidenbagen, Paulas Bekanntschaft aus den ersten Tagen auf der Insel, kann abreisen und macht in London einen Abstecher nach Maresfield Gardens, beladen mit Geschenken von Paula, die aus unerfindlichen Gründen weiter interniert bleibt. »Wir haben ausführlich mit dem Mädchen gesprochen und uns sagen lassen, was für ein Gesuch ihre Leute gemacht haben. Aber es scheint gar nicht anders als unseres.«

Auch für Martin Freud endet in diesen Tagen das Elend im Camp. Anstatt noch länger auf seine Entlassung zu warten, hat er die Möglichkeit wahrgenommen, sich zum »Hilfspionierkorps« zu melden: einem freiwilligen Arbeitsdienst, in dem ältere Männer und eben auch Ausländer in Baukolonnen zur Trümmerbeseitigung eingesetzt werden. Auch von Walter kommt endlich Nachricht, er ist »glücklich« in Australien gelandet. Zwei Tage zuvor hat sich Alexander Freud mit Tante Sophie und Frau Jenny und »38 Stück Gepäck« nach Kanada eingeschifft. Drei Jahre später stirbt Sigmund Freuds Bruder dort im Exil.

Der Bombenterror hält an. »Mrs. Burlingham und ich schlafen jetzt im Korridor beim Lift, Jumbo auch (...) Die Hunde sind sehr brav und regen sich nicht auf, wenn es schießt. Sie sind viel sicherer, wo Sie jetzt sind, aber ich weiß, Sie wären doch lieber hier und für uns wäre es so eine Erleichterung. Jetzt kommt so bald der Jahrestag und ich denke jede Nacht, was voriges Jahr in der gleichen Nacht war. Hoffentlich bleibt wenigstens die Urne im Krematorium in Ruhe stehen (...)«

Am 23. September ist dann der »Todestag von unserm Unvergleichlichen«. Und »im Krematorium draußen ist es sehr schön, und man wird ganz neidisch, weil es so still und friedlich ist.«

Der Krieg läßt keine Zeit für langes Gedenken. Alltagssorgen und Gefahren werden gleich wichtig. »Lün war jetzt läufig und einmal ist ein großer weißer Spitz über sie gekommen. Hoffentlich hat es keine Folgen. Albine hat gestern einen Buben bekommen, der 8 Pfund wiegt.« »Heute habe ich die erste Feuerbombe auslöschen geholfen, sie ist im Vorgarten von Nr. 11 niedergefallen und ich bin schnell mit einem Kübel Sand hingerannt und war sehr stolz (...)«

Im Oktober nimmt die »War Nursery« ihre Arbeit auf. »Wir richten ein leeres Haus ein für arme Leute, denen das Haus unbewohnbar geworden ist und die durch den Schreck etwas durcheinander sind. Dr. Stross ist unsere Ärztin, Dr. Hoffer auch, Frau Dr. Herzberg wird kochen, Frau Gusti Koerner wird Pflegerin sein. Wenn Sie nur wiederkommen könnten, so könnten Sie uns viel helfen.« Ernest Jones und auch Lady Bowes Lyon schreiben erneut ans Innenministerium und betonen, daß Paula nach ihrer Freilassung Anna Freud bei ihrer »kriegswichtigen« Arbeit unterstützen wird, aber ihre Appelle verhallen scheinbar ungehört.

Am 22. Oktober kommt ein Brief, den Paula nicht ohne Befriedigung liest. »Wir können alle schon gar nicht mehr erwarten, dass Sie wieder da sind, aber wir haben schon gesagt, dass Sie nicht gleich wieder so viel arbeiten dürfen. Aber meine Schränke schauen schon schrecklich aus. Ich glaube, Sie werden finden, dass manches sehr verwahrlost ist. Die Tante leidet auch sehr darunter, dass Frl. Weiss immer so unfreundlich zu ihr ist, wenn sie in der Früh zu ihr kommt. Ich weiss, sie meint es dabei gut, aber die Tante ist jetzt doch sehr elend und sieht sehr wenig und braucht sehr viel mehr Freundlichkeit (...)«

Am 26. Oktober kommen die Möbel für die »Nursery«, am 27. läuft Jumbo vor ein Auto. »Aber es ist zum Glück gar nichts. Er hat sich nur vor Schreck selber in die Lippe gebissen.« Dann »werden die Nächte wieder ruhiger«, es wird November, und »Mrs. Burlingham ist ganz glücklich, daß Roosevelt wieder gewählt ist«.

Das Jahr 1940 geht zu Ende, ohne daß Paulas Entlassung absehbar ist. Paula kämpft in diesen Tagen mit einer schweren Entscheidung, und so schreibt sie an Anna Freud um Rat. Die Antwort kommt prompt. »Wir finden es alle sehr vernünftig, wenn Sie sich die Pelzjacke kaufen. So ein schwarzer Pelz ist sehr warm und hält für gewöhnlich sehr lange. 50 S. sind jetzt gar nicht viel (...) So täten Sie sicher gut daran.«

Immer mehr von Paulas Mitinternierten werden entlassen, und einige melden sich in Maresfield Gardens. »Es scheint, daß Sie sich im Camp einen besonders guten Namen gemacht haben und alle Leute Sie sehr achten und respektieren. Das ist sehr schön und ich bin stolz darauf, denn es fällt auch auf uns zurück, weil man Sie doch ganz zu uns rechnet.«

Am 3. Dezember hat Anna Freud Geburtstag, und Paula schickt wieder ein »Päckl«. »Ihr rosa Bettjäckchen ist von allen am meisten bewundert worden. Ich glaube, ich muß es aufheben bis ich einmal krank bin und bei Tag im Bett liege.«

Mitte Dezember bekommen Paulas Schützlinge, die Cannol-Kinder, Scharlach, und das Haus wird unter Quarantäne gestellt. Paulas Fall wird von den mittlerweile eifrig arbeitenden Tribunalen auf der Insel erneut zurückgestellt. Dabei wird sie gerade jetzt in London dringend gebraucht.

»Der Tante geht es gar nicht gut. Eigentlich müßte sie den ganzen Tag eine Pflegerin haben. Aber sie will nicht, sie wartet immer, daß Sie wiederkommen, denn sie sagt, dann könnten Sie ihr am Abend helfen. Es ist sehr schwer, ihr zu helfen. Sie wissen es ja und die Jula läßt sie zu sehr merken, daß sie es nicht gern tut.«

Zu Weihnachten schreibt Dorothy Burlingham über den Beginn der Arbeit in der »Nursery«. »Wir haben unseren ersten Patienten, ein kleines, 5 Monate altes Baby, das unterernährt ist. Er sieht sehr weiß aus, aber er hat große grüne Augen und ein sehr freundliches Lächeln. Sein Name ist Michael David.« Auch von »Ernstl« kommt ein Gruß an die »liebe Tante Paula«. Ernst Freud ist Insasse von »Camp Onchan« im Norden der Isle of Man. »Ich mache jetzt Büroarbeit. Wir haben Gelegenheit, ins Theater zu gehen und ins Manx-Museum. Heute war ein Liedernachmittag, der sehr schön gewesen sein soll, ich bin aber nicht gegangen. Sylvester habe ich auch verschlafen.« (15. 3. 1941)

Im neuen Jahr 1941 wartet Paula von Tag zu Tag ungeduldiger auf die erneute Anhörung ihres Falls vor dem Tribunal. Aber statt dessen wird sie, kaum daß die Quarantäne aufgehoben ist, in die Küche des Imperial Hotels zurückversetzt. Niedergeschlagen und hilflos sieht sie zu, wie ihre Bekannten eine nach der anderen die Koffer packen. Es bleibt ihr nur übrig, in einem kleinen Poesiealbum Abschiedsgrüße zu sammeln:

»Liebe Paula, Katzenmutter,
sorgst auch gern für Menschenfutter.
Wo was fehlt – Du bist bereit
still zu helfen jederzeit.
Fällt jetzt des Internments Schranke,
gern und herzlich ich Dir danke.
Möge Deines Wirkens Segen
Kraft Dir in die Seele legen!
Dr. Erna Simon«

Nicht gar so still wirkte Paula wohl auf Rosalia Maul: »Da die strenge Paula von uns zieht, wird für mich das Kochen nicht mehr lieb. Kam die Paula sonst in die private Küch' gesprungen und die Hände wie immer voll zu tun.«

Paula ist deprimiert, als sie am 8. Januar erfährt, daß Minna Bernays ins Krankenhaus eingeliefert werden mußte. Einen Monat später schreibt Anna: »Tante Minna lebt noch immer, obwohl sie schon seit drei Wochen fast nie mehr bei Bewußtsein war. Es ist gar nicht zu verstehen, wie das Herz so lange aushalten kann. Aber hoffentlich leidet sie wenigstens nicht mehr, weil sie doch nichts mehr von sich weiß.« 1941 stirbt Minna Bernays. Paula, in ihrem Kummer, nicht nach Hause, nach Maresfield Gardens, zu dürfen, schreibt einen Beileidsbrief, in dem sie das erste Mal ihren Groll über ihre Abwesenheit und vermeintliches Unvermögen bei der Pflege der »Tante« nicht verhehlen kann. Annas Antwort: »Glauben Sie, dass es mir leicht geworden ist, sie aus dem Haus zu geben? Nein, das können Sie nicht glauben! Sie wissen doch am besten, wie wir beide miteinander verwachsen waren und wie es nie zwischen uns einen Neid oder einen Laut gab! Also glauben Sie nicht, dass es Mangel an Teilnahme oder Lieblosigkeit gewesen, dass wir die Arme ins Hospital gebracht haben. Wenn Sie glauben, liebe Paula, Sie hätten diese Pflege leisten können, so irren Sie sich.«

Auch von Dorothy Burlingham kommt ein Brief. Die Amerikanerin hat sich ausgerechnet in England daran gemacht, Deutsch zu lernen. Ihr Schreiben an Paula ist der erste, noch mit den Tücken der Grammatik kämpfende Versuch, sich schriftlich in der Sprache ihrer Lebensgefährtin Anna auszudrücken. Aus einigen Zeilen ihres flatterigen Schriftbilds geht hervor, daß man sich in Maresfield Gardens sehr wohl über Paulas Gefühle im klaren ist: »Ich kann mir sehr gut vorstellen, wie traurig Sie sind, daß Tante Minna gestorben ist. Ich weiß von meiner eigenen Erfahrung, wie schwer es ist, diesen traurigen Zeiten nicht miterleben zu dürfen.«

In diesen Tagen kommt auch nach drei Monaten die erste Nachricht von der »Prinzessin«. Sie ist zusammen mit ihrem Mann in Griechenland, das sich seit dem November 1940 im Krieg mit Italien befindet. »Griechenland ist so tapfer im Krieg«, schreibt Anna Freud an Paula, »und der Prinz ist sicher sehr stolz auf seine Leute dort.« Trotzdem nimmt sich Marie Bonaparte sofort Zeit, Paulas wegen direkt an den englischen Premierminister Winston Churchill zu schreiben, als sie durch Anna Freud telegrafisch von der nicht endenwollenden Internierung erfährt. Und am 12. März 1941 kann Anna nach Port Erin berichten, »dass es endlich doch einmal genützt hat« – noch ein paar Wochen, dann wird Paula nach Maresfield Gardens zurückkehren dürfen, wo es dann, wie die »Verbannte« Paula befriedigt liest, endlich wieder heißen wird: »Das wird die Paula machen!«

Sie ist gerade dabei, ihren kleinen Koffer für die Abfahrt zu packen, als sie ein Lebenszeichen aus einer anderen Welt erreicht. »Liebe Paula! Wir denken immer an Dich und hoffen das Beste, wärest Du doch gekommen. Wie geht es Dir? Wir sind alle gesund. Grüße Mizzl.« »Höchstzahl 25 Worte« steht auf dem »Antrag auf Nachrichtenübermittlung«, den Fritz Mosshammer bereits am 9. August 1940 für seine Frau Maria, geborene Fichtl, beim Auslandsdienst des Deutschen Roten Kreuzes stellte. Fassungslos hält Paula den Umschlag in der Hand, auf dem in schöner bürokratischer Gleichberechtigung die Zensurstempel des Oberkommandos der Wehrmacht in Berlin und des »Women's Internment Camp Isle of Man« prangen. Einige Wochen später, Paula ist schon wieder in London, folgt ein längerer Brief. Das Leben in Gnigl, das Maria ihrer Schwester schildert, ist nicht dazu angetan, auch nur einen Funken Heimweh auszulösen. Der Alltag, den Paula Fichtl durch die Emigration mit den Freuds endgültig hinter sich gelassen hat: »Diese Woche war ich einmal von 6 h früh bis 2 h aushelfen in einem Milchgeschäft in Schallmoos, dann heim, schnell essen, hinauf zu Vater u oben bis 8 h waschen, dann wieder heim, da war auch noch das ganze Geschirr zum waschen, in der früh wieder hinauf, Wäsche fertig machen, dann Stube putzen und um 12 h heim kochen, nachmittag in die Stadt u abends um 7 h wieder hinauf Wäsche abnehmen.« »Mitzl« ist also trotz Ehe wieder das Arbeitstier in der Kirchtagmühle.

Angesichts dieser Schatten ihrer Vergangenheit stürzt sich Paula nach ihrer Heimkehr wie losgelassen auf den Haushalt in London. Sie will nichts davon hören, sich nach fast einem Jahr Internierung erst einmal richtig zu erholen, es langsam angehen zu lassen. Viel zu lange schon, so fürchtet sie, haben sich das »Fräulein Professor«, Martha Freud und Dorothy Burlingham daran gewöhnt, ohne sie auszukommen. Wenn sie je ihre Unentbehrlichkeit unter Beweis stellen mußte, dann jetzt. Und so putzt und wienert sie drauflos, kämpft um jeden Essensrest, den früher die Hunde bekamen – nichts wird mehr fortgeworfen –, ißt selber nur noch das Nötigste. Es sind die Anfänge einer Zwangsneurose, die der Hausarzt Anna Freuds, der Ungar Dr. Toszeghi, zweieinhalb Jahrzehnte später bei ihr feststellen wird.

Paula sieht die Dinge tatsächlich nicht ganz falsch, wenn sie argwöhnt, daß sie eigentlich nicht gebraucht wird. Der Haushalt steht wieder unter der souveränen Leitung von Martha Freud, eine Köchin ist da, die gespenstischerweise auch Paula heißt, auch das Mädchen Sophie Daun kommt noch jeden Tag. Zwar ist Dorothy Burlinghams Clare gegangen, dafür hat es Paula jetzt noch mit Sophies Schwester Peggy zu tun. Auch im Kinderhort, wo das Fräulein Anna doch angeblich so sehr ihre Hilfe hätte brauchen können, will sie im Grund niemand sehen. Mittlerweile sind dort 18 Kinder und sechs Säuglinge zu betreuen, zum Teil mit ihren Müttern. Aber für die Pflege der oft schwer schockgeschädigten Opfer des Bombenkrieges ist Paula einfach nicht qualifiziert. So gehen ihre Besuche über die eine oder andere Spielstunde mit den Kleinen nicht hinaus. Um so tragischer, als viele Kinder doch der Wunschtraum schon des kleinen Mädchens in Gnigl waren. Anna Freud und Dorothy

Burlingham gehen völlig in dieser Arbeit auf, über die sie den ganzen Krieg hindurch »Monatsberichte« verfassen, die Grundlage einer regelrechten »Kinderpsychologie« werden sollen. Paula beginnt sich zu fragen, ob die Entscheidung, bei Kriegsbeginn in England zu bleiben, nicht doch ein Fehler war. Aber diese Sorgen, die an ihrem Lebensnerv zehren, kann und will sie niemandem eröffnen, der unmittelbar zum Haus gehört. Sie hat schlicht kein Vertrauen mehr in die Herrschaft. So verfällt sie auf eine Taktik, auf deren Anwendung jeder General stolz sein könnte: die flankierende Umgehung. Wenn sie schon nicht den Herrschaften selbst das Zugeständnis ihrer Unersetzlichkeit abringen kann, dann muß dieser Eindruck eben bei Außenstehenden geweckt werden, bis es den Freuds unmöglich wird, auf »ihre« Paula zu verzichten.

Ihre Strategie beginnt sie mit einem Weihnachtsbrief an Alexander Freud in Kanada. Teilnahmsvoll erkundigt sie sich nach dem Schicksal der vier in Österreich zurückgebliebenen Schwestern. Darüber wissen Martha und Anna Freud mindestens genausoviel wie der Bruder Sigmund Freuds jenseits des Atlantiks. Aber Paula will auch etwas ganz anderes hören: »Sie sollen sich nicht Selbstvorwürfe machen, daß Sie nicht zu Ihrem Vater zurückgegangen sind. Daß Sie beim Professor blieben und jetzt bei Frau Professor sind, bei Menschen, die Sie schätzen und von denen Sie geschätzt werden, war doch der richtige Entschluß.« Paulas Weg, Aufmerksamkeit und Dank der Besucher und Gäste in Maresfield Gardens zu erringen, führt über die Speisekammer. Die intellektuelle Atmosphäre der Tischgespräche, von denen sie ausgeschlossen ist, unterläuft Paula mit mütterlich-kulinarischem Eifer und durchbricht sie jedesmal mit ihren Lekkereien. Sie hat Erfolg. Welchen Eindruck ihre Geschäftigkeit hinterläßt, geht aus einem Weihnachtsgedicht hervor, das Anna Freud 1943 für Paula verfaßt:

»An den Abendstern.
Bei der Knappheit der Rationen,
und der Eßlust der Personen,
ist es wol ein Glück hinieden,
wenn ein Freund uns ist beschieden,
der sich trennt von seinen Schätzen,
die dem Andern zu versetzen.
Ham + Jam und Käs und Butter
und noch manches andre Futter.
Wenn dann all die Herrlichkeiten
auf dem Küchentisch sich breiten,
schwimmt die Paula voll im Glücke
und vergißt des Krieges Tücke.
Darum ruf ich laut und gern:
Lang lebe unser Abendstern!«

Bekannte und Freunde der Freuds, die nicht nach London kommen können, finden zu Fest- und Feiertagen unweigerlich ein Eßpaket von Paula auf dem Gabentisch. So auch Marie Bonaparte, die seit der Niederlage Griechenlands mit ihrem Mann in England Zuflucht gefunden hat. »Von mir, Marie und von meinem Mann Dank für Ihre lieben Sendungen, für die Orange, die Kuchen und alles!« lautet ein Schreiben im Dezember 1944, unter das auch der Prinz von Griechenland und Dänemark sein königliches »Georg« gesetzt hat. Prompt schickt Paula noch ein Päckchen mit Schokolade hinterher. Die Prinzessin weiß, wie sie Paula eine Freude machen kann, und so geht sechs Wochen später, am 14. Februar 1945, folgendes Schreiben aus dem Claridge-Hotel an »Miss P. Fichtl«: »Dear Madam, Ich füge einige Taschentücher bei, die Ihre Königliche Hoheit, die Prinzessin Georg von Griechenland, für Sie hinterlassen hat.

Haushofmeister
Seiner Majestät, des Königs der Hellenen.«

Um diese Zeit hat Paula auch wieder einen Pflegefall zu

betreuen. Dorothy Burlinghams alte Tuberkulose bricht erneut aus, und für fast ein Jahr ist Paula ihre aufopfernde Krankenschwester. Diesmal wird sie nicht aus dem Haus geschickt, wie damals, vor 15 Jahren, in der Berggasse. Zu schwach, ihr Zimmer im ersten Stock zu verlassen, ist Dorothy Burlingham kein einfacher Patient. Auf Ratschläge Martha Freuds, »Dorothy, du mußt mehr essen«, reagiert sie gereizt und »will nicht hören«, wie Paula feststellt. Dafür ergibt sie sich aber der Fürsorge ihres ehemaligen Stubenmädchens.

Im Sommer 1945, Dorothy Burlingham hat sich einigermaßen erholt, findet Paula in der Post einen Brief aus Deutschland.

Harry Freud, nach seiner Einbürgerung in den USA zur amerikanischen Armee eingezogen, dient bei den Besatzungstruppen in Berlin. Auf dem Schwarzmarkt hat er von einem deutschen Beamten gegen ein paar Schachteln »Camel« einen Stoß Briefpapier getauscht. Mit zutiefst jüdischem Sinn fürs Makabre schickt Harry die Bögen mit seinen Grüßen an die Verwandtschaft. Links oben im Briefkopf prangt der Reichsadler, in den Klauen das Hakenkreuz im Eichenkranz. Darunter der Absender: »REICHSKANZLEI« oder »Adolf Hitler«. An Paula ist der grausige Scherz freilich verschwendet. Sie schickt umgehend »Schokolade und Zuckerln«. Und sie ermahnt den Sechsunddreißigjährigen auch, nur rechtzeitig zum Geburtstag seiner Mutter zu schreiben, »da man nie weiß, wie lange ein Brief unterwegs sein wird«. Harry bedankt sich artig für den Hinweis und unterläßt es taktvoll, Paula darauf hinzuweisen, daß die amerikanischen PX-Shops von »sweets« und »candy-bars« nur so überquellen.

Am 1. September 1945 geht der Zweite Weltkrieg endgültig zu Ende. In Maresfield Gardens reißen die Sorgen jedoch nicht ab. Kaum ist Dorothy Burlingham einigermaßen genesen, da erkrankt Anna Freud an einer schweren Virus-Infektion, unter der sie bis weit ins Jahr 1946 hinein zu leiden hat. Die Herrschaften sind auf Paula angewiesen, und sie hat den Haushalt wieder fest im Griff.

VI. Das ferne »Fräulein Professor«

»Liebe Paula«

Während der eisigen Monate des ersten Nachkriegswinters ist Paula in ihrem Element. Dorothy Burlingham geht es zwar wieder besser, aber die Kälte und die Londoner Luft machen der Lungenkranken schwer zu schaffen. Anna Freud liegt noch krank und schwach in ihrem Zimmer, und Martha Freud – wenn auch mit 86 Jahren immer noch rüstig – bedarf ebenfalls der Betreuung. So ist Paula von morgens bis abends in Bewegung. Sie kocht Tee und heiße Brühe, füllt Wärmflaschen, verteilt Decken, wenn die altersschwache Heizung den Minusgraden mal wieder nicht gewachsen ist. Paula ist überall und jederzeit zur Stelle. Unermüdlich zieht sie los, um für das »Fräulein Anna« und die »Misses Burlingham« frisches Obst zu ergattern. Schließlich leidet England auch nach Kriegsende noch lange Zeit unter der Lebensmittelrationalisierung, und endlich kommt Paulas Spartrieb zur Geltung. Auch wenn der Appetit der drei Frauen gering ist, so sind die Leckereien, die Paula aus den Resten der Mahlzeit vom Vortag zaubert, eine willkommene Abwechslung in der trüben Krankenzimmeratmosphäre, die in diesen Wochen über Maresfield Gardens liegt.

Es wird Frühjahr, und mit den ersten Sonnenstrahlen zieht wieder eine frohere Stimmung ein. Im März packt Paula für Anna Freud und Dorothy Burlingham die Koffer. Die beiden Freundinnen wollen einige Wochen mit dem Auto durch Südengland fahren: eine dringend benötigte Atempause nach acht Jahren dauernder Anspannung, der Furcht vor den deutschen Bomben und der Sorge um Freunde und Verwandte. In der würzig-salzigen Luft der Kanalküste genießen die Frauen jeden Moment der Reise, auch wenn im Norfolk-Hotel in Brighton »Frl. Annas Zimmer nur ein schwarzes Loch ist, mit allen Fischgerüchen von der Küche«, wie Dorothy Burlingham getreulich der besorgten Paula nach London berichtet. Dafür gibt es Entschädigungen anderer Art: »Die Geschäfte sind sehr schön und wir haben das Gefühl, wir könnten alles hier kaufen.« Nach sechs Kriegsjahren beginnt das Leben wieder in normalen Bahnen zu verlaufen. Auch Paula, der bei der Abfahrt der beiden Frauen eine Grippe in den Knochen steckt, soll sich erholen. »Ich hoffe, daß Sie nicht den ganzen Tag putzen – oder ist es eine Erholung, daß wir weg sind?« fragt Dorothy Burlingham halb scherzhaft.

Trotz der schönen Tage fühlt sich Anna Freud oft noch sehr müde. Darum wird beschlossen, den Sommer in einem Haus am Meer zu verbringen. Amber Cottage, ein kleines Landhaus bei Walberswick, einem Dörfchen in der idyllischen Grafschaft Suffolk, ist die ideale Umgebung, um neue Kräfte zu sammeln. Eigentlich sollte Paula ja mitkommen, aber – »da ist doch so viel zu tun im Haus« – sie weigert sich. Tatsächlich haben sich zahlreiche Besucher angemeldet, alte Bekannte darunter, die der Frau Professor ihre Aufwartung machen wollen. Martha Freud empfängt höflich jedermann, aber ihr ist klar, daß das Interesse der meisten vor allem dem letzten Wohnsitz ihres verstorbenen Mannes gilt. Maresfield Gardens und das Mausoleum von Golders Green sind bereits zu dieser Zeit Wallfahrtsstätten für die internationale Analytikergemeinde.

Paula Fichtl, so schwach sie nach der Grippe auch noch sein mag, kann diesem Wiederaufleben der seligen Zeiten in der Berggasse nicht widerstehen. Sie führt die Gäste ins Arbeitszimmer Freuds, rollt auf ihrem Teewägelchen Guglhupf und Kaiserschmarrn herein, plaudert eifrig über das Schicksal gemeinsamer Bekannter: Der arme Herr Stefan Zweig habe sich 1942 in Brasilien das Leben genommen, Dr. Schur arbeite jetzt in seiner Praxis in den USA, Harry Freud sei aus der Armee entlassen worden; schrecklich, daß die Schwestern des Professors umgekommen seien. All das ist auch ihre Geschichte. Paula Fichtl ist auch für die Außenwelt nicht mehr das kleine Dienstmädl der Freuds, sie ist die »Queen of the house«, und einem Besucher, der nur eben einen Blick ins Allerheiligste werfen will, flüstert sie schon mal zu: »Vergessen S' die Frau Professor nicht.«

Es ist eine glückliche Zeit für Paula, diese Monate allein mit Martha Freud. Die beiden Frauen besprechen den Einkauf, das Essen, die Bewirtung der Besucher, das ganze tägliche, vertraute Einerlei. Immer wieder treffen aber Mahnungen aus Walberswick ein. »Sehr schade, daß Sie nicht gekommen sind, ich hatte mir schon ausgedacht, was für Frühstück Sie ins Bett bekommen«, schreibt Anna Freud, aber eben auch: »Ich möchte absolut, dass Sie auf Urlaub gehen.«

Paula will sich nicht erholen, der Gedanke, in die Ferien »geschickt« zu werden, kommt in ihren Augen einer erneuten Verbannung gleich, gerade jetzt, wo wieder alles so wird wie früher.

Aus Walberswick zurückgekehrt, stürzt sich die fünfzigjährige Anna Freud mit ganzer Energie erneut in die Arbeit. Zwei Projekte vor allem nehmen ihre ganze Aufmerksamkeit in Anspruch. In der ehemaligen »War Nursery« sind sechs Waisenkinder eingetroffen: Überlebende aus deutschen Konzentrationslagern. Unter Anna Freuds Leitung führen die Schwestern Sophie und Gertrude Dann ein Rehabilitationsprogramm für diese jüngsten Opfer des Holocaust durch. Zwar wird dieses Projekt in der Öffentlichkeit später fast immer nur mit dem Namen Anna Freud verbunden, die eigentliche Betreuung aber ist das Werk von Mrs. Goldberger und Mitarbeiterinnen wie Manna Friedmann und den Schwestern Dann, die noch Jahrzehnte später dankbare Briefe ihrer Schützlinge erhalten. Noch zeitraubender ist die Umwandlung des Kriegskinderheims in ein regelrechtes Lehrinstitut für Kinderanalytiker mit angeschlossener Therapieklinik. Die »Hampstead Child Therapy Course and Clinic« werden neben der Pflege des wissenschaftlichen Erbes ihres Vaters Anna Freuds eigenes Lebenswerk. Zusätzlich nimmt sie die Analyse von erwachsenen Patienten wieder auf und publiziert eine Vielzahl von psychoanalytischen Büchern und Artikeln. Ihr Arbeitspensum ist enorm, und der Erfolg bleibt nicht aus: die internationale Anerkennung als vollwertige Nachfolgerin Sigmund Freuds.

Paula Fichtl rackert für das »Fräulein Professor« mit der gleichen Ergebenheit wie für den Vater, aber es ist nicht das gleiche. Anna ist eben nicht der charismatische alte Herr mit dem Gesicht eines biblischen Propheten. Auch ist Maresfield Gardens lediglich ihre Wohnung. Die eigentliche Wirkungsstätte der Wissenschaftlerin Anna Freud sind die Räume der Klinik, die Säle internationaler Kongresse und von Jahr zu Jahr mehr die Rednerpulte ausländischer Universitäten, an die sie immer häufiger zu sehr erfolgreichen Vortragsreisen eingeladen wird. Von diesen Aktivitäten ist Paula ausgeschlossen. Ohne es recht gewahr zu werden, vermißt sie die Atmosphäre des Bedeutenden, die die leibhaftige Gegenwart Sigmund Freuds dem Haushalt verlieh und die das junge Stubenmädchen in der Berggasse so sehr in ihren Bann zog. Anders als der alte Freud, der ein neues wichtiges Buch schrieb, wenn er sich langweilte, nutzen Anna und Dorothy Burlingham ihre knappe Freizeit und verwandeln sich wie jeder Durchschnittsmensch von Zeit zu Zeit in biedere Touristen. Sie besuchen die Prinzessin Bonaparte in Athen.

»Gestern hätte es Sie interessiert mit im archäologischen Museum zu sein«, liest die daheimgebliebene Paula, »wir wurden überall vom Direktor geführt und man hat uns alles auf deutsch erklärt. Wie bei uns in der Bibliothek, aber jedes einzelne Stück hundertmal größer. Die griechischen Vasen so groß, dass alle unsere in eine hineingingen. Eine Götterstatue aus Bronze ist gerade von 8 Männern (!) neu aufgestellt worden.« Paula hat dem »Fräulein Anna« ein paar Häkeldeckchen für die Prinzessin mitgegeben, und die »hat sich sehr damit gefreut«. Anna Freud weiß, was Paula mindestens so sehr interessiert wie die griechischen Vasen, und schreibt weiter: »Auch der Haushalt hier und im Palast würde Sie sehr interessieren. Jetzt sehe ich erst, was die Prinzessin alles gewohnt ist.«

Daheim dagegen fehlen Paula Fichtls täglichen Verrichtungen – obwohl die gleichen wie seit anderthalb Jahrzehnten – die Weihen des Dienens: Sie sind nun schlichte Hausarbeit. Und selbst dabei soll sie noch kürzer treten: »Hoffentlich ist das Putzen bald vorbei, damit Sie auch zu einem ruhigeren Leben kommen. Schön wird es schon sein, wenn alles wieder ganz sauber ist, aber hoffentlich sind Sie nicht wieder älter und magerer geworden bis wir kommen«, schreibt Anna Freud im Sommer 1947, den sie mit Dorothy Burlingham auf dem Land verbringt. Bei Paula bewirkt diese Fürsorge entschieden das Gegenteil. Noch mehr wird sie sich ins Zeug legen, um zu beweisen, daß sie keineswegs urlaubsreif ist.

Bereits Anfang 1946 hat Paula ein erstes »Packerl« nach Gnigl geschickt: »9. Jän. an Vater: 3 graue Flanellhemden, 2 Paar Wollsocken, 2 Paar Wandstuzl, 1 Paar Handschuhe, 1 graues Kleid mit Jacke, 1 blauer Pullover, 1 Wollschal, 1 Zucker, 1 Hendl, 1 Tee, 1 Buechsfleisch«, hält sie auf einem Zettel fest.

Seit dem Frühjahr 1947 beschäftigt sie eine neue Sorge. Nun, da der Krieg vorbei ist, könnte das »Fräulein Professor« ja auf die Idee kommen, daß Paula zu ihrer Familie nach Österreich zurückkehren sollte. Dem Vorschlag, die Verwandten doch einmal zu besuchen, möchte Paula am liebsten ausweichen: »Ich hab' doch kein Geld, das wird alles zu teuer«, bringt sie vor, aber Anna Freud will ihr die Reise bezahlen. Im April wird Paula auf der Victoria Station in einen Zug gesetzt und sieht mit gemischten Gefühlen der Heimat entgegen. Im Gepäck hat sie Sigmund

Freuds Baedeker von 1904: »Südbayern und Salzburg«. Zwei Wochen später ist sie wieder da und ihre Erzählungen sind – für Paula ganz und gar nicht üblich – kurz und knapp. Es geht halt allen gut, nur zu essen gibt es wenig.

In Gnigl, mittlerweile von der Stadt Salzburg eingemeindet, haben alle – der Vater, ihr Bruder Felix und natürlich die Schwester Maria – die »verlorene Tochter« bei ihrer Ankunft in die Arme geschlossen. »Willkommen daheim« steht auf einem von Papiergirlanden umrankten Schild, das im Wohnzimmer der Fichtls hängt. Aber Paula ist alles andere als zu Hause in der alten Umgebung. Wie soll sie auch erklären, wer der Professor war, wie wichtig sie jetzt für das »Fräulein Anna« ist. Versteht doch niemand so recht, warum Paula damals überhaupt fortgegangen ist. Und die feinen Kleider, die ihr Dorothy Burlingham und Marie Bonaparte geschenkt haben, rufen nur stille Blicke des Neides hervor. Die Paula gehört jetzt halt in die große Welt. Das sieht sie selbst im Grunde nicht anders, und so kann mit der Besucherin aus England niemand etwas Rechtes anfangen. Nur die Kinder der Verwandtschaft und aus den Häusern der Nachbarn sind von der »Tante Paula aus Übersee« hellauf begeistert. Bei einer großen Sonntagsjause mit Kakao und Kuchen thront sie strahlend inmitten der spielenden Kleinen. Aber für die Erwachsenen ist die Haushälterin Sigmund Freuds und Briefpartnerin einer Prinzessin Bonaparte ein Fremdkörper im Kreise der Familie – das spüren alle. Beruhigt, daß alle gesund sind, aber ohne Bedauern reist Paula so schnell wie möglich wieder ab. Sie wird Pakete schicken, vor allem Süßigkeiten für ihre Neffen und Nichten. Eine Freundin von Josephine Stross, die beim Roten Kreuz in Salzburg arbeitet, wird die »Päckl« weiterleiten. Zurück in Maresfield Gardens, greift Paula entschlossener denn je zu Putztuch und Feudel.

Die eingebildete Gefahr, man könne sie wegschicken, ist ausgestanden. Paula Fichtl ist wieder die »Königin des Hauses«. Martha Freud ist in ihren letzten Lebensjahren froh und zufrieden, die vertraute Zuneigung und den scheinbar genügsamen Arbeitseifer Paulas um sich zu wissen. Auch Anna Freud ist angesichts ihrer ausgefüllten Tage erleichtert, sich nicht um das tägliche »tittle-tattle« der Haushaltsführung kümmern zu müssen. So vergehen die Wochen und Monate. Das Leben in Maresfield Gardens verläuft in unaufgeregter Routine. Für alle, die das Haus kennen, gehört Paula Fichtl dazu, und sie selbst kann sich auch nichts anderes vorstellen.

Am 2. November 1951 stirbt Martha Freud. Für viele ist der Tod der Neunzigjährigen wenig mehr als eine Fußnote in den Biographien ihres Mannes und ihrer jüngsten Tochter. Paula dagegen trifft der Tod der Frau Professor schwer.

»½ 6 h Abends meine liebe gute Frau Professor ist tod einer meiner schwersten Tage meines Leben Sie war die liebe und güte selbst, niemand kann sie ersetzen. 5 Nov Beerdigung«, trägt Paula in ihr kleines braunes Notizbüchlein ein, in dem sie Adressen und Geburtstage festhält.

Von der alten Herrschaft lebt nun einzig noch das »Fräulein Anna«, und die teilt ihr Leben mit der »zugezogenen« Freundin, der »Misses Burlingham«.

Anna Freud lebt schon lange nicht mehr in der asketischen Einrichtung, die Paula in der Berggasse kennengelernt hat. In ihrem Schlafzimmer im ersten Stock von Maresfield Gardens sieht es aus »wie bei einem kleinen Mädchen«, stellt Paula trocken fest. Das Bett ist klein, wie für eine Halbwüchsige, verziert mit rosa Schleifchen und Rüschen, auf den Kissen und am Rand tummeln sich Stoff- und Plüschtiere.

Jede der beiden Damen hat eine ganz bestimmte Vorstellung über die Zusammensetzung des Frühstücks und den richtigen Zeitpunkt, an dem es serviert werden muß. So rennt Paula jeden Morgen mit den Tabletts die Stufen hinauf in die Schlafzimmer, wartet ein wenig angstvoll die erste Reaktion ab. Anna Freud und Dorothy Burlingham sind nämlich fest davon überzeugt, daß Eier krank machen. Deshalb bestehen sie darauf: »Nur

Gerichte ohne Eier.« Paula ist bisweilen etwas hilflos, denn »wie kann man ohne Eier kochen«? Auch ihre Schwester, bei der sie in einem Brief Rat sucht, ist mit ihrem Küchenlatein am Ende. »So was gibt's gar nicht.« Paula gibt sich alle Mühe, aber manchmal tut sie doch heimlich wenigstens ein Eigelb in die eine oder andere Speise. »Mitunter haben s' das nicht gemerkt, und wenn sie g'fragt haben, hab' ich g'sagt, es sind keine drin. Manchmal haben s' mir aber nicht glaubt und nichts ang'rührt.« Für Paula bleibt als Lebensinhalt im Grunde nur das Haus. Sie ist jetzt fünfzig Jahre alt und hat es geschafft, »die Paula« zu werden, bekannt, ja populär im großen Kreis der psychoanalytischen Gemeinde, der Freundinnen und Kollegen Anna Freuds. Vor allem die wöchentlichen Seminartage beim »Fräulein Professor« sind stets ein großer Auftritt für Paula. Sie läßt es sich nicht nehmen, zum Abschluß jedesmal einen übervollen Tisch mit Selbstgebackenem zu präsentieren, der die Teilnehmer regelmäßig zu Entzückensrufen hinreißt, die Paula strahlend wie eine Siegerin entgegennimmt. Für Besucher scheint Paula »den naiven Charme eines Kindes« zu haben, »das nie in die Welt der Erwachsenen vorgedrungen ist« – so erinnert sich David Astor an die »Empfangsdame« von Maresfield Gardens. Astor, Abkömmling einer der vornehmsten Familien Englands, Sohn des »Observer«-Herausgebers und später Chefredakteur des renommierten Blattes, gehört zu Paulas erklärten Lieblingen. Seit Anfang der fünfziger Jahre Patient bei Anna Freud, ist er für Paula Fichtl bald eine vertraute Erscheinung. »Der Lord Astor ist jeden Morgen um acht Uhr zum Fräulein Anna kommen, die ganzen Jahre hindurch, wenn sie in London war.« Paula ist beeindruckt von dem blendend aussehenden Astor: gelassen-kultiviert, ein Musterexemplar der britischen Oberklasse. Paula denkt sich ein Spiel für den Lord aus. David Astor läutet an der Haustür, Paula bittet herein, führt ihn zum Aufzug, schließt hinter ihm die Tür, der Lift setzt sich in Bewegung. Dann sprintet Paula trotz ihrer fünfzig Jahre die Treppe hinauf, um atemlos, aber glücklich lächelnd auf der ersten Etage die Fahrstuhltür wieder aufzureißen. Astor ist zwar die ersten Male über diese Vorstellung etwas verdutzt, aber schließlich spielt er amüsiert-freundlich mit.

Paula entwickelt auch noch andere Eigenheiten. Jeanne Lampl-de Groot, die öfter für einige Tage aus Holland zu Besuch kommt, wird in ihrem Zimmer jeden Morgen von Paula geweckt, die mit einer Tasse dampfenden Kaffees an ihrem Bett steht. Anna Freud muß eine trotzige Paula Fichtl ausdrücklich anweisen: »Keinen Kaffee mehr auf die Gästezimmer, wir frühstücken alle gemeinsam in der Küche!« Paula hält sich an der Wäsche der Besucher schadlos. »Nein, danke, Paula, ich mach' das schon selbst«, wehrt Jeanne Lampl den ersten Versuch Paulas ab, mit ihrer Unterwäsche zur Waschmaschine zu entschwinden. Aber als die alte Freundin Anna Freuds am Abend von einem Ausflug zurückkehrt, hat Paula die Sachen schließlich doch aus dem Koffer genommen und bereits zum Trocknen aufgehängt. Dorothy Burlingham und Anna Freud sind an Paulas kleine Eigenwilligkeiten gewöhnt und sehen zumeist darüber hinweg. Denn ihr »Haustyrann« hat ja auch andere Seiten. Als die Burlingham wieder einen schweren Tb-Anfall hat, ist Paula wie selbstverständlich aufopfernd um sie. Noch mit schwacher Hand und auch geistig erschöpft, schreibt die kaum Genesene aus Amber Cottage: »Sie haben uns diese sechs ruhigen Wochen geschenkt und ich bin sehr dankbar dafür. Ohne Ihnen hätten wir nicht wegbleiben können. Ich hoffe sehr, daß Sie wissen, wie wir schätzen Ihren wunderbare Qualitäten und die Sorge um uns allen. Meine ganze Krankheit auch ist von Ihnen viel leichter gemacht, auch viel billiger. Denken Sie, was es mich gekostet hätte, wenn ich eine Pflegerin gehabt hätte. Ich kann nicht deutsch schreiben, ich hoffe nur, daß Sie mir verstehen.«

Das Landhaus am Meer, drei Autostunden von London, wird für Anna Freud und Dorothy Burlingham mit den Jahren zu einem oft genutzten Rückzugsort, einer Insel der Entspannung und einem Gegenmittel zum nebligen Londoner Klima. Hier verbringt Anna Freud lange Stunden mit ihrer großen Freizeitleidenschaft, dem Weben. In Walberswick entstehen zahllose Schals, Tischdecken und Pullover, alle mit dem Etikett »Handmade by Anna Freud«. Die Stücke sind begehrte Geschenke für vertraute Freunde und bringen bei Versteigerungen für wohltätige Zwecke erkleckliche Summen. Um wieviel stolzer wären die Besitzer solcher »Reliquien«, wenn sie wüßten, daß ein gut Teil der Schals und Pullover Abfallprodukte der Analysesitzungen Anna Freuds sind. Während die Patienten in Maresfield Gardens auf der Couch ihr Innerstes nach außen kehrten, wurden ihre »Beichten« nicht selten vom regelmäßigen Takt des Webstuhls begleitet, den Anna Freud in ihrem Arbeitszimmer stehen hatte.

Paula Fichtl wird die beiden Frauen nur einmal nach Amber Cottage begleiten. Zum einen kann sie ja das Haus in London nicht allein lassen, zum anderen – und vor allem – führt in Walberswick Mrs. Webb das Regiment, eine Bauersfrau aus der Nachbarschaft, und Paula will nun einmal allein das Sagen haben. Sie ist eifersüchtig auf diese Ausflüge »aufs Weekend«, zumal sie immer häufiger werden. An Wochenenden, über Festtage und mindestens einmal im Jahr für fünf bis neun Wochen bleibt Paula in London zurück und hütet das Haus. Dabei entwickelt sie allmählich das Gefühl, »die Herrschaft im Haus hab' ich«, und das macht es immer schwieriger, ihr Anweisungen zu geben. Als Dorothy Burlinghams Schwester für ein paar Tage nach London kommt, soll Paula ein Blumengebinde besorgen. Der präzisen Bestellung »viele kurzstielige Daffodils (Narzissen) und Tulpen, *kein* Vergißmeinnicht und *keine* Lilacs (Flieder) und *keine* Wallflowers (Levkojen?)« folgt als beschwichtigender Nachsatz: »Ihr Geschmack ist immer das Beste, ich weiß, Sie werden etwas sehr Schönes aussuchen!«

Ende 1952 gelingt es, Paula das zweite Mal seit Kriegsende zu einem Urlaub zu überreden. »Nein, nein, ich brauch's nicht«, beteuert sie zwar, dabei geht es ihr alles andere als gut. Die Gelenke tun ihr weh, sie hat Kopfschmerzen, sieht regelrecht verhärmt aus. Im November fährt sie zu ihrer Schwester. In Maresfield Gardens kehrt für einen Monat Ruhe ein. Jula Weiss zieht wieder als »Vertretung« ins Haus, zwei junge Engländerinnen, Gwen und Mary, werden ihr im Haushalt zur Hand gehen. Trotzdem muß Paula auf dem laufenden gehalten werden, sonst vergeht sie in Salzburg vor Unruhe. So setzen sich Dorothy Burlingham und Anna Freud abwechselnd jeden zweiten oder dritten Tag an den Schreibtisch und erstatten Bericht. Am 3. Dezember schreibt Dorothy Burlingham: »Heute ist Frl. Annas Geburtstag, der erste Geburtstag ohne Sie, seit Sie bei uns sind. Aber Ihr Telegramm hat den Geburtstag angefangen und Frl. Anna hat sich sehr damit gefreut. Ohne Paula wäre es kein richtiger Geburtstag gewesen. Der ganze Tisch im Speisezimmer war voll mit Blumen. Gwen und Mary haben ihr Bestes getan, aber es war eben nicht die Menge und die schönen Sachen, die Paula immer macht.«

Nicht nur die nicht sehr persönlichen Formulierungen lassen ahnen, daß Paulas Abwesenheit für die beiden Frauen eine Erholung ist: »Hier ist es ohne Sie ganz komisch, sehr, sehr still. Wenn Sie wieder da sind, wird es wieder lebhafter sein. Auch Lün ist sehr brav, schläft nicht auf Frl. Annas Bett, versucht nicht einmal heraufzuspringen. Sie werden sie vielleicht doch einmal eingeladen haben, auf ihr Bett zu kommen, vielleicht im Schlaf.«

In Maresfield Gardens findet in Paulas Abwesenheit ein Kriegsrat statt. Allen fällt auf, wieviel ruhiger die Tage ohne Paula sind. Kein unablässiges Trippeln in den Fluren, kein lärmendes Räumen in den Zimmern, Dorothy Burlingham und Anna Freud können stundenlang an ihren Schreibtischen sitzen, ohne daß alle Augenblicke Paulas Kopf zur Tür hereinschaut und sie fragt: »Darf i' jetzt die Hund ausführen, Fräulein Professor?«; »Soll i Ihnen noch einen Tee machen?«; »Wann sind S' denn so weit, daß i die Fenster putzen kann?«

Jula Weiss, die seit dem Tod des Professors Freuds Anzüge aufträgt, die ihr Anna Freud überlassen hat, und wie immer die

Entschlossenste, vertritt eine radikale Lösung. Paula ist jetzt fünfzig Jahre alt, ihren Verwandten in Salzburg geht es wirtschaftlich wieder ganz gut – ob eine Rückkehr nach Österreich nicht das beste wäre, an einer guten Rente soll es ja nicht scheitern. Anna Freud ist anderer Ansicht. »Die Paula ist jetzt schon so lange bei uns, wir können sie nicht einfach wegschikken. Sie hat so viel für uns getan, allein um meiner Eltern willen muß sie bleiben dürfen. Und schließlich, die Arbeit ist nun mal ihr einziges Vergnügen, so laßt sie ihr doch.« Mit ihrem enormen Konzentrationsvermögen hat das »Fräulein Professor« keine Mühe, Paulas Umtriebigkeit aus ihren Gedanken auszublenden. Das ständige Treppauf-Treppab gehört für sie zum Leben von Maresfield Gardens wie das Tollen der Hunde. Aber Anna Freud sieht ein, daß – auch zu Paulas Bestem – etwas geschehen muß. Die drei Frauen einigen sich schließlich auf den Vorschlag Dorothy Burlinghams: Paula soll zumindest »an die Leine« gelegt werden. Dafür gibt es auch einen berechtigten Anlaß: Paulas Raubbau an ihrer Gesundheit – ständige Erschöpfung, Kopf- und Gliederschmerzen, Untergewicht, dazu die zwanghafte Weigerung, irgendeine Arbeit anderen zu überlassen.

Der Brief Anna Freuds, dem die erwähnten Überlegungen zugrunde liegen, trifft Paula in Salzburg wie ein Schock:

»Ich möchte gerne, daß Sie sehr vernünftig sind wenn Sie zurückkommen und daß Sie sich von mir beraten lassen, wo es Ihre Gesundheit betrifft. Sie sind jetzt in den Jahren, in denen es sich entscheidet, ob man für die Zukunft gesund bleibt oder nicht und man hat es selber in der Hand, wie es sich entscheidet. Wenn Sie Ihren Körper weiter so behandeln wie im letzten Jahr, dann werden Sie es bestimmt später bereuen und das wäre sehr traurig. Wenn Sie aber selber vernünftig sind, dann wird sich Ihre gute Konstitution wieder durchsetzen. Aber Sie müssen vernünftig essen und ruhig schlafen und nicht die schweren Einkaufstaschen schleppen. Es läßt sich alles einteilen, wenn Sie es nur selber wollen. Mary ist jetzt gewohnt, die Küche alleine zu machen; das soll sie ruhig tun und Sie sollen sich nach Tisch eine Stunde in Ihrem Zimmer ausruhen. Dann werden Sie sich besser fühlen und nicht wieder so herunterkommen. Aber ich glaube, das Ärgste ist das viele Einkaufen und in den Geschäften stehen und wir werden miteinander überlegen, ob man nicht viel mehr liefern lassen kann als wir jetzt tun. (...)

Sagen Sie nur gleich zu Hause, daß Sie von jetzt an alle Jahre zwischen Ostern und Pfingsten zu Besuch kommen werden. Dann können wir alle zusammen in Gesundheit und Ruhe alte Leute werden.«

Für Paula sind diese Zeilen eine Qual, und da sie nie gelernt hat, Probleme geistig zu verarbeiten, reagiert ihr Körper. Nach ein paar Tagen zeigen sich im Gesicht die ersten Anzeichen einer Herpes-Erkrankung. Zu alldem hat sie sich selbst in eine Zwickmühle gebracht; hat sie doch den über ihr Aussehen erschrockenen Verwandten erzählt, wie schlecht es ihr in London ergeht. »Nie habe ich frei, immer muß ich im Haus sein, um alles muß ich mich selber kümmern.« Die Verwandtschaft, allen voran die Schwester Maria, bedeutet für Paula ein Ventil, über das sie ihre tiefe Enttäuschung darüber ablassen kann, im Kreise der Frauen von Maresfield Gardens nicht vollwertig zu sein.

Maria und der Bruder Felix schlagen denn auch das Naheliegende vor: Paula soll nach Gnigl ziehen. Die Geschwister, auch Paula, haben ein großes Grundstück geerbt; da könnte man ja bauen, und Paula bekäme ein paar schöne Zimmer im ersten Stock. Arm ist sie ja auch nicht, sie hat doch »immer alles gleich beiseite getan«.

Paula ist verzweifelt. In einem Brief aus London heißt es: »Jeder fragt nach Ihnen, auch der Lord, der vorige Woche da war.« Und: »Die Prinzessin hat Ihnen ein wunderschönes rosa seidenes Unterkleid geschickt, sehr elegant und wirkliche Seide.« Hin- und hergerissen fleht Paula um Rat nach London. Ohne es zu wollen, entscheidet Anna Freuds Antwortbrief – im Grunde nur zur Beruhigung gedacht – über Paulas weiteres Leben: »Daß man eine Heimat haben muß, da haben Sie recht. Und wenn Sie englisch werden wollen, so werden Sie die besten Empfehlungen haben und es wird sicher glatt gehen. Die Geschwister sollen Ihnen nur nicht den Kopf zu voll machen. Sie können das immer nachher alles in Ruhe überlegen. Aber erst gesund sein.«

Am 16. Dezember ist Paula wieder in London zurück. Auch wenn »Mrs. Burlingham und ich wie gewöhnlich am 25. nach Walberswick fahren (wollen), für 10 Tage. Einesteils wird es wieder einsam für Sie sein, wenn wir fort sind, aber andererseits ist es vielleicht gut, dass Sie dann noch eine ruhige Woche haben ehe alles wieder voll anfängt.«

Und es fängt wieder »voll« an: das Einkaufen, das Putzen, das Nörgeln über die Unordnung, die Gwen und Mary zurückgelassen haben. Paula tut ein zusätzliches, um die Brücken nach Gnigl ein für allemal hinter sich abzubrechen. Sie dreht den Spieß einfach um: »Die Leut' daheim«, klagt sie, »sind ja alle so roh und ungebildet, da ist alles so ärmlich.« Kurz, Paula erweckt den Eindruck »als ob ihre Leut' daheim unterm Hund wärn« – so jedenfalls kommt es Josephine Stross vor, die regelmäßiger Gast im Hause Anna Freuds ist. Paulas Absicht ist klar. Wer jetzt noch das Ansinnen äußert, sie »nach Hause« zu schicken, will sie ins Elend verstoßen – undankbar und herzlos. Tatsächlich beantragt Paula die britische Staatsbürgerschaft. Diesmal fruchten ihre zahlreichen »schönen Empfehlungsschreiben«. In ihr Notizbuch schreibt Paula unter die Adresse von »HRH Prince Georg of Greece 7 Rue Mont Valérien St. Cloud France« erst mit Kugelschreiber, dann, als der offenbar versagt, mit Bleistift: »13. August 1955 wurde ich Brittisch.«

Paulas Taktik geht auf. Eifrig sammelt sie weiter Fürsprecher und Fichtl-Anhänger unter den Besuchern von Maresfield Gardens. Sie umschwärmt David Astor und seine Familie, bemuttert die schon lange erwachsenen Kinder Dorothy Burlinghams und pflegt die Korrespondenz mit erlesenen Namen. Manchmal muß ihr Anna Freud dabei Formulierungshilfe geben, so für eine

Karte an Prinzessin Tatiana Radziwill in St. Tropez: »Sie sollten einfach schreiben: Dear Princess Tatiana, Very many thanks for your kind letter which gave me great pleasure. When you come to England again, I hope you will let me cook a nice dinner for you in Maresfield Gardens. With all good wishes, Paula.«

Es bleibt nicht allein bei Briefen. Zunächst ist es Marie Bonaparte, die die getreue Haushälterin auffordert, das »Frl. Professor« auf ein paar Wochen nach Südfrankreich zu begleiten. Und so sitzt Paula Fichtl im Oktober 1954 – die Wirtschaftswunder-Deutschen entdecken gerade die Campingplätze von Rimini – in einem feschen roten Kleid am noblen Strand von Nizza.

»Mein größtes und schönstes Urlaubserlebnis mit Frl. Freud«, steht auf der ersten Seite der kleinen braunen Schreibkladde, in der Paula allabendlich ihre Eindrücke festhält. Und wem sie nicht alles begegnet:

»9. 10. Eingeladen von Frau Prinzessin George of Greece, geb. Marie Bonaparte Napoleon nach Le Lys de Mer bei St. Tropez, Südfrankreich an der Riviera. Zu Mittag bei Comtesse de Villeneuve, einer Cousine der Prinzessin. Ein so reizendes Haus habe ich noch nirgends gesehen. Von dort zum Schloß von Prinz Lucien Bonaparte, ein weiterer Cousin der Prinzessin. Ich hätte nie gedacht, daß die Riviera so schön ist, diese ganzen Royalties so freundlich, liebenswürdig, der ganze Eindruck war so überwältigend und tief, daß man, so lange man lebt, zu genießen hätte.«

Am nächsten Tag geht es mit dem Butler der Prinzessin, Monsieur Inster, »um 1/2 9 früh in St. Tropez zum Markt einkaufen«. Doch fürs Pittoreske hat Paula nicht viel übrig: »Die Leute leben hier noch sehr primitiv, auch die Tiere und Hunde sehen arm und hungrig aus.« Viel besser gefällt ihr ein Besuch in einer Teppichfabrik in Cogolin oder ein »Nachmittag bei Verwandten der Frau Prinzessin, einem Prinzen Louis Napoleon, der ein ganz komisches Haus versteckt unter einem Felsen baut. Ich glaube, es heißt Ramatuelle. Von da gingen wir auf den Leuchtturm, das ist wunderschönes Glas und eine Birne (elektrische) 3000 Volt (!) und beleuchtet 32 km.« Paula ist »so glücklich, wenn ich nur wüßte, wie ich Frau Prinzessin für die große Güte danken könnte.«

Das ganz große Erlebnis wartet jedoch noch auf Paula. Diesmal wird sie ohne das »Fräulein Professor« unterwegs sein. An einem Donnerstag, dem 15. Dezember 1955, sitzt Paula in der Abfertigungshalle des Londoner Flughafens Heathrow, in der Handtasche ein Ticket nach New York. Die Schmiderers, alte Freunde der Familie Freud, haben die »Perle von Maresfield Gardens« eingeladen, einen Monat lang selbst einmal Gast zu sein. Im Kreis der analytischen Gemeinde in den USA wird Paula Weihnachten und Neujahr verbringen.

Die meisten Schüler und Anhänger Freuds aus dem deutschsprachigen Raum waren in den dreißiger Jahren in die Vereinigten Staaten emigriert. Anders als in Europa wurde die Freudsche Lehre in den USA mit offenen Armen, fast wie eine neue Religion aufgenommen. Die klassische Analyse Freudscher Prägung entwickelt sich für ihre Vertreter in den USA rasch zu einer Goldgrube. Kein Wunder, daß Anna Freud bei der Herausgabe ausgewählter Briefe ihres Vaters sämtliche »geschäftsschädigenden« Äußerungen über Amerika und die Amerikaner tilgte. Freud, der nur einmal, 1909, seine Schwester in den Staaten besucht hatte, hielt nicht viel von der Neuen Welt: »Amerika ist gigantisch, aber ein gigantischer Irrtum«, sagte er Ernest Jones.

Paula Fichtl hat ihre Amerika-Erlebnisse im »Trip-Book« festgehalten, einem kleinen Bändchen, in rotes Kunstleder gebunden, das ihr die Schmiderers schenken werden. Mit Sparten für »Orte und besichtigte Plätze«, »Datum« und »Wetter« ist es ein regelrechtes Logbuch für Paulas Tage in der Neuen Welt. Noch gibt es keine Jumbo-Jets, die in ein paar Stunden nonstop – und mit Fastfood für die Passagiere – über den Großen Teich fliegen, und so ist die »erste Landung in Manchester, wo ein paar Leute zustiegen. Zweite Landung war in Prestwick,

Schottland, da bekamen wir herrliches Abendessen, geräucherten Fisch, Suppe, Steak mit Kartoffel, Erbsen, Tomaten, ein Schwammerl oben auf, Eiscreme, schwarzen Kaffee und wer wollte Wein«. Weiter geht es über Island, wo »die Maschine repariert wurde« und »sich schon die Zeitumstellung änderte«. Dann fliegt die Maschine über »Montreal, was ein herrlicher Anblick war, die kleinen Häuser lagen in tiefem Schnee. Die Sonne ging auf, aber so enorm groß, daß man sie nicht anschauen konnte«. Über New York »war mir todübel, da ca. 1 Stunde vor dem Landen der Plan furchtbar auf und nieder und von rechts nach links hopste«. Bei »kaltem Wind, 17°« wird Paula von den Schmiderers in Empfang genommen. »Dann ging es der Stadt zu, durch Anlagen, herrliche Straßen, Gebäude, die mir besser gefallen wie in London. Die Kinder waren alle reizend, Klein-Michael gab ich ein paar Bonbons, worauf er mich mit beiden Händen hielt, mich auf die Stirn küßte und sagte: ›Danke, danke, Paula.‹« Paula macht die Zeitverschiebung zu schaffen: »2 h kamen wir bei Schmiderers an, wo ich mich gleich hinlegte und die Einladung von Johnny Denman verschlief, wachte, anstatt 7 – 8 h auf, was mir sehr peinlich war. So blieb ich bei Dorothy (Schmiderer) und Television bis ½ 11 h sitzen, dann ging ich zu Bett. Familie Schmiderer machte mir ein reizendes Zimmer zurecht mit Wärme, Freundlichkeit und Heimatgefühl.«

Am nächsten Tag geht es dann vorbei an Fifth Avenue, Empire State Building, »welches das Größte gebaute für Offices ist, es soll 120 oder 180 Stockwerke haben«, schließlich zu »Dr. H. Freuds Haus«. Harry Freuds Domizil ist »wunderbar, eine große, schöne Villa, alle waren sehr lieb, es war wie ein Stück Heimat. Astor, der arme Bully, kam gerade von einer Augenoperation, hatte Schmerzen und war sehr niedergeschlagen. Ich hatte Tee und Abendessen dort«. Tags darauf steht ein Ausflug zu Marianne Kris im ländlichen Stanford auf dem Programm, am Abend »waren wir bei dem alten Herrn Burlingham, sehr

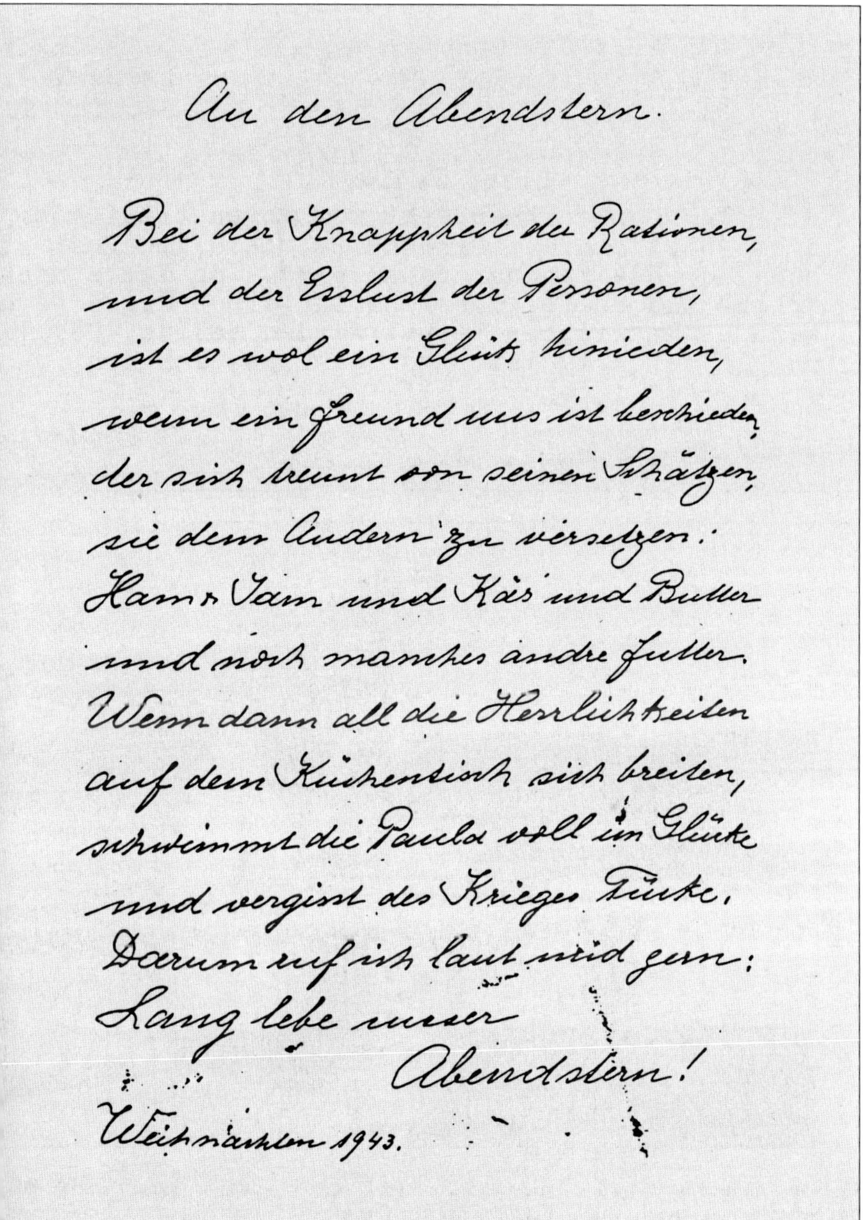

An den Abendstern.

Bei der Knappheit der Rationen,
und der Esslust der Personen,
ist es wol ein Glück hinieden,
wenn ein Freund uns ist beschieden,
der sich trennt von seinen Schätzen,
sie dem Andern zu versetzen:
Ham & Jam und Käs und Butter
und noch manches andre Futter.
Wenn dann all die Herrlichkeiten
auf dem Küchentisch sich breiten,
schwimmt die Paula voll im Glücke
und vergisst des Krieges Tücke.
Darum ruf ich laut und gern:
Lang lebe unser
Abendstern!

Weihnachten 1943.

der intellektuellen Atmosphäre r Tischgespräche, von denen ıla Fichtl ausgeschlossen blieb, ıchte sie sich mit kulinarischem Eifer durch ihre Leckereien bemerkbar. Welchen Eindruck ihre Geschäftigkeit und ihr Fleiß hinterlassen, geht aus diesem Weihnachtsgedicht hervor, das Anna Freud 1943 für sie verfaßte

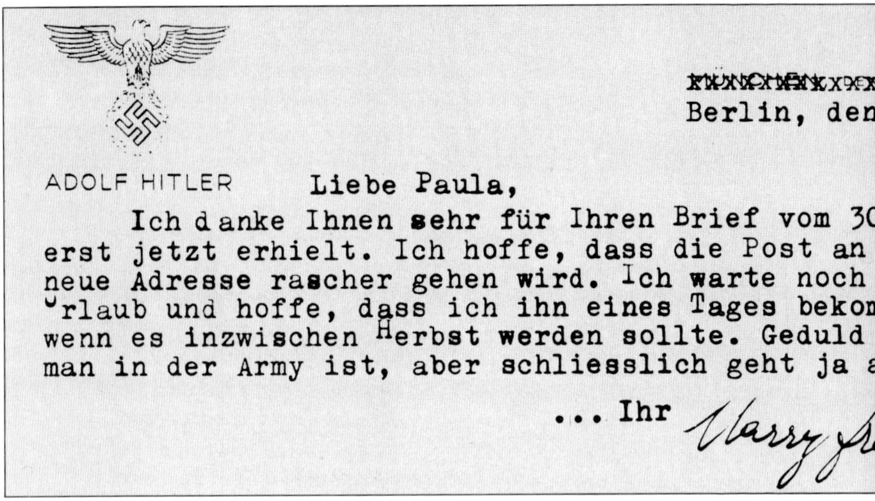

ADOLF HITLER

~~MÜNCHEN~~
Berlin, den

Liebe Paula,

Ich danke Ihnen sehr für Ihren Brief vom 30
erst jetzt erhielt. Ich hoffe, dass die Post an
neue Adresse rascher gehen wird. Ich warte noch
Urlaub und hoffe, dass ich ihn eines Tages bekom
wenn es inzwischen Herbst werden sollte. Geduld
man in der Army ist, aber schliesslich geht ja a

... Ihr Harry Fr

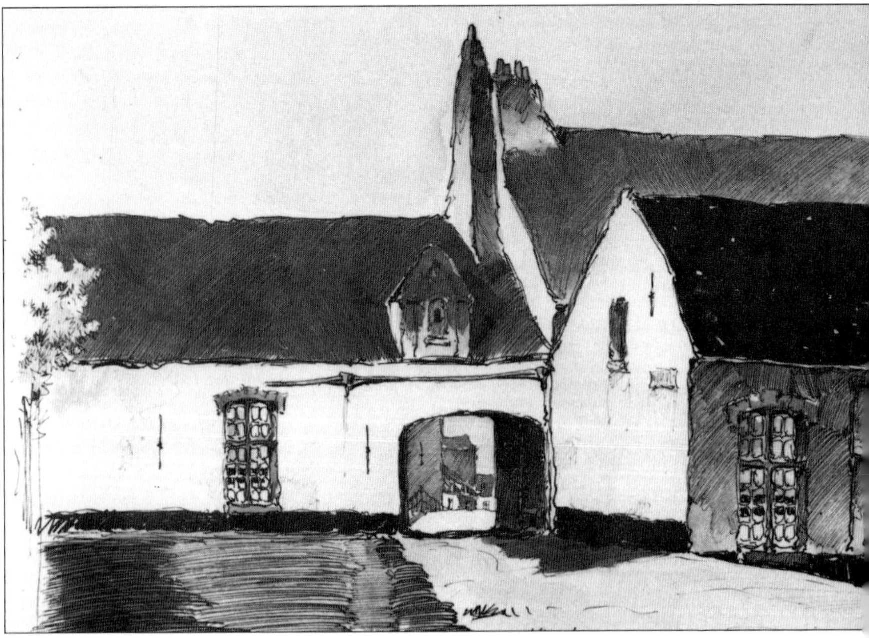

Oben und rechts: Harry Freud, den Neffen Sigmund Freuds, mag Paula Fichtl besonders gern: »In den war ich wirklich verliebt, aber der hat mich nicht mögen«, gesteht sie in hohem Alter. Harry erlebt als Soldat der Alliierten das Ende des Zweiten Weltkriegs in Berlin mit. Er schreibt ihr auf dem persönlichen Briefpapier Adolf Hitlers – ein wahrhaft makabrer Scherz

Das Bild vom Beginenhof in Brügge zeichnete Paula Fichtls »Lavendel-Schwarm«, der »Wolfsmann« Sergej Pankejeff. Als im August 1938 nach Lond kommt, um sich bei einer Freu Schülerin erneut in Behandlu zu begeben, schenkt er das B Sigmund Freud. Von ihm erh es Paula Fichtl als Andenken den »Wolfsmann«, »den Sie do so mögen«

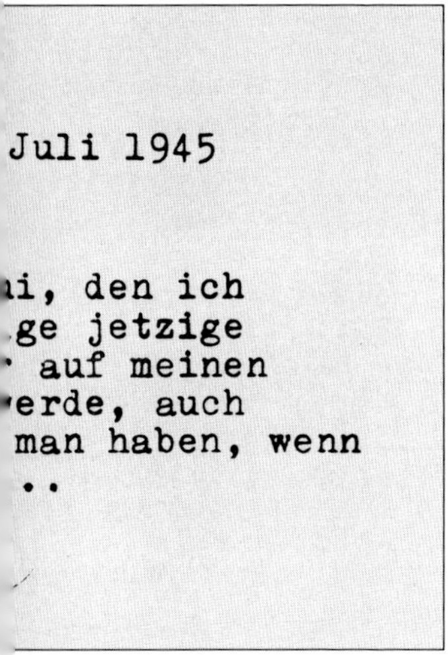

Juli 1945

ıi, den ich
.ge jetzige
· auf meinen
'erde, auch
man haben, wenn
..

echts: Marie Bonaparte schickt Paula
ichtl vor ihrer Abreise aus dem Londo-
er Nobel-Hotel »Claridge's« einige ih-
r seidenen Taschentücher, die die
laushälterin zuvor bewundert hatte

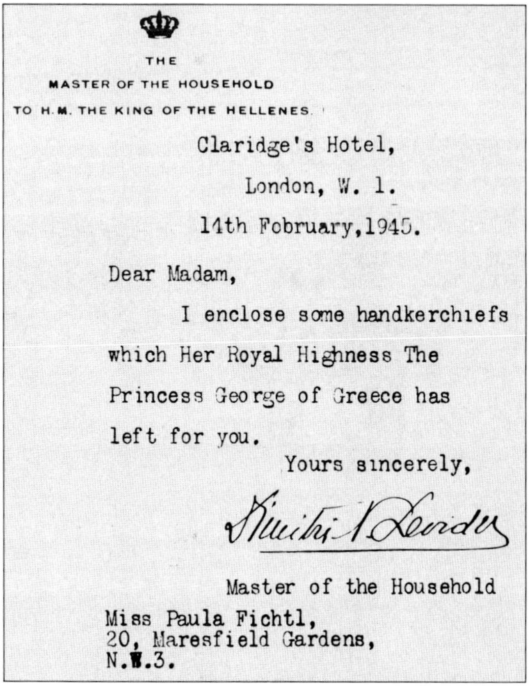

THE
MASTER OF THE HOUSEHOLD
TO H. M. THE KING OF THE HELLENES.

Claridge's Hotel,
London, W. 1.
14th February, 1945.

Dear Madam,

I enclose some handkerchiefs which Her Royal Highness The Princess George of Greece has left for you.

Yours sincerely,

Master of the Household

Miss Paula Fichtl,
20, Maresfield Gardens,
N.W.3.

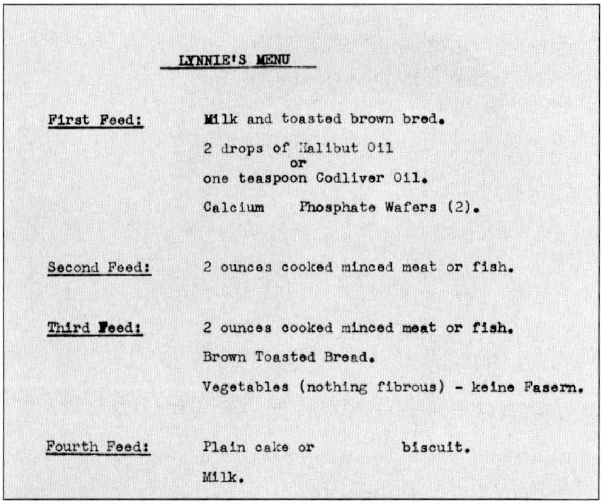

LYNNIE'S MENU

First Feed: Milk and toasted brown bred.
2 drops of Halibut Oil
or
one teaspoon Codliver Oil.
Calcium Phosphate Wafers (2).

Second Feed: 2 ounces cooked minced meat or fish.

Third Feed: 2 ounces cooked minced meat or fish.
Brown Toasted Bread.
Vegetables (nothing fibrous) - keine Fasern.

Fourth Feed: Plain cake or biscuit.
Milk.

Oben: Wie verantwortungsbewußt Sigmund Freuds Chow-Chow Lün auch nach dem Tod seines Herrn umsorgt wurde, zeigt dieses von Anna Freud ausgearbeitete und niedergeschriebene »Menü für einen Hund« Anna Freud im Winter 1969 im Garten von Maresfield Gardens
Rechts: Paula Fichtl im Jahre 1947 zu Besuch in Gnigl: Die »verlorene Tochter« sieht zum erstenmal nach neun Jahren ihre Familie wieder. Paula Fichtl, ihre Geschwister Agnes, Maria, Felix und Rosa (v.l.n.r.)

Herzlich
Willkommen!

Oben: Anna Freud mit Marie Bonaparte am Strand von St. Tropez im Oktober 1954. Paula Fichtl ist ebenfalls von der Prinzessin nach Le Lys de Mer eingeladen worden und macht dieses Foto.

Sie schreibt in ihr Notizbüchlein: »Mein größtes und schönstes Urlaubserlebnis mit Frl. Freud«

Rechts: Im Dezember 1955 wi Paula Fichtl von Freunden d Familie nach Amerika eingelade Ihre Reiseeindrücke in der Neu Welt trägt sie in ihr »Trip-Boo ein

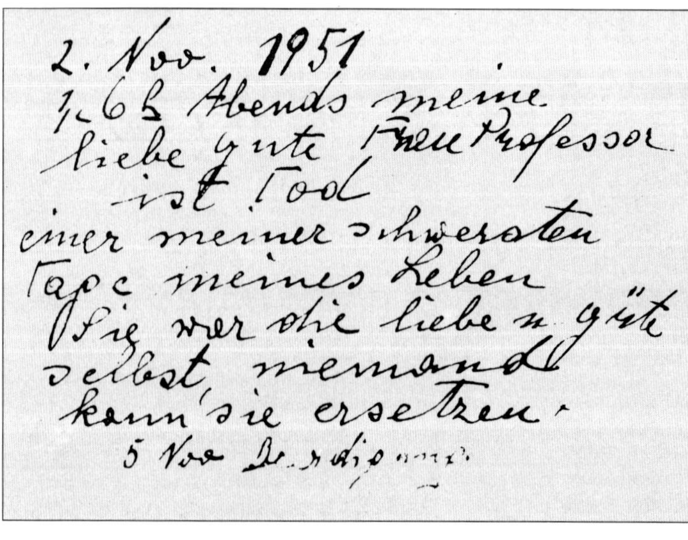
2. Nov. 1951
1/2 6 h Abends meine
liebe gute Frau Professor
ist Tod
einer meiner schwersten
Tage meines Leben
Sie war die liebe u. güte
selbst, niemand
kann sie ersetzen.
5 Nov [illegible]

Martha Freud stirb im November 1951 Für viele ist der Tod der Neunzigjähriger wenig mehr als ein Fußnote in den Biographien ihres Mannes und ihrer jüngsten Tochter. Doch Paula Fichtl trifft de Tod ihrer »Fra Professor« tief

EVENTS AND PLACES VISITED

Date 9. Jan. 1956 Montag

Place Harry's office

Weather Regen Wind u Strassen Eis

Morgens 9 h Harry's office. 11 h
Reporter von der Zeitung
Aufbau. Der Redaktör kam ½ 12 h
fragte mich um verschiedenes von
der Familie ich aber trachte nicht
zu antworten. da die Familie es
nicht wollte. der Herr hat geheißen
Dr. Mr. George 2700 B'way
New York 25. N. Y. Z. T. 4
Um 1 h ging ich mit Harry
in ein Restaurant
dann ging ich auslagen anschauen
und United Nation an der East River
42te Street, New york 60 Nationen
können sich dort treffen es gibt
24 verschiedene Sääle, 1 Danisch
Norwegien Swedisch, die andren sind
auf einen ganz großen habe ich

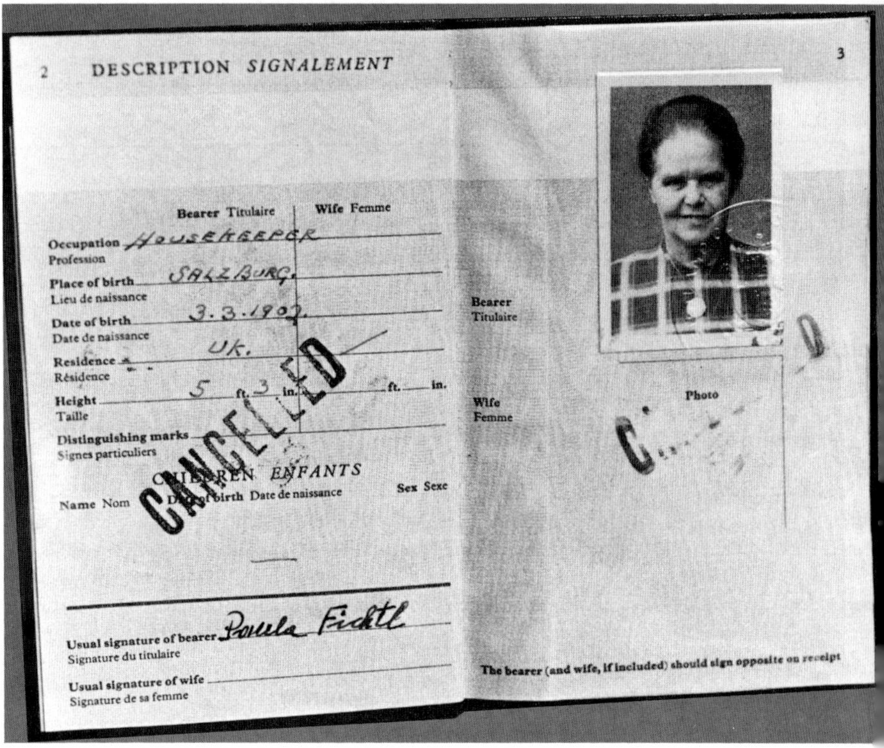
2 DESCRIPTION *SIGNALEMENT* 3

	Bearer Titulaire	Wife Femme
Occupation / Profession	HOUSEKEEPER	
Place of birth / Lieu de naissance	SALZBURG.	
Date of birth / Date de naissance	3.3.1907.	
Residence / Résidence	UK.	
Height / Taille	5 ft. 3 in.	ft. in.
Distinguishing marks / Signes particuliers		

CANCELLED

CHILDREN *ENFANTS*

Name Nom	Date of birth Date de naissance	Sex Sexe

Usual signature of bearer / Signature du titulaire: Paula Fichtl

Usual signature of wife / Signature de sa femme

Bearer / Titulaire

Wife / Femme

Photo

The bearer (and wife, if included) should sign opposite on receipt

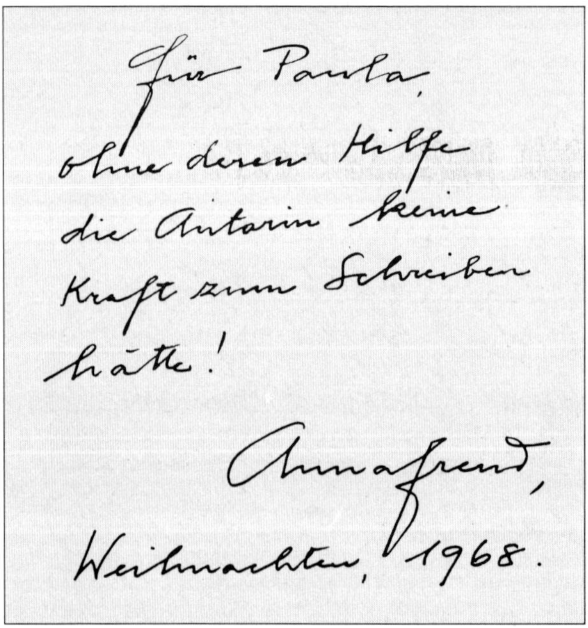
Für Paula,
ohne deren Hilfe
die Autorin keine
Kraft zum Schreiben
hätte!

Anna Freud,

Weihnachten, 1968.

Oben: Paula Fichtls dritter engl
scher Paß. In ihr Notizbuc
schreibt sie unter die Adresse vo
»HRH Prince Georg of Gree
7 Rue Mont Valerien St. Clou
France«: »13. August 1955 wur
ich Brittisch«
Links: Von jedem Buch, d
Anna Freud verfaßt hat, erhä
ihre Haushälterin ein Exempl
mit einer handgeschrieben
Widmung

lustig«. Montag ein Gang durch »Woolworth und Macys, das größte Geschäft der Welt, wo man alles kaufen kann. In der Untergrund verlor oder stahl mir jemand 10 Dollar, ich glaube es fiel heraus, da die Tasche nicht gut schließt«. Am 20. Dezember hat Paula eine Einladung, für die viele Freudianer ein Jahr ihres Lebens geben würden. »Zu Dr. Eissler, wo ich mit Herrn und Frau Dr. Eissler Abendessen hatte, Hühnerleberpastete, Schnitzel mit Gemüse, Salat und Kuchen, die wohnen 285 Central Park West.« Der aus Österreich stammende Analytiker Kurt Eissler ist seit den frühen fünfziger Jahren der weltweit ebenso geachtete wie gefürchtete Gralshüter der Freudschen Lehre. Als Gründer, Betreiber und einziger Verwalter des Sigmund-Freud-Archivs in der Washingtoner Kongreßbibliothek wacht er über den Zugang zu Tausenden von Originalmanuskripten und Briefen des Meisters, dazu hat er eine Sammlung von 400 Tonbandprotokollen zusammengetragen, Erinnerungen von Patienten und Weggenossen Freuds, eine heißbegehrte Schatzkammer für Anhänger und Gegner der Psychoanalyse.

Als »Wahrer der reinen Lehre« kann Eissler, dem Freunde im privaten Umgang eine geradezu »pathologische Gutherzigkeit« nachsagen, gegenüber Kritikern Freuds zum unerbittlichen Verfolger werden. Sein Urteil über Kollegen ist gefürchtet, dabei ist er selbst unzugänglich bis zum Eremitentum. Er gibt kaum Interviews, läßt sich nicht fotografieren. Seine Position im Freudschen Universum ist um so mächtiger, als sich in den fünfziger Jahren das Interesse neben der Auseinandersetzung mit Freuds Theorien auch der Erforschung seiner Biographie zuwendet. Ein Trend, den Eissler ebenso erbittert bekämpft wie die Versuche einer kritischen Überprüfung der klassischen Psychoanalyse. Bei diesem Analyse-»Papst« nun sitzt Paula Fichtl am Abendbrottisch.

Im Bemühen um die Unterstützung Anna Freuds für seine archivarische Denkmalpflege hat der Verehrer des Professors bei Besuchen in London in Paula eine verwandte Seele gefunden.

Nicht zuletzt Paulas Schwärmen für »den netten Herrn Doktor« hat dazu beigetragen, Anna Freuds anfängliches Mißtrauen gegenüber Eisslers Sammleraktivitäten abzubauen und ihm etliche Türen zu öffnen.

Andere Gastgeber sind der alte Dr. Schur, bei dem es wieder »Naturschnitzl« gibt, und noch einmal Charles Burlingham: »Der alte Herr ist leider blind und schwerhörig, aber geistig sehr rege und erinnert sich an alles in der Jugend und unterhält sich mit jedem Menschen.«

Am Heiligen Abend gibt es dann auch für Paula reichlich Geschenke. Eine »herrliche Bluse«, von drei verschiedenen Leuten je drei Paar Strümpfe und das »Packerl« von Simon und Maby Schmiderer: »War ganz erschrocken, da nicht nur dieses hübsche Trip Bücherl sondern extra noch 10 Dollar drinnen waren.« Am ersten Weihnachtstag besichtigt Paula einen Hundefriedhof, tags darauf in Washington den Arlington-National-Friedhof und das Capitol. Silvester feiert Paula bei der Familie von Oliver Freud in Philadelphia. Dort hat es ihr der kleine Sohn eines anderen Gastes angetan, »der kleine May von Dr. Hans Heller, ein blonder reizender Junge, ein Dickerl, lustiger kleiner Komiker, 8 Jahre alt«. Paulas Tage sind mit Terminen gespickt. Am »2. Jänner« wieder zu Dr. Kris nach Stamford, »ich fühlte mich zu Hause, es war so lustig und gemütlich. Um 2 h kamen Dr. Waldingers, die Frau ist sehr dick, am späten Nachmittag zu Schmiderers, wir hatten kleine Brötchen und Schampania«.

Auch einen alten Patienten Sigmund Freuds trifft Paula wieder. Mark Brunswick, zweimaliger Ehemann von Freuds Lieblingsschülerin Ruth Mack-Brunswick, arbeitet als Professor für Musik am City College in New York. Ruth Brunswick, die ernsthafteste Rivalin Anna Freuds um die Gunst des Vaters, war am 2. Januar 1946 nach der Einnahme einer Überdosis Opiate an einem Schädelbruch gestorben. Die stark medikamentenabhängige Frau war unter Wirkung der Betäubungsmittel in ihrem Badezimmer gestürzt und mit dem Kopf auf dem Kachelfußboden aufgeschlagen. Nur wenige Monate zuvor war sie zum zweiten Mal von Mark Brunswick geschieden worden. »2 h bei Dr. Brunswick, der in einer schrecklich schmutzigen Wohnung wohnt«, ist Paulas ganzer Kommentar über ihren Aufenthalt in Brunswicks Appartement in der Altar Avenue.

Bei einem zweiten Besuch »bei Eissler, wo es sehr elegant ist und gutes Essen gibt«, muß Paula dann auch »in die Rekort Maschine sprechen, diesmal von Frau Professor«. Und so wandern Paulas Erinnerungen an Martha Freud in die Kongreßbibliothek, unzugänglich für die Öffentlichkeit, mit einem Sperrvermerk, den nur Kurt Eissler aufheben kann. Privates aus dem Hause Freud ist für Außenstehende tabu. Das merkt auch ein Reporter des »Aufbau«, der größten deutschsprachigen jüdischen Zeitung in den USA. Paula hat nämlich am 9. Januar mittags den ersten Interview-Termin ihres Lebens. Aber: »Der Redaktör (...) fragte mich um verschiedenes von der Familie ich aber hatte Angst zu antworten, da die Familie es nicht wollte.«

Vier Tage später sitzt Paula an Bord der »Speedbird Calypso«, einer Maschine der PanAm-Fluglinie. Die letzte Eintragung im »Trip-Book« stammt von Dennis Goody, dem Navigator des Fluges: »Gesamtflugzeit 14 Stunden 22 Minuten«, schreibt er der netten älteren Dame aus Österreich unter ihre Reiseerinnerungen, »ein ungewöhnlich langsamer Flug für diese Jahreszeit, bedingt durch widrige Winde«.

Paula Fichtl wird noch lange von diesen beiden Reisen zehren. Das ist denn doch eine andere Gesellschaft als bei den Verwandten in Gnigl. Das Leben in Maresfield Gardens dagegen geht wieder seinen gewohnten Gang. Anna Freud und Dorothy Burlingham haben sich mit Paulas Regiment arrangiert. Tagsüber sind die beiden Frauen fast immer in der Klinik, an den Wochenenden meist in Walberswick. Die Briefe, die Paula aus dem Landhaus oder von Vortragsreisen erhält, werden im Laufe der Jahre immer einheitlicher, routinierter. Sie bleiben aber stets umsichtig und einfühlsam auf Paulas Besorgnisse und Interessen zugeschnitten. Dorothy Burlingham im August 1956: »Liebe Paula, wir haben alle Ihr gutes Essen genossen. – Vielen Dank.« Ein Jahr darauf: »Liebe Paula, ich habe von dem Schokoladenkuchen gerade gegessen, und es war sehr schmackhaft.« Wieder ein Jahr später: »Liebe Paula, die guten Sachen haben unser Leben sehr erleichtert. Danke vielmals.«

Anna Freuds Standardeinleitung gilt Paulas Briefmarkensammlung. »Liebe Paula, ich schicke Ihnen ein paar Marken, damit sie nicht verloren gehen.« (April 1955) »Liebe Paula, hier sind ganz besondere Marken für Sie, Japan und Cuba. Ich schicke sie, damit sie ja nicht verloren gehen.« (September 1957) Und immer wieder: »Alle haben gleich nach Ihnen gefragt.« So sitzt Anna Freud alle paar Tage mit der Schere am Schreibtisch und schnippelt die Briefmarken aus den Umschlägen ihrer umfangreichen Korrespondenz. Paula hebt alles auf, löst jede Briefmarke ab. Mit den Jahren sammeln sich Hunderte solcher Mitteilungen in Paulas Schublade. Manchmal ist auch nützliches darunter. Am 3. Januar 1956 schickt Anna Freud auf Paulas Anforderung das »Rezept von den Schneepusserln: Nimm per Eiklar je 1 Unze Puderzucker und 1 Unze granulierten Zucker. Misch beide Arten Zucker gut durcheinander. Schlag Schnee fest mit etwas Zucker, wenn fest, vermische mit der ganzen Zuckermenge. Gib aufs Blech mit Löffel oder Spritze, bestreu' mit etwas Icing Sugar [?]. Backe auf Papier (oder Silberpapier) in lauem Ofen 1–2 Stunden bis trocken. Ich habe von 1 Eiklar 14 kleine Pusserln gemacht, gut gelungen«.

Daneben kommt regelmäßig Haushaltsgeld per Post aus Walberswick. »Ich schicke Ihnen hier 25 Pfund.« Oder: »Ich schicke Ihnen einen Scheck für 10 Pfund, den man einfach auf der Bank eintauscht. (Gut aufheben, er ist wie Bargeld, jeder kann ihn beheben!)« Auch die üblichen Ermahnungen fehlen nicht. »Vor allem nicht am Essen sparen, das Gemüse und die Eier sind für Sie zum Essen, nicht zum Verschenken. Kaufen Sie gutes Fleisch dazu. Herzlich Ihre Anna Freud.«

Paula Fichtl hat ihr Recht auf Maresfield Gardens durchgesetzt. Aber was sie sich im Grunde ersehnt, die Nähe und Intimität zum »Frl. Anna«, bleibt ihr vorenthalten. So geht sie wieder ihre eigenen Wege auf der Suche nach Gesellschaft und Beachtung. Wenn Anna Freud sich ihr entzieht, holt sich Paula eben die Objekte ihres Fürsorgetriebes von der Straße. Milchmann, Postbote, Zeitungsjunge, wer immer die Gartenpforte der Villa durchschreitet, wird in die Küche gelotst und erst einmal ordentlich abgefüttert. Zum Abschied drückt Paula ihren »Gästen« noch Äpfel, Schokolade und Eier in die Hand. Auch die Hunde leben wie im Schlaraffenland. Der alte Lün hat Gesellschaft bekommen. Nanky Poo, wieder ein Chow-Chow. Für ihn steht Paula morgens um halb acht am Herd und kocht Kartoffeln mit Reis, ihr eigenes Lieblingsessen. Für Lün gibt es sogar einen speziellen Küchenfahrplan. Für das Tier ihres Vaters ist Anna Freud nichts gut genug. Eigenhändig tippt sie für Paula »Lynnie's Menue« in die Schreibmaschine: »1. Fütterung – Milch und dunkles Toastbrot, 2 Tropfen Heilbuttöl oder 1 Teel. Lebertran, Kalcium-Phosphattabletten; 2. Fütterung – 2 Unzen gekochtes Hackfleisch oder Fisch; 3. Fütterung – 2 Unzen gekochtes Hackfleisch oder Fisch, Gemüse (kleine Fasern); 4. Fütterung – einfacher Kuchen oder Biscuit, Milch.« Kein Wunder, daß Freuds letzter Vierbeiner ein biblisches Alter erreicht; ebensowenig erstaunlich, daß Paula bei aller Vernarrtheit in die Hunde ein wenig vergrätzt reagiert, als Anna Freud den ungewöhnlich hohen Verbrauch an Lebensmitteln zur Sprache bringt. »Paula, wofür brauchen wir denn so viel Geld. Mrs. Burlingham und ich essen doch so wenig und Sie wollen nie etwas.« Das meiste geht natürlich für Paulas »Küchenbesucher« drauf, aber sie ist um eine schnippische Antwort nicht verlegen: »Ja, für die Hund' ist immer alles da, nur für uns Dienstboten gibt's nichts.«

Ein regelmäßiger Besucher in diesen Jahren ist das »Ernstl«. Ernst Halberstadt, Sohn der Freud-Tochter Sophie und mittlerweile selbst Analytiker, ist als einziger der Wiener analytischen

Familie aus den Vorkriegsjahren in ein deutschsprachiges Land zurückgekehrt. Die Nachfrage nach analytischer Behandlung im Nachkriegsdeutschland hält sich allerdings in Grenzen: die Deutschen im Aufwind des Wirtschaftswunders haben andere Sorgen. So verfällt das »Ernstl« auf eine zugkräftige Idee. Er bittet seine Tante Anna um die Erlaubnis, seinen Familiennamen Halberstadt ändern zu dürfen. Anna Freud kann darin nichts Unrechtes sehen. »Schließlich bist du ja ein Freud«, hört Paula sie sagen. Und so wird aus Ernst Wolfgang Halberstadt »Ernest W. Freud« mit erfolgreicher Praxis in Bergisch-Gladbach bei Köln. Seine Spezialität: Kurztherapien von 20 Stunden.

Immer häufiger wird Paula krank. Die Schmerzen in den Gelenken signalisieren eine Arthritis; trotzdem besteht Paula darauf, weiter allein einkaufen zu gehen. Dr. Toszeghi, Anna Freuds Arzt und ein guter Freund, schlägt die Behandlung durch einen Physiotherapeuten vor. Einmal geht Paula hin, dann will sie nichts mehr davon hören. Als im Mai 1956 zu Sigmund Freuds hundertstem Geburtstag eine große Feier mit zahlreichen Gästen ansteht, ist Paula bei allem Eifer sichtlich überfordert. Da sie aber nichts aus der Hand geben will, wird schließlich die Schwester Maria aus Gnigl eingeflogen; für Paula insofern eine akzeptable Hilfe, als ihr Mitzl den Platz im Haus nicht streitig machen kann. Das Fest wird ein großer Erfolg. Paula empfängt die Gäste an der Tür, schließlich kennt sie ja alle und jeden. Fast genauso stolz wie auf die Gedenktafel, die feierlich an der Pforte enthüllt wird, ist Paula auf die überschwenglichen Komplimente für ihre Leckereien. An diesem Tage strahlen die kleinen braunen Augen im Gesicht unter den mittlerweile grauen Haaren. Aber kaum ist der große Tag vorbei, die Schwester wieder fort, verfällt Paula erneut dem unseligen Zwang zum Nörgeln. Die »Mitzl« hat sich ja nur ein paar schöne Tage machen wollen, »die war ja so faul und stand immer nur im Weg«, und das alles auf Paulas Kosten. Doch die Reise hat Anna Freud bezahlt, der die Maria sehr sympathisch ist, was Paula gar nicht gefällt. Bleibt der Trost, daß die Schwester nun aus eigenem Erleben die Kunde von Paulas Glanz und Anerkennung in der großen Welt in die Heimat tragen wird. Die Sektgläser der Hundertjahrfeier sind kaum gespült, da steht Maresfield Gardens ein Besuch ins Haus, der das Jubiläum Sigmund Freuds an Schlagzeilenwert bei weitem in den Schatten stellen würde, über den jedoch der Kreis um Anna Freud stets absolutes Stillschweigen bewahrt hat.

An einem heißen Tag im August 1956 hält ein schwarzer Rolls-Royce vor Maresfield Gardens Nr. 20. Der bullige Chauffeur öffnet den Wagenschlag, und eine junge Frau eilt mit schnellen Schritten zur Eingangstür. Sie ist vielleicht die berühmteste Patientin, der Paula Fichtl je geöffnet hat. Trotzdem macht die Besucherin auf sie wenig Eindruck: »Die hat nach nix ausg'schaut, ein hübsches junges Mädel halt, aber nicht sehr gepflegt.« Die Frau trägt einen schlichten blauen Gabardinemantel mit hochgeschlagenem Kragen, kein Make-up, die platinblonden Haare sind unter einem Schlapphut verborgen, eine große dunkle Sonnenbrille macht sie fast unkenntlich. Marilyn Monroe hat ihren ersten Analyse-Termin bei der Tochter Sigmund Freuds.

Die Behandlung ist sehr diskret und in aller Eile in die Wege geleitet worden. Seit drei Wochen ist die Monroe für die Dreharbeiten zu *Der Prinz und die Tänzerin* mit Laurence Olivier in Großbritannien. Nach 14 Tagen ist die Schauspielerin einem Nervenzusammenbruch nahe. Die beiden Stars sind wie Eis und Feuer, das Filmprojekt droht zu scheitern. Von ihrem gemieteten Landhaus in Eggham nahe Windsor führt die Monroe stundenlange Telefongespräche nach New York, sie sucht Hilfe bei ihrer Analytikerin, die sie seit einem Jahr regelmäßig aufsucht. Diese Analytikern ist Marianne Kris, die alte Freundin und Weggefährtin Anna Freuds aus den Wiener Tagen. Marianne Kris soll sofort nach England fliegen, aber sie hat keine Zeit. Statt dessen bittet sie Anna Freud, sich doch um die Schauspielerin zu kümmern. Anna Freud fürchtet die Publicity, sagt aber schließlich nach einigem Zögern Marianne Kris zuliebe zu.

Eine Woche lang bleibt Marilyn Monroe den Dreharbeiten fern, kein Mensch weiß, was sie tut. Täglich fährt ihr Wagen in Maresfield Gardens vor, täglich verschwindet sie in Anna Freuds Behandlungszimmer. Paulas erster Eindruck ändert sich nach ein paar Tagen. »Die Misses Monroe war sehr schlicht, gar nicht eingebildet, ein wenig ängstlich hat s' ausg'schaut, aber wenn sie gelächelt hat, konnt' man sie schon gern haben.«

Einmal nimmt Anna Freud ihre Patientin mit in den Kindergarten der Klinik. Hier lebt die Monroe auf, ist entspannt, scherzt und spielt mit den Kleinen. Sie ist ungeheuer beeindruckt von der Arbeit Anna Freuds, erzählt, daß sie bereits 1947, als Einundzwanzigjährige, Sigmund Freuds *Traumdeutung* gelesen habe und vor allem von der Schilderung des »Nacktheitstraumes« gefesselt worden sei. »Zwanghafte Nacktheit«, der Drang, sich in der Öffentlichkeit zu entkleiden, ist ein Symptom, das auch Marianne Kris bereits bei ihr festgestellt hat. Diese Diagnose steht auch auf einer Index-Karte, die in der Fallmaterialkartei des »Anna-Freud-Centre« noch heute in verschlüsselter Form vorhanden ist: »Emotional unstabil, übertrieben impulsiv, bedarf ständiger äußerer Zustimmung, erträgt es nicht, allein zu sein, neigt zu Depressionen bei Zurückweisung, paranoid mit schizophrenen Einschüben.«

Anna Freud spielt mit Marilyn Monroe das »Murmelspiel«. Die beiden sitzen sich an einem Tisch gegenüber, einige Glaskugeln zwischen sich. Die Analytikerin wartet ab, was ihr Gegenüber mit den Murmeln anfangen wird. Die Monroe beginnt, eine Kugel nach der anderen auf Anna Freud aufzurollen. Die Interpretation der Kinderanalytikerin: »Wunsch nach sexuellem Kontakt.« Tatsächlich bescheinigt ein späterer Analytiker der Monroe »Homophobie«: Angst vor gleichgeschlechtlichen Neigungen.

Anna Freuds Schnelltherapie hat offenbar Erfolg. Nach sieben Tagen kehrt die Schauspielerin zu den Dreharbeiten zurück, die Krise ist zumindest überbrückt. »Das Fräulein Anna und die

Misses Monroe sind sehr gut miteinander ausgekommen«, erinnert sich Paula. So gut, daß einige Monate später ein Scheck mit einer beträchtlichen Summe in Maresfield Gardens eingeht, unterschrieben von Marilyn Monroe. Einige Jahre später kommt der Name der Schauspielerin in Maresfield Gardens noch einmal ins Gespräch. In Hollywood plant man die Verfilmung von Sigmund Freuds Leben. Montgomery Clift soll Freud spielen, Marilyn Monroe ist für die Rolle der Cecily vorgesehen, einer jungen, attraktiven, von sexueller Hysterie geplagten Patientin. Paula ist hellauf begeistert: »Ein Film über den Herrn Professor und die Berggasse, das wär' doch schön«, meint sie, aber Anna Freud ist strikt dagegen. Ihr Vater als Hollywood-Held in »Freud – Die geheime Leidenschaft« an der Couch von Marilyn Monroe, und das alles nach einem Drehbuch von Jean-Paul Sartre – das ist denn doch zu viel.

Zumindest gegen die Beteiligung der Monroe kann Anna Freud etwas unternehmen. Zwar hat Marianne Kris die Analyse des Filmstars aufgegeben – nach 47 Sitzungen in zwei Monaten und der Einweisung in die New Yorker »Payne-Whitney-Klinik« für Psychiatrie, Abteilung für »gemäßigt gestörte Fälle«. Aber der neue, letzte Analytiker im Leben der Marilyn Monroe ist ebenfalls ein alter Bekannter Anna Freuds: Ralph Greenson absolvierte in den dreißiger Jahren seine Ausbildung in Wien und war häufiger Gast in der Berggasse. Auf sein Drängen hin sagt die Monroe schließlich ihre Beteiligung am geplanten Freud-Film ab. Aber auch Greenson kann seiner Patientin nicht helfen. Er ist der letzte, der in der Nacht ihres Todes mit ihr telefoniert hat; später wird sogar behauptet, er habe Marilyn Monroe umgebracht. 1985 wird die Schweizer Zeitung »Blick«, die diesen Vorwurf abdruckte, zu einer Geldstrafe verurteilt – davon gehen 10000 Schweizer Franken an das »Anna-Freud-Centre« in London.

Greenson verbrachte mit seiner Tochter Joany und Schweizer Ehefrau dann noch einmal im August 1959 einige Wochen in

Maresfield Gardens unter Paulas Obhut. »Das Ehepaar Greenson hat in meinem Zimmer g'wohnt und der Herr Doktor sogar in meinem Bett g'schlafen. Etliche Stunden hat das Fräulein Freud mit dem Herrn Doktor und Doktor Kris verbracht und über die Misses Monroe gefachsimpelt.«

Weihnachten 1957 bekommt Paula ein Kärtchen von Ernest Jones. In diesem Jahr ist das letzte Buch seiner dreibändigen Studie über *Leben und Werk Sigmund Freuds* erschienen. »Ja, Ihr Name ist auf dem Weg zur Unsterblichkeit«, hat Jones handschriftlich unter die gedruckte Grußformel zum Festtag gesetzt. Einmal taucht Paulas Name im Register des Mammutwerks auf, anläßlich der Abreise der Freuds aus Wien: »Mit ihnen fuhren zwei Hausmädchen. Eine war Paula Fichtl, eine bemerkenswerte Persönlichkeit, seitdem eine beständige Stütze des Haushalts der Familie.« Kaum hat Paula diese Stelle nachgeschlagen, setzt sie sich auch schon hin und schreibt an den »Lieben Doktor Jones«: Sie allein sei dabeigewesen, das zweite Hausmädel, die Mizzi Poidinger, sei, bittschön, in Wien zurückgeblieben. Der Herr Doktor müsse sich da geirrt haben.

Aber nicht nur in gedruckter, sondern auch in handschriftlicher Form findet sich Paula in dem Jones-Werk gewürdigt. Anna Freud schreibt in das für Paula bestimmte Exemplar: »For Paula, the past which belongs to her too. Anna Freud, Christmas 1957.«

Keine zwei Monate später, »von Montag auf Dienstag Nacht z. 12. Februar ist Dr. E. Jones gestorben«, notiert Paula in ihrem Adreßbüchlein.

Paulas Unverträglichkeit und Eifersucht nimmt allmählich besorgniserregende Züge an. Vor allem die Haushaltsgehilfinnen, die tageweise kommen, um Paula wenigstens die größte Plackerei abzunehmen, bekommen das zu spüren. Ihre »Chefin« ist von der Idee beherrscht, daß jeder Versuch, sie zu entlasten, ihre »Entmachtung« zum Ziel hat. Da hilft es auch nichts, wenn sie zu ihrem fünfundfünfzigsten Geburtstag eine »Gehaltserhöhung« bekommt: »Von nun an wird es jeden Monat 5 Pfund mehr sein, denn das Geld reicht nicht mehr weit. Happy Birthday.« Paula erträgt einfach niemanden mehr neben sich, und mit den Jahren bleibt es nicht allein beim Klagen und Quengeln. Selbst die geduldige Anna Freud ist hilflos: »Es tut mir leid, daß Sie alle diese Enttäuschungen mit Grete haben. Ich weiß nicht, wie es weitergehen soll, aber ich denke die ganze Zeit darüber nach und zweimal habe ich sogar darüber geträumt. Jedenfalls darf es Sie nicht wieder krankmachen.«

Grete ihrerseits droht mit der Kündigung. Der Konflikt wird vorläufig beigelegt, als Paula ihren inzwischen traditionellen Jahresurlaub nach Österreich antritt. Zusammen mit ihrer Schwester fährt sie im Sommer 1958 für einige Wochen in die Wachau und zum ersten Mal wieder nach Wien. »Wir haben auch wieder an den 20sten Auswanderungstag gedacht. Es muß sehr merkwürdig sein, in Wien zu sein«, schreibt ihr Anna Freud am 9. Juni. Paula Fichtl ist jedoch seltsam unberührt vom Wiedersehen mit der Berggasse. Über einem Fleischergeschäft im Parterre wohnt jetzt die Familie des Metzgers in der alten Wohnung Sigmund Freuds. Nicht einmal eine Gedenktafel wie in Maresfield Gardens erinnert an den Toten. Paula fährt mit der Schwester noch ein paar Tage nach Italien, das »Frl. Professor« will wieder alles bezahlen: »Ich möchte Ihnen und Mitzi die Reise nach Venedig schenken.«

1959 ist Paula dreißig Jahre im Haus Freud. »Sie haben mehr für die Psychoanalyse geleistet als mancher Analytiker«, kabelt ihr Kurt Eissler zu diesem Tag aus New York. Doch im Kreis der »alten« Mitarbeiterinnen im »Anna-Freud-Centre« in Hampstead, wie die Klinik nach dem Tod ihrer Gründerin heißen wird, ist Paula nicht sonderlich gern gesehen. Die Frauen erfüllen alle zumindest zwei von drei Kriterien: hochintellektuell, jüdisch und lesbisch. Paula hat mit ihnen nur ihre bedingungslose Loyalität zum »Haus Freud« gemein. Bei ihren ohnehin seltenen Besuchen – meist zieht es sie in den Kindergarten – spürt sie eine seltsam ablehnende Atmosphäre, die sie sich nicht erklären kann.

Sie sieht nur, daß sie in dieser durch totale Diskretion gegenüber der Öffentlichkeit abgeschotteten Klinik-Welt keinen Platz haben soll. Beliebt dagegen ist Paula bei den »einfachen« Mitarbeiterinnen: den Sekretärinnen und Schwestern der Klinik. Die sechziger Jahre sehen die drei Bewohnerinnen von Maresfield Gardens an der Schwelle zum Rentenalter. Anna Freuds Produktivität und Arbeitsdisziplin kennen keine Begrenzungen. Bei Vorträgen steht sie bis zu zwei Stunden am Rednerpult, und immer »ist es gutgegangen, nur mein Bein hat es gespürt«. Dorothy Burlingham schreibt der besorgten Paula: »Frl. Annas Schmerz im Nacken hört nicht auf, es ist besonders arg in der Nacht.« Auch die Amerikanerin selbst wird immer wieder durch ihre Lungenkrankheit aufs Krankenbett gezwungen.

Im Oktober 1962 stirbt Maria Bonaparte. Paula Fichtl ist gerade wieder auf Urlaub in Salzburg, als sie die Nachricht vom Tod ihres Idols erhält: »Das Ende muß furchtbar gewesen sein«, schreibt ihr Anna Freud über die letzten Tage der Prinzessin in Paris. Paula macht sich zum ersten Mal bewußt Gedanken über die Zukunft. Anna Freud kann sie beruhigen: »Solange Sie wissen, daß ich am Leben bin, brauchen Sie sich keine Sorgen zu machen. Und für nachher können wir einen Solicitor um Rat fragen. Vielleicht kann ich Sie irgendwie für eine Lebensrente einkaufen, die Sie dann beziehen können, wo immer Sie sind.«

Die tägliche Arbeit im Haus fällt Paula immer schwerer. Oft hat sie jetzt einen ihrer »Zustände«, die Arterien verschließen sich, ihr wird schwarz vor den Augen, manchmal stürzt sie unvermittelt hin. Aber sie will nicht, daß das »Fräulein Anna« davon erfährt. So verübelt sie es vor allem Jula Weiss, die von einem besonders schweren Anfall nach Walberswick schreibt. Von Ausruhen will Paula noch immer nichts wissen. Sie hält sich das Beispiel des Professors vor Augen, der trotz Krankheit und Alter unablässig weitergearbeitet hat. Ihre schönsten und liebsten Stunden sind denn auch, wenn sie Gäste durch die Arbeitszimmer des Professors führen kann und von seinen letzten

Tagen erzählt. Eifersüchtig hütet sie den Schlüssel zu den Räumen; außer ihr darf dort niemand etwas anrühren. »I bin die Fichtl!« verkündet sie ohne falsche Bescheidenheit jedem, den sie einläßt, erinnert sich der Verleger Helmut Kindler; er ist mit seiner Frau Nina mehrmals Gast in Maresfield Gardens und erkundigt sich auch später immer wieder nach Paula Fichtls Wohlergehen.

Im Frühjahr 1963 beziehen Dorothy Burlingham und Anna Freud ein neues Refugium, »noch schöner als Walberswick«. In den folgenden Jahren kommen immer mehr Briefe an Paula aus Rathmore in der irischen Grafschaft Cork. Walberswick sieht die beiden Frauen nur noch an den Wochenenden, die »großen Ferien« verbringen sie in Irland. In einem dieser entspannten Ferienbriefe vermittelt Anna Freud durch eine unbekümmerte Traumschilderung das Vertrauensverhältnis, das sie trotz allem mit Paula verbindet: »Liebe Paula, heute Nacht habe ich sehr lebhaft von Ihnen geträumt: Es hat geregnet und Sie sind ohne Mantel hinausgelaufen, um mir einen Schirm zu bringen. Ich habe gesagt, Sie sollen nicht so naß werden. Dann bin ich aufgewacht (um drei Uhr früh) davon, daß der Regen mir vom Fenster ins Gesicht gespritzt hat. Die Deutung ist nicht schwer: Ich habe Sie mit einem Schirm gebraucht.«

Im Haus ist Paula jetzt allein. Mary, die einzige noch verbliebene Hausgehilfin, kündigt im März 1967. »Wer hätte das gedacht, daß die Mary uns das antut. Es ist schrecklich, daß Sie sich so abrackern oben, unten im Haus und überall«, schreibt Anna Freud. Ersatz zu finden erweist sich als unmöglich. Noch im Januar des nächsten Jahres fragt Anna Freud bezüglich einer möglichen Nachfolgerin vergeblich an: »Wie ist es mit der Bedienerin? Ich wäre sehr froh.« In den Nächten träumt Paula schlecht, schläft aber glücklicherweise fest, denn Kurt Eissler schreibt im April 1968, daß sie sich, falls, wie geschehen, Einbrecher im Haus sein sollten, auf jeden Fall ganz still verhalten solle, um nicht in Gefahr zu geraten, angegriffen zu werden. Paula wäre beim zurückliegenden Einbruch nach ihren eigenen Worten nämlich imstande gewesen, »hinunterzugehen und die Sachen vom Herrn Professor zu beschützen«, auf die es die Eindringlinge abgesehen hatten. Gott sei dank fehlen nur einige wenige wertvolle Stücke aus Freuds Sammlung.

Eines Tages kommt ein Besucher aus Wien, für dessen Pläne Paula sofort Feuer und Flamme ist. Professor Friedrich Hacker, der bekannte Aggressionsforscher, will das Haus in der Berggasse als Sigmund-Freud-Museum einrichten. Dazu braucht er dringend die Hilfe und Unterstützung Anna Freuds, denn bei seinen Wiener Kollegen, so erzählt er, stößt seine Idee »auf erbitterten Widerstand«. An Freuds jahrzehntelanger Wirkungsstätte »herrscht immer noch ein der Psychoanalyse äußerst feindliches Klima«, stellt Hacker fest. Auch Anna Freud ist zwar »interessiert«, aber, wie immer, wenn es um das Andenken ihres Vaters geht, »äußerst mißtrauisch«, wie der Gast aus Wien bald merkt. Aber Hacker macht die gleiche Erfahrung mit Paula wie schon 15 Jahre zuvor Kurt Eissler, der ebenfalls mit der Freud-Tochter selbst »nie richtig warm wurde«, wie er einmal in einem Interview bekannte. Anna Freud nämlich ist dem Werben ihrer Haushälterin gegenüber nicht unzugänglich. Friedrich Hacker besucht Paula einige Male, ohne daß Anna Freud anwesend ist. Der Wiener Professor versteht sich in Sachen Freud-Museum mit Paula von Anfang an prächtig. Sie ist »ungeheuer dafür«, und nach seiner Abreise läßt Paula dem »Frl. Professor« keine Ruhe mehr mit ihrem »Gehn S', wär's net schön, wenn's die alte Wohnung wieder gäb'«, bis Anna Freud schließlich dem Unternehmen ihren Segen gibt. Sie selbst will mit den Vorbereitungen allerdings nichts zu tun haben, aber soll die Paula um des lieben Friedens willen halt nach Wien fliegen und bei der Einrichtung helfen. Anna Freud bestimmt damit Paula Fichtl zu ihrem persönlichen Repräsentanten.

An einem Sommertag im Jahr 1968 erwartet Friedrich Hacker also Paula Fichtl am Flughafen Wien-Schwechat. Für die nächsten zehn Tage weiß Paula sich im Mittelpunkt, und das »genießt sie ungeheuer«, merkt Hacker schnell. Aber auch ihm bleiben einige Paula-typische Erfahrungen nicht erspart. Am Morgen nach Paulas Ankunft sind die beiden in einem Kaffeehaus nahe ihrer Pension verabredet. Friedrich Hacker trifft eine ärmlich dreinschauende Paula, die noch dieselben Kleider trägt wie am Vortag. Sie hat Hunger. »Haben Sie denn nichts gegessen?« fragt er erstaunt. »Sie haben mir ja nicht gesagt, daß ich was essen soll«, ist ihre Antwort. Hacker merkt, daß Paula »ein wenig schwierig ist«. Beim Frühstück erzählt sie ihm, daß das »Frl. Freud sehr streng ist und mißtrauisch«. Hacker gewinnt den Eindruck, daß Paula in London »nicht so wahnsinnig gut behandelt wird«.

Dafür ist sie ganz Hingabe, als sie in der Berggasse die Verteilung der Möbel und Bilder dirigiert. Zumeist sind es Nachbildungen der alten Einrichtung, echt allenfalls ein alter Filzhut und ein Spazierstock Freuds. Paula weiß ganz genau, wohin die einzelnen Stücke gehören, und läßt es sich nicht nehmen, den einen oder anderen Gegenstand an seinen alten Platz zu stellen. Für Hacker ist ihre Hilfe »fundamental, denn es hat ja niemand mehr gewußt, wie es dort wirklich ausgeschaut hat«. Für Paula ist es die Erfüllung. Endlich einmal ist sie gefragt, kann auf ihre Art mitreden über das Leben des Herrn Professors, wie es sonst immer »die g'scheiten Leut' um das Fräulein Anna tun«. So wird das Museum in der Berggasse nicht zuletzt auch ein Andenken an Paulas große Zeit. Die Eröffnung findet weltweit Beachtung und Paula Fichtl in der »New York Times« vom 16. Juni 1971 namentliche Erwähnung als »Personal Representative of Mrs. Anna Freud ...«

Zurück in London bleibt Paula mit ihrer Begeisterung weitgehend allein, Anna Freud wird erst Wochen später zu einer zweiten Eröffnung des Museums das erste Mal seit der Emigration wieder österreichischen Boden betreten.

Im Jahr 1972 hat Paula einen Unfall. Wie immer ist sie mit ihren schweren Einkaufstaschen unterwegs. Die Siebzigjährige will eben noch über den Zebrastreifen auf der Finchley Road hasten, aber ihre Arthritis-geplagten Beine sind einfach nicht mehr schnell genug. Sie wird von einem Auto erfaßt. Mit einem Beinbruch kommt sie ins New-End-Krankenhaus. In den nächsten Wochen erhält sie Dutzende von teilnehmenden Briefen aus aller Welt. Kurt Eissler schreibt aus New York, Friedrich Hacker aus Wien: »Das ist ja furchtbar, was Sie uns da anstellen.« Paula aber ist niedergedrückt und traurig; sie macht ihr Testament. All ihr Geld soll zwischen den noch lebenden Geschwistern aufgeteilt werden, »für Miss Anna Freud die Briefmarkensammlung ihres Vaters, an Mrs. Dorothy Burlingham eine runde Brosche mit Perlen und Saphir, ein Geschenk der Prinzessin Georg von Griechenland, an Miss Jula Weiss ein Stück aus meinem Schmuck, auszuwählen durch meine Testamentsvollstrecker«. Das Testament trägt als Zeugen die Unterschriften von Josephine Stross und dem »Ernstl«, Ernest W. Freud.

Dr. Toszeghi, der sich im Krankenhaus um Paula kümmert, ist entsetzt über ihren Zustand. Neben dem Beinbruch sind an ihrem Körper Hungersymptome unübersehbar. Paulas Körper ist ausgezehrt, aber sie bleibt jeder Argumentation unzugänglich. So bald wie möglich will sie aufstehen und wieder zu ihrer Arbeit im Haus zurück. Toszeghi kommt um die Diagnose »neurotischer Arbeitszwang« nicht herum. Auch Anna Freud ist sich längst über Paulas Zustand im klaren, aber »sie ist meine Verantwortung, nicht meine Patientin«.

So beginnt mit Paulas »Genesung« der letzte Akt hinter den weinlaubbewachsenen Mauern von Maresfield Gardens. Dorothy Burlingham entscheidet nach Paulas Unfall, daß es mit dem Einkaufengehen ein Ende haben muß. Sämtlicher Haushaltsbedarf wird nun auf Bestellung angeliefert. Auch diese »furchtbar verschwärzten Töpfe«, mit denen Paula immer noch kocht – sie standen schon auf dem Herd der Berggasse –, sollen verschwinden. Die Freundin Anna Freuds wirft das gesamte Kochgeschirr in die Mülltonne. Paula holt es umgehend wieder heraus. Schließlich muß Anna Freud die komplette Küchenausrüstung heimlich mit nach Walberswick nehmen und dort wegwerfen. Für diese Eingriffe in ihr Reich wird Paula die Burlingham bis zu deren Tod hassen. Sind Anna Freud und Dorothy Burlingham nicht in London, muß sich Jula Weiss um die Haushaltskasse kümmern, denn Paula verlangt nie von sich aus Geld. Wenn nichts mehr da ist, hungert sie lieber: »Ich muß sparen«, sagt sie. Als ihre Schwestern Rosa und Maria einmal zu Besuch kommen, bleibt Paula die ganzen Tage im Haus, und Anna Freud schreibt fast verzweifelt immer wieder aus Rathmore: »Wenn Ihre Gäste ausgehen, dürfen Sie *nicht* zu Hause bleiben und arbeiten! Nein!« – »Ich möchte so gerne, daß Sie wirklich Ferien machen und nicht immer arbeiten.« – »Brighton ist eine gute Idee, und ich möchte gern für den Ausflug zahlen, wenn es mit Walberswick nichts werden kann.« – »In Kew Gardens kann es auch noch sehr schön sein.« Aber Paula kann mit den Schwestern »halt nichts anfangen«. Kein Ausflug ins Seebad Brighton, kein Spaziergang durch Kew Gardens, keine Ferien mehr.

Dann sind da die Jahrestage: der 23. September, das Sterbedatum Freuds. Paula fühlt sich zunehmend allein gelassen im Gedenken an »unseren Unvergleichlichen«, wie Anna Freud den Vater einmal genannt hat. »Jetzt kommt der 23. und ich bin wieder nicht da«, schreibt sie aus Irland. »Werden Sie schöne Blumen für mich kaufen? Mrs. Burlingham bittet auch, das Gewöhnliche für den Hintergrund für sie und etwas schönes für den Vordergrund. Aber ein Taxi nehmen! Nicht mit den Blumen im Autobus!« Im Krematorium von Golders Green hat niemand einen Blick für die kleine alte Frau in ihrem schmucken schwarzen Kostüm. Analytiker aus aller Herren Länder pilgern an diesem Tag zur Urne des »Meisters«. Der eine oder andere neigt sich auch schon mal ehrfurchtsvoll nach vorn und drückt seine Lippen auf die Glasur der italienischen Vase. Paula ist diesen Anblick gewohnt.

Vom Krematorium führt sie ihr Weg danach regelmäßig in den hinteren, verwilderten Teil des Friedhofs zu einer eingesunkenen Steinplatte. Sie trägt den Namen Minna Bernays'.

In den siebziger Jahren »brummelt« Paula Fichtl immer öfter über das Leben in Maresfield Gardens, wie eine Mitarbeiterin Anna Freuds bemerkt. »Es ist alles nicht mehr so wie vor fünfzehn, zwanzig Jahren«, stellt Paula traurig fest, »die Wärme und die Freundlichkeit wie noch die Frau Professor lebte, gibt's nicht mehr.« Das liegt in Paulas Augen vor allem an Dorothy Burlingham. »Die hat die Hosen an«, ist Paulas Urteil über die Beziehung der Amerikanerin zu Anna Freud. »Was die sagt, hat das Fräulein Anna gemacht.« Für die Lebensgefährtin des Fräuleins ist Paula immer noch in erster Linie Haushälterin, und so ist ihr Umgang mit Paula sehr viel kühler und geschäftsmäßiger, als der Plauderton vermuten läßt, den sie in den Briefen aus Walberswick anschlägt. Paula findet Dorothy Burlingham »so grausam«, »manchmal«, klagt sie einer Sekretärin der Klinik ihr Leid, ist »die Misses Burlingham ganz eklig«.

Trotz Alter und Krankheit hat Paula aber immer noch »eine magische Art, meine Enkelkinder glücklich zu machen, dass sie immer um Ihnen wollen sein«, schreibt in einem ihrer letzten Briefe fast neidvoll die »kalte« Dorothy Burlingham, deren Deutsch in diesen Jahren – wie ihre Gesundheit – erschreckend verfällt: »Ich weiss, dass in einer Weise Sie wollen es so, aber es ist vielleicht oft zu viel.«

Eine gutgehütete Tragödie spielt sich in den siebziger Jahren in Maresfield Gardens ab. Michael John Burlingham, Dorothys ältester Sohn, ist zu Besuch. Der Fünfzigjährige ist unheilbar lungenkrank, das Erbteil seiner Mutter. An einem Sonntag, seine Mutter und Anna Freud sind noch in Walberswick, nimmt er eine Überdosis Schlaftabletten und legt sich ins Bett der Analytikerin seiner Kindheit, Anna Freud. Dort finden die Zurückkehrenden am nächsten Morgen seine Leiche. Paula, die nur ein paar Türen weiter schlief, hatte von seinem Ende nichts mitbekommen. Sie ist völlig verzweifelt, war sie doch für die Burlingham-Kinder immer die Tante Paula, die ihnen schon in den zwanziger Jahren im zweiten Stock der Berggasse das Spielzeug forträumte und die Betten machte. Die Beerdigung findet in aller Stille statt.

Ab Mitte der siebziger Jahre wird es leer um Anna Freud und Paula Fichtl. Nach einer qualvollen langen Krankheit stirbt 1976 die Schwester Maria. Wie schwer Paula der Verlust der einzigen Vertrauten ihrer Jugend trifft, zeigt ein Brief, den Anna Freud drei Jahre später an Paula schreibt, die für eine Augenoperation – sie hat den grünen Star – ins Krankenhaus muß.

Die Zeilen vom 3. März 1979 sind um so bedeutsamer, als sie die einzige schriftliche »Analyse« enthalten, die Freuds Tochter je aus der Hand gegeben hat.

»Liebe Paula, statt einem Geburtstagsgeschenk ist das ein Geburtstagsbrief.

Ich habe als Analytikerin nachgedacht, warum Sie seit Miezis Tod noch so deprimiert sind. Gewöhnlich dauert die Trauer ein Jahr und dann wird es besser, aber bei Ihnen nicht. Ich weiß, Sie schieben es auf das Alter und die Müdigkeit, aber das ist es nicht. Wir sind alle alt und müde und nicht so stark wie früher. Aber das ist ein allgemeines Schicksal, gehört zum Leben und gewöhnlich wird man damit fertig. Ich glaube, es ist etwas anderes.

Ich glaube, Miezis Tod hat für Sie die Erinnerung an den Tod Ihrer Mutter wieder aufgeweckt. Sie waren noch sehr jung und haben nicht ganz verstanden was Sterben bedeutet, aber Sie müssen sich so gefühlt haben wie jetzt. Alles war anders, niemand war gut zu Ihnen und Sie waren auf alle böse. Nichts hat Sie mehr gefreut.

Ich glaube, Sie wiederholen das jetzt. Darum wollen Sie keine Geschenke und gönnen sich kein Vergnügen und können nicht glauben, daß man es gut mit Ihnen meint. Darum geben Sie sich auch nichts Gutes zu essen, weil es damals nichts Gutes gegeben hat.

Das also sagt die Analyse. Sie müssen darüber nachdenken, dann kommt vielleicht ein besseres Jahr. Wenn man eine unglückliche Kindheit gehabt hat, ist es schwer, davon wegzukommen. Alles Gute zum Geburtstag! Ihre Anna Freud.«

Aber Paula kann nicht, konnte nie »nachdenken«, wie es Anna Freud gegeben ist. Am 15. Juni 1979 hat Paula fünfzigjähriges »Dienstjubiläum«. Anna Freud kauft in Walberswick einen Silberpokal, und Alice Colonna, eine Mitarbeiterin der Klinik, eilt noch am selben Tag zu »Harrods«, um ihn dort in der Schmuckabteilung gravieren zu lassen. Mrs. Colonna überreicht Paula den Pokal, aber die ist tief verletzt, daß das »Fräulein Anna« nicht selbst gekommen ist. Später wird Paula erzählen: »Ich hab' nichts bekommen, nicht einmal eine Feier.«

Das Jahr, für das Anna Freud der Paula so viel Gutes gewünscht hat, wird trostlos. Bereits 1978 ist Mathilde gestorben, Annas Schwester, die ebenfalls in Hampstead lebte. Im selben Jahr noch sitzt die dreiundachtzigjährige Anna Freud in Maresfield Gardens am Sterbebett Dorothy Burlinghams, der Frau, mit der sie ein halbes Jahrhundert zusammengelebt hat. Keine zwölf Monate später wiederholt sich das Bild. Marianne Kris, die Paula noch einen aufmunternden Brief ins Krankenhaus geschrieben hat, stirbt bei einem Besuch in Maresfield Gardens. In jenem von persönlichen Verlusten und von Trauer beherrschten Jahr spielt sich in Maresfield Gardens eine Episode ab, deren Folgen drei Jahre später die gesamte psychoanalytische Welt erschüttern wird. Eine Schlüsselrolle in dem Skandal, der mit dem Namen Jeffrey Masson verbunden ist, fällt einer ahnungslosen Paula Fichtl zu.

Anna Freud hat das Haus in Maresfield Gardens Nr. 20 an die »Newland-Foundation« ihrer alten Freundin Muriel Gardiner verkauft. Mit einem Teil des Millionenerbes, das ihr Ehemann, ein Chicagoer »Fleischkönig«, hinterlassen hat, fördert die Amerikanerin Forschungen und Projekte auf dem Gebiet der Psychoanalyse. Die »Newland-Foundation« stellt zwei Millionen Dollar bereit, um Maresfield Gardens nach Anna Freuds Tod in ein Sigmund-Freud-Museum umzuwandeln. Als Direktor ist ein unorthodoxer junger Mann in den Dreißigern vorgesehen: Jeffrey Masson, ein Kanadier. Der ehemalige Professor für Sanskrit an der Universität Toronto hat sich zum Psychoanalytiker ausbilden lassen und auf fast magische Art das Vertrauen des scheuen und mißtrauischen Kurt Eissler gewonnen. Eissler hat ihn zum Projektdirektor der Sigmund-Freud-Gesellschaft in New York gemacht und ihm Zugang zu seiner Brief- und Tonbandsammlung gewährt.

Massons erstes großes Projekt ist die Herausgabe sämtlicher Briefe, die Sigmund Freud zwischen 1887 und 1904 an seinen Freund und Vertrauten Wilhelm Fließ geschrieben hat. Anna Freud und Otto Kris hatten 1950 nur eine stark gekürzte Auswahl dieser Schreiben aus der entscheidenden Anfangsphase der Arbeit Sigmund Freuds veröffentlicht.

Im Sommer 1979 ist Jeffrey Masson in London, um mit Anna Freud die Gesamtausgabe zu besprechen. Masson kommt jeden Tag für einige Stunden, um die umfangreiche Korrespondenz einzusehen, die noch ungesichtet in Maresfield Gardens lagert.

Anna Freud will auf keinen Fall die Briefe ihres Vaters aus dem Haus geben, auch bekommt Masson nicht die Originale zu sehen, sondern getippte Abschriften, die eine Mitarbeiterin der Klinik für Anna Freud angefertigt hat. Paula erinnert sich noch an den charmanten jungen Herrn aus Amerika, »der hat immer am Schreibtisch im Wohnzimmer gesessen«. Jeden Morgen bringt ihm Anna Freud einen Stapel Manuskripte aus ihrem Arbeitszimmer im ersten Stock und legt sie Masson auf den Schreibtisch. Fast auf jedem Blatt, bemerkt Paula, ohne sich dabei viel zu denken, »hat das Fräulein Anna was angestrichen«. Über ganze Abschnitte hat Anna Freud mit ihrem Bleistift einen Querstrich gezogen. »Da mein Vater selbst einer von den Perversen war …«, beginnt eine dieser zensierten Stellen in den Briefen Sigmund Freuds.

Neugierig geworden, wittert Masson eine Sensation.

Zwei Jahre nach Anna Freuds Tod veröffentlicht er ein Buch:

The Assault on Truth (deutsch: *Was hat man dir, du armes Kind, getan? Sigmund Freuds Unterdrückung der Verführungstheorie.*) Darin wirft Masson Freud vor, sexuellen Mißbrauch an Kindern durch Familienangehörige wider besseres Wissen – »... da mein Vater selbst einer von den Perversen war ...« – zu bloßen Phantasien der Opfer uminterpretiert zu haben. Freuds Motiv war laut Masson seine Furcht vor der Ablehnung durch die Wiener Ärzteschaft, der er ein einziges Mal die ursprüngliche These vortrug: Zahlreiche Neurosen im Erwachsenenalter seien die Folgen sexueller Belästigung bis zum Mißbrauch durch andere Familienangehörige in der Kindheit. Anny Katan erinnert sich noch gut an die Erzählung ihres Vaters, Freuds Freund und Tarockpartner, der bei diesem Vortrag anwesend war. »Die Wiener Ärzte an der Universität brüllten und pfiffen Freud nieder, sie ließen ihn nicht zu Ende sprechen.« Nach diesem Eklat kam Freud, so Masson, zu der entscheidenden Umwertung, daß die »Erinnerungen« an frühkindliche sexuelle Mißhandlungen »Wunschvorstellungen« seiner Patientinnen sein müßten.

Als klar wird, daß Masson »Dynamit in den Händen hat«, wie er seine Auswertung der Fließ-Briefe nennt, läßt ihn Kurt Eissler fallen. Masson wird von der Sigmund-Freud-Gesellschaft entlassen und klagt prompt auf 13 Millionen Dollar Schadenersatz, muß sich aber schließlich mit 150000 Dollar von Muriel Gardiners »Newland-Foundation« zufriedengeben, die er für die Herausgabe aller noch in seinem Besitz befindlichen Briefe und Tonbänder aus Kurt Eisslers Archiv erhält.

Der amerikanischen Autorin Janet Malcolm wird Masson später erzählen, Anna Freud sei so sehr von seinen Kenntnissen beeindruckt gewesen, daß sie ihm »eine schwarze Truhe auf dem Flur vor ihrem Schlafzimmer« gezeigt habe, in der sie Tausende von frühen Briefen Freuds aufbewahrt habe, die Beweise für Massons These enthielten. Tatsächlich aber ist Anna Freud nicht im Haus, als Masson in der »schwarzen Truhe« wühlt. An einem

Wochenende klingelt Masson, mittlerweile eine vertraute Erscheinung für Paula, an der Haustür von Maresfield Gardens. Paula bittet ihn eifrig herein, erfreut, wie über jeden Besuch. Sie weiß, daß der freundliche, gutaussehende junge Mann mit den krausen Haaren und dem dunklen Teint die Erlaubnis hat, im Haus zu arbeiten. Und wie immer ist Paula stolz, wenn sie helfen kann; so führt sie Masson arglos hinauf in den ersten Stock zur Truhe, wo die »ganzen Briefe vom Herrn Professor liegen«. Masson nimmt sich heraus, was ihm wichtig erscheint, macht sich stundenlang Notizen und ist am nächsten Morgen brav wieder da und arbeitet weiter mit den zensierten Briefen, die ihm die ahnungslose Anna Freud vorlegt. Paula hat nie erfahren, welche Folgen ihr Handeln hatte.

Ein letztes Mal kommt neues Leben ins Haus, ein junger Chow-Chow-Rüde, der wieder Jofie genannt wird. Paula hat den kleinen Kerl, wie alle Tiere, herzlich lieb, aber sie kann ihn nicht mehr ausführen: »Der Hund hetzt immer so«, ihre Beine machen nicht mehr mit.

Eines Sonntagnachts wacht Paula auf, Geräusche dringen aus den Räumen im Erdgeschoß nach oben. Wie so oft ist Paula allein im Haus. In der Dunkelheit schleicht sie zum Telefon und wählt »999«, die Nummer des Überfallkommandos von Scotland Yard. »Ich glaube, wir haben einen Einbrecher im Haus«, flüstert sie in die Sprechmuschel. Angstvolles Warten, dann ein Klirren. Gleichzeitig hält ein Streifenwagen vor dem Haus, aber die Bobbies kommen zu spät. Der Einbrecher ist durch das Toilettenfenster in den Garten entkommen. Aus dem Arbeitszimmer des Professors fehlen einige Statuetten, die Suche nach dem Täter bleibt erfolglos. Paula ist todunglücklich, obwohl ihr niemand Vorwürfe macht. »Ich bin an allem schuld«, weint sie. Möglicherweise trifft das sogar zu, denn die Beamten halten es nicht für ausgeschlossen, daß einer von Paulas »Küchenbesuchen« die Gelegenheit zum Auskundschaften der Räumlichkeiten genutzt hat. Zumal Paula öfters dem einen oder anderen gesagt hat: »Kommen Sie doch am Wochenende wieder, dann ist Miss Freud nicht da, und ich back' uns einen Kuchen.«

Anna Freud sieht in diesen Jahren die Zeit gekommen, ihr Testament zu machen. Maresfield Gardens wird nach ihrem Tod in ein Museum umgewandelt werden. Paula Fichtl soll in dem Haus wohnen bleiben dürfen, »solange sie es wünscht«. Außerdem vermacht ihr Anna Freud die Tantiemen aus den deutschsprachigen Ausgaben ihrer Bücher. Als Anna Freuds Schwester Mathilde starb und ihr Anwesen in Hampstead ihrer langjährigen Haushälterin Tini, auch eine Österreicherin, vererbte, hatte Paula geklagt. »Und was hab' ich?« Jetzt ist sie stolz und zufrieden, glaubt sie doch, »die Paula wird die Hüterin des Museums«.

Der größte Moment in Paula Fichtls Leben steht aber noch bevor. 1980 wird ihr auf Betreiben von Friedrich Hacker für ihren Beitrag zur Errichtung des Freud-Museums in Wien die »Ehrenmedaille für Verdienste um die Republik Österreich« verliehen. Anna Freud hatte die gleiche Auszeichnung erst fünf Jahre zuvor erhalten. Die Feier findet in der österreichischen Botschaft in London statt. Friedrich Hacker hält die Ehrenrede und spricht von Paulas »ungewöhnlicher Treue in schwerer Zeit«, der Gesandte überreicht ihr den Orden und die Urkunde mit der Unterschrift Bundeskanzler Kreiskys. Paula, an der Spitze der Festtafel, ist selig. Alles, was in der internationalen Analytiker-Zunft Rang und Namen hat, ist um sie versammelt. Für Manna Friedmann, die zu ihrer Rechten sitzt, sieht Paula »reizend aus, in einem wunderbaren Nerzcape und einem eleganten schwarzen Kleid«, Anna Freud dagegen wirkt bescheiden, »wie eine Haushälterin«. Paula ist »ganz grande Dame«, findet Josephine Stross, »als ob sie nie im Leben mit den Händen gearbeitet hätt'.« Aber auch an diesem, *dem* Tag ihres Lebens, fühlt sich Paula als Aschenbrödel. »Ja, sehen S' nur, das Kleid hat ja der Misses Burlingham gehört«, flüstert sie Manna Friedmann zu, »Fräulein Freud hat's für mich kürzer gemacht, das muß ich ja zurückgeben.« Auf einem Foto in einer deutschen Illustrierten werden die beiden Frauen in der Bildunterschrift denn auch prompt verwechselt.

In den nächsten zwei Jahren verfällt Maresfield Gardens zusehends. Anna Freud will gegen Ende ihres Lebens kein Geld mehr für Reparaturen ausgeben. So ist die Heizung immer öfter defekt, elektrische Leitungen sind undicht, Wasser sickert durchs Dach, die Teppichböden sind an vielen Stellen zerschlissen. In den Küchenschränken stapeln sich kistenweise leere Joghurtbecher, die Paula regelrecht versteckt, damit sie niemand fortwerfen kann. Mit ihrer Gesundheit geht es in diesen Monaten rapide bergab. Die Schwindelanfälle werden immer schlimmer und häufiger. Manchmal liegt sie stundenlang hilflos am Boden, ohne sich zu melden, bis man sie findet. »Ich wollt' keine Umstände machen«, sagt sie dann nur. In der Nacht schafft sie oft die zwanzig Schritte zur Toilette nicht mehr. Sie hat ihren Körper nicht mehr unter Kontrolle. Zwar steht ein Nachttopf neben der Kommode ihres Zimmers, aber bald riecht der Teppich vor ihrem Bett nach Urin. Paula ist längst ein Pflegefall, aber sie will das nicht wahrhaben. Nach der Verleihung der Ehrenmedaille erscheinen die ersten Berichte über Paula in Magazinen und Zeitungen. Anna Freud ist das nicht sonderlich angenehm; sie fürchtet eine ungebührliche Publicity um das Privatleben ihrer Familie. Zum Mythos Freud paßt kein Alltag. »Lesen Sie meine Bücher«, bescheidet das »Fräulein Professor« Journalisten, die sich mit der Bitte um ein Interview an sie wenden. Anna Freud versteht das Interesse an der Haushälterin ihres Vaters nicht. »Was hat die Paula denn Wichtiges gemacht?«, bemerkt sie einmal Josephine Stross gegenüber. Paulas Presseruhm macht es darüber hinaus schwierig, wenn nicht unmöglich, ein Pflegeheim für sie zu finden. »Sie wird sagen, jetzt, wo ich alt und krank bin, nach fünfzig Jahren, haben sie mich hinausgeworfen«, meint Anna Freud zu Manna Friedmann, »und die Welt wird ihr glauben.«

In der Einsamkeit, die sie nach Dorothy Burlinghams Tod

umgibt, sucht Anna Freud die Nähe von Manna Friedmann, die seit langen Jahren den Kindergarten der Klinik leitet. Beide Frauen sind begeisterte Hobby-Weberinnen, und die Gespräche mit Manna helfen Anna über das Gefühl der Verlassenheit hinweg. Paula ist über diesen Kontakt bitter enttäuscht. »Jetzt hab' ich gedacht, das Fräulein Anna hätte endlich mehr Zeit für mich, und nun kommen Sie daher«, wirft Sie Manna Friedmann vor. Es bleibt nicht bei Vorwürfen. Als Mrs. Friedmann eines Tages zu einer Verabredung mit Anna Freud an der Tür klingelt, bestellt ihr Paula: »Das Fräulein Professor kann Sie jetzt nicht sprechen, sie hat einen Patienten.« Zehn Minuten später ruft Anna Freud in der Klinik an und fragt, wo Manna Friedmann bleibt. »Miss Freud, Sie müssen es der Paula sagen, wenn Sie mich erwarten, sonst läßt sie mich nicht zu Ihnen«, eröffnet ihr die Friedmann. Erst jetzt, ohne die »Abschirmung« durch Dorothy Burlingham, geht Anna Freud das wahre Ausmaß von Paulas Drang nach ausschließlicher Aufmerksamkeit auf.

Zwei Tage vor Paulas achtzigstem Geburtstag, am 1. März 1982, trifft Anna Freud ein Schlaganfall. In der Klinik von Hampstead besteht sie darauf, daß Paula trotzdem ihre Feier bekommt. Und Paula ist gerührt und glücklich, auch wenn sie »gar nicht feiern mag«, als die Kinder und Lehrerinnen der »Nursery« ihr mit einer riesigen Schokoladentorte in Maresfield Gardens ein Fest geben.

Einige Wochen später wird Anna Freud aus der Klinik entlassen. Eine Sprachlähmung behindert sie, Gleichgewichtsstörungen und Muskelschwäche fesseln sie ans Bett, aber Mitarbeiter und Freunde sind überzeugt, daß sie sich in ein paar Monaten wieder erholen wird. Paula will das »Fräulein Anna« pflegen, wie sie es schon so oft getan hat. Sie kann und will nicht sehen, daß sie selbst längst Hilfe braucht. Endlich hat sie das Fräulein für sich allein, jeder, der kommt, um zu helfen, ist ein Eindringling, der ihr dieses Recht streitig machen will. Josephine Stross zieht für ein paar Tage nach Maresfield Gardens, um ihre alte Freundin zu betreuen. »Was braucht sie denn hier zu schlafen«, ist Paulas zornig-verletzter Kommentar. Für Anna Freud, die sich kaum artikulieren kann, wird die Sucht ihrer Hausangestellten nach Aufmerksamkeit und Liebe in diesen Wochen zur Qual. Den täglichen Besuch einer Krankenschwester erträgt Paula nur schwer. Sie wartet jedesmal vor dem Fahrstuhl, bis die Schwester herunterkommt und das Haus verläßt, um dann sofort hinaufzufahren und sich nach den Wünschen der Kranken zu erkundigen.

Aber es gibt immer noch Momente, in denen Paula ganz die alte sein kann. Am 30. März steht ein Mr. Michael Murphy vor der Tür, in der Hand Stativ und Fotoapparat. Es geht um ein Stück aus der Sammlung, das der Assistent des Instituts für klassische Studien an der Londoner Universität fotografieren will. Eingedenk des großen Interesses, das ihr Vater zeitlebens für die Archäologie hegte, hat Anna Freud die Aufnahmen erlaubt. Die »Fischplatte« soll in einem monumentalen Werk über die unteritalienische Vasenmalerei der Griechen veröffentlicht werden, an dem ein Professor Trendall in Australien arbeitet. »Aus der Sammlung Sigmund Freuds«, wird unter dem Foto stehen. Und so ist Paula, wie immer, wenn es um die Wissenschaft geht, ganz bei der Sache. Sie staubt den Keramikteller noch einmal ab, zieht die Vorhänge beiseite, trägt Lampen für die richtige Beleuchtung herbei und ist stolz, daß Mr. Murphy am liebsten nach Ostern noch einmal kommen möchte, um auch die übrigen Stücke des Professors zu fotografieren.

Eines Abends hat Paula wieder einen ihrer Zusammenbrüche. Anna Freud liegt hilflos im Bett. Es dauert Stunden, bis es gelingt, einen ihrer Studenten herbeizuholen, der in der Nähe wohnt. Paula stemmt sich dagegen, daß von nun an ständig eine Schwester im Haus sein soll, »nur weil das einmal passiert ist«. George, der Student, »wohnt ja keine zehn Minuten von hier«. Wozu also eine Pflegerin? Zumindest kommt jetzt Manna Friedmann täglich, um wenigstens den Abwasch und die wichtigsten

Reinigungsarbeiten zu erledigen. Denn Paula kann nicht mehr. Wie Manna Friedmann erkennt: »Sie hat die Freuds geliebt und für sie gearbeitet, bis ihr Körper völlig verausgabt war.« Mit Allison, der Krankenschwester, ficht Paula erschütternd groteske Duelle aus. Meist geht es darum, wer zuerst am Telefon ist, wenn der Apparat klingelt. Paula will nicht, »daß die da oben rangeht«, ist es doch ihr jahrzehntelanges Privileg gewesen, sich mit »hier bei Freud« zu melden. Sobald es klingelt, gerät die alte Frau in verzweifelte Aufregung. Ihre Beine tragen sie nicht mehr schnell genug, sie zieht sich mit den Armen am Tisch entlang, stützt sich gegen Schränke, um an den Hörer zu gelangen, aber Allison ist natürlich fast immer schneller.

Wenn Manna Friedmann bei Anna Freud im Zimmer ist, um mit ihr über die Klinik und ihre Arbeit zu sprechen, »kommt Paula um vor Eifersucht«. Sie setzt der Besucherin so zu, daß die sich nicht mehr anders zu helfen weiß, als jeden Abend ihre Verzweiflung und ihre Wut in einem Tagebuch auszudrücken, »nur um nicht ständig mit Paula zu streiten«. Paula sieht nur, daß ihr die Arbeit weggenommen wird. Als sie hört, daß Manna Friedmann für ihre Hilfe im Haus nicht bezahlt wird, macht Paula nur »ein ungläubiges Gesicht«.

Ein halbes Jahr zieht sich die Tragödie so hin. Anna Freuds Wunsch, »nur wieder richtig ein Glas Wasser zu trinken und wieder selber wie Jofie gehen« zu können, erfüllt sich nicht mehr. Am 8. Oktober 1982 findet Paula sie tot in ihrem Zimmer.

Als Manna Friedmann ihren üblichen Besuch macht, ist die Tür zu Anna Freuds Zimmer verschlossen. Von drinnen ist Paulas Schreien und Weinen zu hören. Sie öffnet den ganzen Tag über nicht. Die Friedmann holt Dr. Toszeghi, dem es nach stundenlangem Zureden endlich gelingt, Paula zum Aufschließen zu überreden. Aber sofort stürzt sie wieder ans Bett der Toten. Sie will nicht aus dem Zimmer, klammert sich fest, muß schließlich fortgerissen werden.

Tags darauf findet eine eilig einberufene Versammlung in der

Klinik statt. Josephine Stross ist da, Manna Friedmann, der Testamentsvollstrecker von der Anwaltskanzlei Graham & Hamilton und die Frau von Fritz Mosshammer, Paula Fichtls Neffe aus Salzburg. Allen ist klar, daß Paula nicht in Maresfield Gardens bleiben kann. Das Haus ist dringendst reparaturbedürftig, die Stromleitungen mittlerweile feuergefährlich und Paula auf keinen Fall imstande, allein zurechtzukommen. »Selbst Miss Freud hätte das so nicht gewollt«, meint Manna Friedmann mit Hinweis auf die Verfügung in Anna Freuds Testament. Ein Heim scheint die einzige Lösung. Da aber »die englischen Altersheime verheerend sind«, so wieder Mrs. Friedmann, bleibt im Grunde nur, für Paula einen Platz in der Nähe ihrer Verwandten zu finden. Fritz Mosshammer ist als Direktor der Salzburger Sparkasse nicht ohne Einfluß, auch Friedrich Hacker bietet seine Hilfe an, er hätte Paula gern in seiner Nähe: Hacker will ein Altersheim in Wien besorgen. Sie wenden sich an den Salzburger Landeshauptmann Haslauer.

Die Wahl fällt schließlich auf Schloß Kahlsperg, ein luxuriöses Altenpensionat in der Nähe von Salzburg. Die Auskunft von dort ist positiv, natürlich könne man für Frau Fichtl sofort ein Zimmer bereitstellen.

Die Mosshammers beschaffen in aller Eile Fotos und Unterlagen über das Heim, damit sich jeder überzeugen kann, daß Paula in eine schöne Umgebung kommt. Auch Paula selbst wird schließlich hinzugeholt. Sie hat Angst. »Eh' sie mich hinauswerfen, geh' ich lieber in die Heimat«, denkt sie hilflos. Mitarbeiterinnen der Klinik, wie Kundis Dembovitz, sind sehr erstaunt, als sie von Paulas Abreise erfahren. Sie verstehen nicht, warum sie aus London fort soll. »Es wäre doch eine Freude gewesen, sie regelmäßig hier in einem Altersheim zu besuchen, in Österreich hat sie doch niemanden. Ihre Verwandten kennt sie ja kaum.«

Schon am nächsten Tag beginnt das Verpacken von Paulas Habe. Fürs erste müssen ein paar Koffer reichen, der Rest wird später in Leinentaschen, Kisten und Kartons verstaut und von einer Spedition nachgeschickt: Bettwäsche, eine Nähmaschine, Bücher, die drei Bände der Freud-Biographie von Ernest Jones aus dem Jahr 1957, Zeitungsausschnitte über die Familie Freud, eine Brotschneidemaschine, eine elektrische Heizdecke, die Silberschale zum achtzigsten Geburtstag, das rote 632seitige Briefmarkenalbum des Professors sowie sein von Paula bis heute in Ehren gehaltenes venezianisches Trinkglas mit Goldrand und sein Tarock-Kartenspiel – insgesamt 17 Gepäckstücke kommen zusammen. Josephine Stross holt sich die Kleider Anna Freuds ab, die des Vaters hat ja schon Jula Weiss.

Paula ist aufgelöst, begreift kaum, was vorgeht. Sie will nicht nach Österreich, das Haus, das Museum sind doch ihr Reich. Manna Friedmann und Frau Mosshammer suchen für die Reise das Notwendigste zusammen, ab und an greift Paula auch selbst mit zu.

Dr. Toszeghi, zu dem Paula noch das meiste Vertrauen hat, sucht sie zu beruhigen. »Paula, schauen s', hier können Sie doch nicht bleiben. Und in irgendeinem Heim, wer würde Sie da besuchen? Zwei oder drei Monate lang kämen vielleicht noch die Leute von der Klinik, aber dann wären Sie ganz allein.«

Drei Tage nach Anna Freuds Tod verläßt Paula Fichtl Maresfield Gardens. David Astor ist gekommen, um sie mit Frau Mosshammer zum Flughafen zu fahren. Paula weint und ist einem hysterischen Anfall nahe. Sanft legt ihr Astor den Arm um die Schulter und tröstet die alte Frau. »Sie werden es gut haben, Paula, endlich können Sie einmal ausruhen. Glauben Sie mir, es wird Ihnen gefallen.« Die Worte ihres »Lieblingsengländers« im Ohr, besteigt Paula das Flugzeug nach Salzburg. Vierundvierzig Jahre ihres Lebens bleiben hinter ihr zurück. In der Handtasche hat sie noch die Schlüssel zum Haus und zu den Zimmern des Professors. Sie »hat einfach nicht g'wußt, wem ich die hätt' geben sollen«.

VII. Im Altenpensionat

»Eingegangen in die Weltgeschichtl«

Schloß Kahlsperg nahe Salzburg: Paula sitzt auf dem Balkonabschnitt ihres 14-Quadratmeter-Zimmers im IV. Stock und wirft den Spatzen die Reste der Frühstücksbrötchen zu. Sie weiß, daß sie das nicht darf, »denn es ist alles sehr strenge hier«, und die Schwestern haben ihr das Vogelfüttern auch schon ein paarmal verboten. Die Spatzen hinterlassen zu viel Dreck auf dem Balkon.

Schloß Kahlsperg, ehemals Sitz der Grafen von Waltersblick, wurde 1966 von der gräflichen Familie an die »Kongregation der Schulschwestern von Hallein« verkauft, die in der Umgebung von Salzburg insgesamt 16 Altenheime betreuen. Dem restaurierten Schloß gegenüber steht der langgestreckte Block des neuerbauten Altenpensionats, wie Paulas letzter Wohnsitz vornehm genannt wird. Ein Salzburger »Heimatbuch« aus dem Jahre 1977 beschreibt Schloß Kahlsperg als eine »Heimstätte für Einsame, Betagte und Kranke«. Eine Fußnote im »Gemeindespiegel« enthüllt den verschämten Hinweis, daß die Bevölkerungsstruktur des Orts mit 20,1 Prozent über Sechzigjährigen durch den »Bestand des Altenheimes statistisch verzerrt« wird. Die 150 Heimplätze sind gedacht für »Intellektuelle und geistig Schaffende, Lehrer und Beamte«; in diesem Kreis soll Paula also »Ruhe und Geborgenheit im Alter« finden.

Das Haus ist großzügig und gepflegt angelegt, die Betreuung

fürsorglich und umfassend. Paula aber ist verbittert. Die letzte ihrer nur elf Seiten umfassenden »Lebensgeschichte«, die sie in Kahlsperg aufschreibt, enthält ihren trostlosen Kummer: »Ich dachte, zum 3ten mal muss ich mein Leben wieder anfangen, wusste wirklich nicht, was anfangen, meine Schwester, welche immer mütterlich war, lebte nicht mehr. So ging ich zu ihrem Sohn, der verschafte mir dieses Altersheim. Es war alles so schwer, immer von neuem anzufangen, immer wieder neue Menschen um mich zu haben, in einer neuen Umgebung zu leben, bin mir wie eine Zigeunerin vorgekommen, welche auch von einem Ort zum anderen wandern, glaube nicht, das jemand dieses Leben verstehen kann, der es nicht selbst mit machte. Möchte allen Eltern sagen, nicht die Kinder allein in die Welt hinaus zu schicken. Es kann niemand verstehen, wer ein gutes Heim hatt, was es heißt, wie ein verlorener Hund herum zu wandern. Würde ich alles schreiben, würde es ein langer Roman, mehr traurig wie lustig.

Jetzt werde ich wol in diesen Altersheim den Rest meines Lebens verbringen und denke viel an Familie Freud und hoffe, sie wissen wie unglücklich und allein ich mich fühle. Der Herr Professor war immer gut und warm zu mir, so auch Frl. Freud. Ich bin unglücklich und hoffe, ich kann bald den lieben Menschen nachkommen. Ich hatte bei Freud viel gutes, auch trauriges in den 54 Jahren, die ich dort war erlebt, von 1929 bis 1983, viele Persönlichkeiten gesehen, auf was ich stolz bin.«

In Kahlsperg fühlt sich Paula »hinausgeworfen«, unter lauter alte gebrechliche Frauen »gesteckt«. Ab und an setzt sie sich dann hin und »ich schmier halt etwas zusammen«, Paula schreibt von ihrem »Hinauswurf« an den österreichischen Gesandten in London. Der wird prompt ein paar Tage nach Erhalt des Briefes in der Hampstead-Klinik vorstellig, um zu erfahren, »was denn da mit der Frau Fichtl passiert ist«. Es bedarf einiger Erklärungen seitens Manna Friedmanns und Josephine Stross', um den Botschafter davon zu überzeugen, daß bei Paulas Abreise alles mit rechten Dingen zugegangen sei.

With Every Good Wish

for

Christmas and the Coming Year

from Ernest Jones.

Yes, your name is on its way to immortality.

Paula

3. März 1979.

Ein analytischer Brief

Vorhergehende Seite, oben: Paula Fichtl im Sommer 1971 bei der Eröffnung des Museums in der Berggasse 19. Bereits im Jahr 1968 hat sie an der Planung und Einrichtung mitgewirkt: Sie allein weiß, wie alles gewesen ist. Aus London bringt sie zwei Hüte Sigmund Freuds, seinen Spazierstock, das Türschild und einige Autographen für die Ausstattung des Museums mit
Vorhergehende Seite, unten: »Ja, Ihr Name ist auf dem Weg zur Unsterblichkeit« schreibt Ernest Jones, der berühmte Freud-Biograph, Paula Fichtl ein Jahr vor seinem Tod unter einen Weihnachts- und Neujahrsgruß

20, Maresfield Gardens,
London, NW3 5SX.
01-435 2002.

Liebe Paula, 3. März 1979.

Statt einem Geburtstagsgeschenk ist das ein Geburtstagsbrief.

Ich habe als Analytikerin nachgedacht, warum Sie seit Miezis Tod immer noch so deprimiert sind. Gewöhnlich dauert die Trauer ein Jahr und dann wird es besser aber bei Ihnen nicht. Ich weiß, Sie schieben es auf das Alter und die Müdigkeit, aber das ist es nicht. Wir sind alle alt und müde und nicht so stark wie früher. Aber das ist ein allgemeines Schicksal, gehört zum Leben und gewöhnlich wird man damit fertig. Ich glaube, es ist etwas anderes.

Ich glaube, Miezis Tod hat für

Sie die Erinnerung an den Tod Ihrer Mutter wieder aufgeweckt. Sie waren noch sehr jung und haben nicht ganz verstanden was Sterben bedeutet, aber Sie müssen sich so gefühlt haben wie jetzt. Alles war anders, niemand war gut zu Ihnen und Sie waren auf alle böse. Nichts hat Sie mehr gefreut.

Ich glaube, Sie wiederholen das jetzt. Darum wollen Sie keine Geschenke und gönnen sich kein Vergnügen und können nicht glauben, daß man es gut mit Ihnen meint. Darum geben Sie sich auch nichts Gutes zu essen, weil es damals nichts Gutes gegeben hat.

Das sagt also die Analyse. Sie müssen darüber nachdenken, dann kommt vielleicht ein besseres Jahr. Wenn man eine unglückliche Kindheit gehabt hat, ist es schwer davon wegzukommen.

Alles Gute zum Geburtstag!

Ihre

Anna Freud

Oben links: 1979 in London: Dorothy Burlingham (l.), die Lebensgefährtin Anna Freuds und Josephine Stross (r.), die Freud 1938 als Ärztin auf der Zugfahrt ins Exil beistand

Oben: Anna Freud im Alter von 83 Jahren vor der Eingangstür des von ihr gegründeten Kindergartens in Maresfield Gardens. Nach ihren Ideen werden an diesem Ort noch heute Kindergruppen betreut

Links: Die einzige schriftliche Analyse, die Anna Freud aus der Hand gegeben hat. In einem »analytischen Brief« versucht sie Paula Fichtl über den bereits drei Jahre zurückliegenden Tod ihrer Schwester Maria hinwegzuhelfen

Oben: Stolz präsentiert Paula Fichtl im Juni 1979 das venezianische Trinkglas Sigmund Freuds, das er ihr als Andenken vermachte

Rechts oben: Am 20. Juni 1980 verleiht der österreichische Gesandte Gleissner in London Paula Fichtl in Anwesenheit von Anna Freud die »Ehrenmedaille für Verdienste um die Republik Österreich«

Rechts unten: »Das Ausklopf der Teppiche und das Bohne der Fußböden fällt mir imm schwerer«, gesteht die 77jähri Paula Fichtl bei einem Gesprä im ehemaligen Arbeitszimm Sigmund Freuds. Doch nur darf diesen Raum pflegen

Paula Fichtl präsentiert ihren »Schatz«: Goldmünzen, die sie von Sigmund Freud geschenkt bekommen hat. Diese wurden zusammen mit einem Jugendfoto Martha Freuds vor der Flucht aus Wien in ein Samtbeutelchen eingenäht und dann im Saum von Paulas Wintermantel durch [illegible] Kontrollen geschmuggelt. M[illegible] als vierzig Jahre später entde[illegible] sie diese wertvollen Erinner[illegible] gen wieder

Oben: Paula Fichtls Habe nach der Rückkehr nach Salzburg: Eine Palette mit einem Gewicht von mehr als 150 Kilogramm, bestehend aus vier großen Paketen und einem Schrankkoffer. Ihr Besitz kann in ihrem kleinen Zimmer im Altersheim nicht untergebracht werden und wird deshalb bei einer Spedition eingelagert

Links: Sigmund Freuds 632 Seiten umfassendes Briefmarkenalbum, das er Paula Fichtl vermachte. Freud war seit seiner Jugend ein leidenschaftlicher Briefmarkensammler und steckte mit seiner Begeisterung auch seine Hausangestellte an. Von Freunden, Patienten und Familienmitgliedern erhielt er Post aus aller Welt; so wuchs die Sammlung im Laufe der Jahre zu einem wertvollen Bestand heran. Das Album wird heute im Safe einer Bank in Salzburg aufbewahrt

Zum erstenmal nach 42 Jahren besucht Paula Fichtl das Haus, in dem sie ihre harte Kindheit erlebte. Heute wird die Kirchtagmühle von einem Großneffen Paulas bewohnt

Paula gewöhnt sich nur schwer an die neue Umgebung. Sie muß im Rollstuhl sitzen, denn »mit der Zeit kann i nimmer gehen und mit Stock mag i net«. Trotzdem, »den ganzen Tag sitzen, tut mir nicht gut, in Maresfield hab' i genug zum Putzen gehabt, des war mein Vergnügen«. Ihre Stimme ist oft gedrückt, sie weiß nichts Rechtes mit sich und ihrer Zeit anzufangen. In Gedanken ist Paula noch immer in Maresfield Gardens. Sie sorgt sich um das Haus, um ihre Sachen, die dort noch eingelagert sind, sie hat Angst um ihr »Auskommen«. Schließlich schreibt Paula an Manna Friedmann, die ihr in einem langen Brief antwortet: »Paula, Sie sind doch jetzt besser aufgehoben und versorgt, als Sie in den letzten Jahren im Haus Freud sein konnten. Sie haben genug und viel mehr als genügendes Einkommen für all die Jahre, die Ihrem Leben beschert sind. Ihre Sachen, alles, alles ist gut aufgehoben und beisammen, keiner würde daran denken, etwas damit zu unternehmen ohne Ihre Zustimmung. Auch Miss Freuds Sachen sind gut aufgehoben und verschlossen. Vorläufig ist noch keine Bestimmung, wie das Museum gestaltet sein wird. In einem Koffer unter Ihren Sachen ist Ihre ganze Korrespondenz, auch Briefmarken, und wenn Sie wollen, würde ich Ihnen diesen Koffer schicken, das wäre vielleicht eine angenehme Beschäftigung? Ich vergesse nicht, dass Ihnen Ihre Augen zu schaffen machen, aber Sie können doch *sehen*! Sie haben doch einen sehr klaren Brief geschrieben mit guter Handschrift! Inzwischen wünsche ich Ihnen das Leben so gut wie möglich in Ihrer guten Versorgung in schöner Landschaft auszunützen, mehr kann keiner im Leben erwarten.« Tatsächlich steht das Haus in Maresfield Gardens unter der Schlüsselgewalt von Rechtsanwalt Hamilton. Paula Fichtl, auch das hat Anna Freud bestimmt, darf sich an Möbeln mitnehmen, was sie möchte. Einige Stücke werden denn auch in Paulas Namen aus Österreich angefordert, kommen aber nie in Kahlsperg an. Ein echter »Freud-Stuhl« hat schließlich seinen Wert.

Auch Jula Weiss schreibt anläßlich ihrer eigenen »Pensionierung« im Oktober 1983: »Wie ich Sie und Ihre gute Seele kenne, haben Sie sich seither wieder an einige Leute angeschlossen und helfen, wo es etwas zum Helfen gibt.«

Ungeduld mit Paulas Jammern ist zwischen den Zeilen aus England zu lesen. »Was hat die Paula eigentlich zu klagen?« ist der Tenor der Äußerungen über die alte Frau in ihrem schließlich doch gediegenen Altenheim. In Paula Fichtls Leben jedoch hat sich mit dem »Umzug« nach Kahlsperg ein Kreis geschlossen, den sie immer zu durchbrechen versucht hat. Von der Stiefmutter zu den Großeltern gebracht, von dort in einen Krämerladen zu fremden Leuten gesteckt, von der »Misses Burlingham« zu den Freuds wegkomplimentiert, während des Krieges ins Internierungslager verbannt, vom Fräulein Anna immer wieder in den ungeliebten Urlaub geschickt und nun, zum traurigen Schluß, aufs luxuriöse Altenteil abgeschoben. Nur zweimal in ihrem Leben ist Paula mitgenommen worden. Von der Schwester Maria in den Haushalt der Gräfin Blome und vom Professor beim »Umzug« nach London. Die noch lebenden Frauen des intellektuellen Kreises um Anna Freud haben alle ihre Wohnungen in »Freudstead«, wie die Umgebung von Maresfield Gardens in der Welt der Analytiker schmunzelnd genannt wird. Allein das alt gewordene Stubenmädchen mußte den »Königshof« verlassen und zurück in die ungeliebte und lieblose Umgebung ihrer Herkunft. Paula Fichtl ist wieder da, wo ihr Leben begonnen hat: im Schatten der Kirchtagmühle in Gnigl.

Teilnahmsvoll sind dagegen die Zeilen, die sie von Friedrich Hacker erhält: »Ihre Briefe habe ich mit großem Dank, aber auch mit Rührung und einiger Erschütterung erhalten. Es tut mir leid, daß Sie sich so einsam fühlen und daß die Heimat Ihnen nicht das bietet, was Sie sich erwartet haben. Aber ein wenig geht es uns allen so.« Auch von den Mitarbeitern der Sigmund-Freud-Gesellschaft in der Wiener Berggasse liest Paula Tröstliches: »Das Sigmund-Freud-Haus betrachtet sich im Hinblick auf Sie als Erbe der Familie Freud, wenn wir auch den menschlichen und persönlichen Verlust nicht ersetzen können.«

An manchen Tagen wacht Paula auf und fühlt sich »übermütig und voll dummer Gedanken«, aber oft fällt sie nach kurzer Zeit wieder in die Erinnerungen oder die Traurigkeit über die Leere der Gegenwart zurück. Sie freut sich, wenn ihre jüngere Schwester Rosa mit ihrem Mann zum Kaffeetrinken kommt, auf Besuche ihres Neffen Fritz Mosshammer und seiner Frau jedoch reagiert sie mit Mißtrauen. Sie ist der Meinung, daß die Frau des Bankdirektors ihre »Aussiedlung« mit betrieben hat. Mosshammer verwaltet in seiner Salzburger Bank Paulas Geldangelegenheiten, ihr Vermögen beträgt heute zirka 200000 Mark. Sie ist tatsächlich, wie Manna Friedmann ihr versicherte, bestens versorgt. Bereits im Mai 1983 hat Anna Freuds Testamentsvollstrecker Paulas Guthaben aus England überwiesen. Paula Fichtl ist eine reiche Frau. 20000 Pfund liegen auf ihrem Konto, 1500 Dollar kommen halbjährlich aus der Hinterlassenschaft Dorothy Burlinghams dazu, die »Tinky« Burlingham alle sechs Monate per Scheck nach Österreich schickt. Schließlich erhält Paula regelmäßig die Abrechnungen über die Tantiemen aus den Buchverkäufen der Werke Anna Freuds, selbst wenn nach Abzug der Steuern und Anwaltskosten von 8555 Pfund und 61 Shilling für das Jahr 1984 nur noch 1317 Pfund und 34 Shilling übrigbleiben. Der gleiche Anteil geht auch an Jula Weiss in London. Paula überblickt das alles nicht mehr, und im Grunde interessiert es sie nicht wirklich. Sie weiß nur, daß sie »nix ausgegeben hat, immer nur eingelegt« und daß »das Fräulein Anna schon alles für mich gemacht hat«. Immerhin hatte sich auf diese Weise in 53 Dienstjahren bei freier Kost und Logis im Hause Freud einiges angesammelt. So erhielt Paula zum Beispiel im Jahr 1947 einen Monatslohn von 35 Pfund (damals rund 490 Mark), den ihr die Frau Professor in einer kleinen, braunen, 6 mal 11 Zentimeter großen Tüte in bar auszuhändigen pflegte. Als ihre persönliche Habe schließlich aus London abgeliefert wird, kann längst nicht alles in ihrem kleinen Zimmer im Heim untergebracht werden. Das meiste wird in den Transportkisten bei der Spedition Wildenhofer in Hallein eingelagert. Auf der Gepäckliste der Spedition steht noch unter der Nummer 17: »Plastik-Koffer: Briefe und Marken«. Das Briefmarkenalbum des Professors liegt heute im Safe von Fritz Mosshammers Bank. Immerhin ist es etliche Millionen Schilling wert, enthält es doch eine komplette Folge der Marken Griechenlands seit der Unabhängigkeit von den Türken, zum Teil Geschenke Marie Bonapartes, und sämtliche österreichischen Marken seit 1836. Dafür hält Paula andere Erinnerungsstücke in den Händen. Einer der alten Mäntel, den sie unbedingt bei sich im Zimmer haben will, hat ein erstaunliches Gewicht. Unterhalb der rechten Manteltasche ist etwas Hartes zu fühlen. Paula holt eine Schere aus ihrem Nähkorb auf dem Fensterbrett und beginnt das Futter aufzutrennen. Ein blauer Samtbeutel kommt zum Vorschein. Er enthält Gold- und Silbermünzen, Kronen und österreichische Schillinge aus der Vorkriegszeit. Und ein Foto, die Porträtaufnahme Martha Freuds. Am Vorabend der Flucht aus Wien hatte Paula zusammen mit der Frau Professor diesen Schatz in ihren Mantel eingenäht, um ihn sicher durch die Grenzkontrollen zu bringen. Viele Jahre lag der Mantel in irgendeiner Schublade in Maresfield Gardens. Fast ein halbes Jahrhundert später hält Paula die vergessenen Münzen in ihren Händen – Hartgeldhonorar von Sigmud Freuds Analyse-Patienten aus den dreißiger Jahren.

Im Laufe der Monate findet sich Paula mit ihrem Dasein im Altenheim ab. Zwar hat sie auch weiterhin kaum Kontakt zu den andern Heimbewohnern, dafür genießt sie es, eine »historische Person« zu sein. Allmählich hat sich nämlich in der Welt der Psychoanalyse herumgesprochen, wo die »Perle von Maresfield Gardens« zu erreichen ist. Paula bekommt wieder Post aus aller Welt. Da schreibt ein Dr. med.

und Psychoanalytiker aus Rosdorf: »Eine Frage haben mir die greifbaren Biographien nicht beantworten können: Welche Zigarrensorte rauchte Sigmund Freund? Havanna, Sumatra, Brasil? Vielleicht können Sie sich erinnern und meine Neugier hier befriedigen.«

Ein Abiturient aus Detmold, der seine »Handschriftensammlung Anfang nächsten Jahren in der hiesigen Stadtsparkasse groß ausstellen soll«, würde sich wirklich »riesig freuen, wenn Sie vielleicht noch etwas Handschriftliches von Professor Freud finden könnten«. Der Schreiber will das Stück »auch nach der Ausstellung gut aufbewahren und hoch in Ehren halten«. Kein Wunder, sind Freud-Autographe doch äußerst selten und nicht ganz ohne materiellen Wert: 2000 Dollar zahlen Sammler für einen »Original-Freud-Brief«.

Kurt Eissler hat ein Anliegen: Er erkundigt sich eingehend nach dem Aussehen und dem Standort des Bettes, in dem Sigmund Freud gestorben ist. Paulas Antwort dürfte den Archivar Freuds nur wenig befriedigt haben: »So ein normales braunes Holzbett halt.« Selbst die Kirche wird auf Paula aufmerksam. Der Pfarrer von Gnigl fragt bei der »berühmtesten Tochter des Ortes« an, ob sie nicht eine Spende zur Reparatur des Kirchendaches beisteuern kann. »Da muß ich wohl 50 Schilling schikken«, meint Paula zögernd.

Auch Absonderliches wird Paula mit der Post zugestellt. Ein Vortragsmanuskript von Dr. Vann Spruiell aus New Orleans etwa, das der Absender auf einem Kolloquium über »die Rolle der Phantasie im adaptiven Prozeß« in der Hampstead-Klinik gehalten hat. Paula kann mit den kommentarlos in englischer Sprache übersandten 31 Seiten über »Den Witz im Moses des Michelangelo« herzlich wenig anfangen, bewahrt das Papier aber, wie alle Briefe und Postkarten, in einem Pappkarton auf. Einer der regelmäßigsten Schreiber ist das »Ernstl«. Der Haupterbe Anna Freuds, sie hat ihm umgerechnet etwa 2 Millionen Mark hinterlassen, hätte von Paula gern auch noch die Briefe seiner Tante – die ihm, bei aller Großzügigkeit, das Haus in Maresfield Gardens doch vorenthalten hat.

Noch während die Briefe mit Paulas anderen Sachen in Maresfield Gardens unter Verschluß liegen, äußert er den Wunsch, die Briefe, die ihr Anna Freud geschrieben hat, nach ihrem Tod zu erben. Natürlich gilt dieser Wunsch für die Zukunft, wie Ernest W. Freud Paula unter der Überschrift »Vertraulich« mitteilt, aber für alle Fälle hätte er die Sache doch ganz gern testamentarisch unter Dach und Fach. Aber Paula mag nicht so recht, und so kommt das »Ernstl« über zwei Jahre hinweg immer wieder auf die Briefe zu sprechen, auch auf Fotos der Familie, die in Paulas Besitz sein könnten. Ebenso interessieren ihn Briefe von Sigmund Freud, Martha Freud oder von anderen Angehörigen der Familie.

Um so enttäuschender ist für Ernest Freud die Antwort des Salzburger Anwalts Wolfgang Huber. »Frau Fichtl erklärte mir, daß es ihr in der angezogenen Frage am liebsten wäre, die in ihrem Besitz befindlichen Briefe dem Sigmund-Freud-Museum in Wien zu hinterlassen. Ihr Wunsch, für den 5. Mai zum Zweck einer Testamentsabfassung einen Rechtsanwalt nach Kahlsperg zu bestellen, dürfte damit wohl hinfällig geworden sein.«

Paula indes hat hohen Besuch. Salzburgs Landeshauptmann Dr. Wilfried Haslauer möchte seine »Bewunderung Ihrer Hingabe zur Person und zum Werk Sigmund Freuds durch die Übergabe eines persönlich gewidmeten Glaspokals sichtbar zum Ausdruck bringen«. Reporter kommen, um Paula zu interviewen, eine Schulklasse aus Gnigl macht der prominentesten Tochter des Ortes ihre Aufwartung. Ein »Docteur Marc Lévy« macht sich aus Montpellier auf den Weg zum Kahlsperg, um sich von Paula etwas über das Leben und die Familie »dieses großen Mannes, Herrn Professor Freud« erzählen zu lassen. Auch Josephine Stross und Manna Friedmann kommen auf ihren Urlaubsreisen ein-, zweimal vorbei. Aber vor allem Dr. Stross »schimpft

Paula zu viel« – Josephine, die Gefährtin aus dem Schlafwagenabteil des Orient-Expreß, wird nicht wiederkommen.

Als im Juli 1986 das Museum in Maresfield Gardens eröffnet wird, steht Paula Fichtl zwar auf der Liste der geladenen Gäste, kann aber aus gesundheitlichen Gründen nicht an der Feierstunde teilnehmen. Vielleicht ist das auch gut so, denn sie würde »ihr Haus« kaum wiedererkennen. Bis auf die zwei Zimmer des Professors ist das Gebäude bis zur Unkenntlichkeit renoviert und umgebaut worden.

So sitzt Paula meist allein, manchmal traurig, manchmal heiter, in ihrem Zimmer auf dem Kahlsperg und wartet auf Besucher, denen sie von »ihrem Professor« erzählen kann. Paula zeigt dann die Widmung, die ihr Anna Freud in eines ihrer Bücher geschrieben hat. Unter dem Titel *Wege und Irrwege in der Kinderentwicklung* steht: »Für Paula, ohne deren Hilfe die Autorin keine Kraft zum Schreiben hätte.« Oder sie betrachtet gerührt das Medaillon, eine Kette mit goldenem Herzen, in dem ein Photo der Prinzessin Marie Bonaparte langsam vergilbt. Am liebsten aber liest Paula die Widmung vor, die ihr Martin Freud zu ihrem dreißigjährigen »Dienstjubiläum« in ein Buch über das »Fräulein Anna« geschrieben hat:

> »Und so ist die Paula Fichtl
> eingegangen in die Weltgeschichtl.«

Nachwort

Das Ungewöhnliche an der Frau, deren Geschichte nach ihren Erinnerungen hier erzählt wird, ist die scheinbare Durchschnittlichkeit. Wie wenig angebracht es ist, in Bezug auf Paula Fichtl von Durchschnittlichkeit zu sprechen, erkennt man spätestens, wenn man die Selbstverständlichkeit bedenkt, mit der sie als Nicht-Jüdin, ohne irgendwie dazu gezwungen gewesen zu sein, die Freud-Familie 1938 ins Exil begleitete. Sie wäre selbst höchst erstaunt, würde man sie eine Heldin des Alltags nennen, denn Anständigkeit, Loyalität und Treue waren für sie keine außergewöhnlichen Eigenschaften, sondern nahezu automatische Reaktionen, die weder des Kommentars noch der besonderen Hervorhebung bedurften. Vieles, fast alles in ihrem Leben verband sie mit der Freud-Familie, mit der sie auch die Pflicht zu äußerster Diskretion teilte. Die den psychoanalytischen Patienten zugesicherte Verschwiegenheit wendete die Freud-Familie vor allem auch auf sich selbst an; bekanntlich wollte es Sigmund Freud seinen zukünftigen Biographen so schwer wie möglich machen, und er, seine Tochter Anna und der ganze Freud-Clan bestanden darauf, persönliches Leben streng von den erarbeiteten wissenschaftlichen Einsichten zu trennen und nur diese der öffentlichen Debatte preiszugeben. Um so verdienstvoller daher, daß es Detlef Berthelsen gelungen ist, Paula Fichtl, die alle Vorgänge um sie herum durch Jahrzehnte hindurch genau beobachtet hat, zum Erzählen zu bewegen. Die in den vergangenen acht Jahren während vieler Stunden auf Tonband aufgenommenen detaillierten Gespräche erbrachten subtile und informative Beobachtungen aus einem Blickwinkel, der eine einzigartige Stellung in der immens angewachsenen Sekundärliteratur beanspruchen kann. Die Erinnerungen der Freud-Angestellten und der letzten noch lebenden Mitbewohnerin Sigmund Freuds und seiner Familie verdienen jene Öffentlichkeit, die Paula Fichtl niemals gesucht und gerade deswegen doch vielfach gefunden hat.

Dienstbare Geister nannte man sie in der Donaumonarchie und in der Zwischenkriegszeit: die Tausende und Abertausende Mizzis, Resis, Lenis und Kathies, die, halbe Kinder noch und gerade schon »dienstbar«, aus den ländlichen Gebieten der österreichischen Provinz, der Tschechei, wie sie damals genannt wurde, Ungarns und der anderen Kronländer, von ihren sie nur sehr bedingt liebenden Familien in die Stadt und in den Dienst geschickt wurden. In ihrer ersten Heimat, wo sie meist unter kärglichen, oft sogar kläglichen Bedingungen aufwuchsen, hatten sie kaum Gelegenheit, Wurzeln zu schlagen und ein solides Selbstgefühl zu entwickeln. Daher gelang es vielen von ihnen, in die neue Familie ihrer Dienstgeber in der Stadt hineinzuwachsen, ja in ihr völlig aufzugehen. Die Dienstleistungen, die man von ihnen erwartete, waren vielfältig und wurden mit jener Selbstverständlichkeit gefordert und hingenommen, als hätte ein Naturgesetz die Dienstbotenklasse der Mädchen vom Lande für ihr Schicksal bestimmt. Doch der Dienst der Dienstboten war häufig nicht nur unbedankte und noch dazu schlecht bezahlte Fron; die enge Verflechtung mit der Familie vermittelte dafür, gleichsam als Entschädigung, ein Gefühl der Zugehörigkeit, das die schwere Arbeit erträglich, ja sogar befriedigend machte und die Mädchen in Abhängigkeit und Treue zu echten Familienmitgliedern werden ließ.

Geister taufte man sie, denn sie sollten, die meiste Zeit zumindestens, unbemerkt und unsichtbar, stets verfügbar, niemals fordernd, keine richtigen Personen mit eigenen Wünschen, Bedürfnissen und Ängsten sein, sondern brave, gute Geister, deren ausschließliche Funktion es war, die Wünsche und oft auch die Launen ihrer Herrschaft zu berücksichtigen und zu erfüllen. Trotz der revolutionären Erkenntnisse Sigmund Freuds, die Welten erschüttern und verändern sollten, und der allgemein fortschrittlichen Haltung des liberalen Wien war die Familie Freud in bezug auf die traditionelle Interpretation des Verhältnisses zwischen Herrschaft und Dienenden keine Ausnahme.

Auch Paula Fichtl war eine Angehörige der großen Armee der Dienenden, die, nur bei ihrem Vornamen gerufen, sozusagen halb anonym, Mittelding zwischen Mensch und Möbel, ihre von ihren Dienstgebern zugewiesenen Rollen spielten, von denen nicht die unwichtigste die war, Blitzableiter und – wie die Psychoanalytiker sagen würden – Projektionsobjekt der aus ganz anderen Quellen stammenden Unzufriedenheit und Enttäuschungen ihrer Dienstherren und Dienstdamen zu sein. Die in vieler Hinsicht einzigartige Paula Fichtl war in ihrer sozialen Funktion, aber auch in ihrem Selbstverständnis nur eine von vielen. Erst nach Jahrzehnten des Dienstes wurde die Paula zur Frau Paula und erst im Pensionsalter schließlich zur Frau Paula Fichtl, die, nachdem sie mitgeholfen hatte, die Psychoanalyse an ihren Ursprungsort nach Wien zurückzubringen, nun selbst zu ihren Ursprüngen ins Salzburgische zurückkehrte. Ganz freiwillig oder ganz freudig war diese Entscheidung zur Rückkehr nicht: Nachdem die beiden Damen, Dorothy Burlingham und schließlich Anna Freud, gestorben waren, hatten es die damaligen Verwalter des Freudschen Erbes eher eilig, Paula Fichtl aus dem Freud-Wohnsitz in Maresfield Gardens so rasch wie möglich wegzuschaffen. Warum das alles so schnell gehen mußte, ist bis heute unerklärt geblieben; nur mit knapper Not gelang es den Bemühungen der Verwandten und Freunde Paula Fichtls, unter Mithilfe der Salzburger Behörden, für sie eine entsprechende

Unterkunft zu finden. Niemand verständigte sie über die weiteren Vorgänge im Londoner Haus in Maresfield Gardens, das, zusammen mit der Betreuung der Freud-Familie, jahrzehntelang das Zentrum ihres Lebensinteresses gewesen war. Der gutmütig lächelnden alten Dame in ihrem Lehnstuhl, die ihre wortreichen Äußerungen mit lebhaften Gesten unterstreicht, sieht man auf den ersten Blick nicht an, welch arbeitsreiches Leben hinter ihr liegt, das trotz aller äußerlichen Monotonie der Routine für sie voller aufregender Ereignisse war. Daß ihr Professor weltberühmt war und ist, hat sie längst als Selbstverständlichkeit hingenommen, über die sie sich nicht mehr wundert, aber sie kann es noch immer kaum glauben, daß ihr das Glück vergönnt war, einen Großteil ihres Lebens in unmittelbarer Nähe dieses wunderbaren Mannes zu verbringen. Für Paula ist der Professor jeglicher Kritik entrückt; er steht über den Dingen und Personen. Und was Paula betrifft, wird es dabei bleiben. Hatte sie sich über etwas im Freudschen Haushalt ärgern müssen (und das geschah oft genug), hatte es immer nur mit den Machtkämpfen zwischen den Frauen, der Gattin Freuds, deren Schwester Minna Bernays, Anna Freud und weiblichem Hauspersonal, zu tun.

Die Beziehung zu Sigmund Freud war offenbar konfliktfrei und, wenn man der Erinnerung Paula Fichtls folgt, nahezu idyllisch. Sie bewunderte ihn von Anfang an und immer mehr mit den Jahren, da sie nicht durch theoretisches Studium oder Lektüre seiner Bücher, sondern durch den alltäglichen persönlichen Kontakt mehr und mehr von seiner Tätigkeit und seinen kühnen Gedanken erahnte. Für ihn war sie verläßliche Stütze, Vertraute in allen Dingen des täglichen Lebens, stete Begleiterin und später Pflegerin, mehr als nur ein quasi-Familienmitglied, auf dessen treue Dienst er immer bauen konnte.

Anerkennung tat und tut Paula Fichtl gut. Sie ist stolz auf eine Auszeichnung durch den Salzburger Landeshauptmann, der sie in ihrem Heim besuchen kam, doch das denkwürdigste Ereignis ihres Lebens war die Verleihung eines Verdienstordens der Republik Österreich an sie in London im Jahre 1980.

Sie hatte sich diese Ehre wahrhaftig verdient. Als ich gegen das Zögern Anna Freuds das Projekt der Wiedererwerbung der Wohnung Sigmund Freuds begann, hatte ich von allem Anfang an einen – allerdings sehr wichtigen – begeisterten, ja enthusiastischen Befürworter: Paula Fichtl. Immer und immer wieder sprach sie mit Anna Freud, beschrieb ihr, wie schön es wäre, die alte Stätte ihres Wirkens wiederherzustellen und die Psychoanalyse nach ihrem Siegeszug durch die ganze Welt auch an ihrem Ursprungsort zu etablieren. Paula war mit mir in enger Verbindung. Freiwillig begann sie in London, die verschiedenen Möbelstücke, die später als Originale in das ursprüngliche Wartezimmer (gleichzeitig auch der Ort der ersten Begegnungen der Psychoanalytischen Gesellschaft) zurückkehrten, zu reparieren. Sie stopfte und nähte, hämmerte und reinigte, putzte und scheuerte die abgestellten Möbel, die in Maresfield Gardens niemand mehr benützte.

Als es schließlich soweit war und die Restaurierung der Wohnung in der Berggasse beginnen sollte, lud ich Paula Fichtl für eine Woche nach Wien ein. Das war eine Woche! Paulas unwahrscheinliches Gedächtnis wurde nur von ihrem Erfindungsreichtum übertroffen; ihre Arbeitswut kannte keine Grenzen. Man mußte sie zum Essen und Schlafen kommandieren, sonst hätte sie Tag und Nacht an ihrer geliebten früheren Arbeitsstätte verbracht. Aber nach einer Woche war es vollbracht. Paula, nur Paula wußte, wo alles hingehörte, und so war alles schließlich da und alles am richtigen Platz. Sogar die noch immer skeptische Anna Freud war von diesem Resultat freudig überrascht und kam seitdem häufig nach Wien, um die Wohnung in der Berggasse zu besuchen.

Am 20. Juni 1980 wurde Paula die Auszeichnung des Staatsoberhauptes durch den österreichischen Botschafter in London feierlich übergeben. Ich hielt die Laudatio. Es gab einen Empfang in der Botschaft, an dem Anna Freud und zahlreiche Psychoanalytiker teilnahmen. Es war Paulas Ehrentag, der schönste Tag ihres Lebens, wie sie immer wieder versichert.

Am Ende des stimmungsvollen Empfangs, noch früh am Abend, etwa 7 oder 8 Uhr, schlug Paula vor, irgendwo mit den zwei Flaschen Champagner, die ihr geschenkt worden waren, weiterzufeiern. Doch Anna Freud bemerkte freundlich, aber bestimmt und streng: »Paula ist müde. Wir gehen jetzt nach Hause.« Der wie immer gehorsamen Paula war damals keine Müdigkeit anzumerken.

Auch heute noch scheint sie keineswegs müde, nur vielleicht ein wenig gebrechlich und zerbrechlich. Ein bißchen kleiner geworden ist sie durch die Last der Jahre und bedächtiger durch die Last der Erinnerungen. Es geht ihr gut bei den geistlichen Schwestern in Salzburg, sie lebt dort in der ihr von Kindheit an vertrauten Landschaft. Ein richtiges Zuhause hat sie allerdings nicht mehr, seit sie aus London weg und Anna Freud, als letzte der von ihr Betreuten, gestorben ist.

In bescheidener Bequemlichkeit existiert Paula in Salzburg. Ihr wahres Leben spielt sich jedoch ganz woanders ab; ihre Gedanken und Gefühle, ihre Sehnsucht und ihre Träume sind, wo sie schon immer waren – mit der Freud-Familie in der Berggasse in Wien und in Maresfield Gardens in London.

Wien/Los Angeles
Mai 1987 Univ. Prof. Dr. Friedrich Hacker

Anhang

Danksagung

Die folgenden langjährigen Freunde und Kenner der Familie Freud haben mir im persönlichen Gespräch oder in Briefen bereitwillig ihre Eindrücke geschildert und ihr Wissen zur Verfügung gestellt. Ihnen allen möchte ich an dieser Stelle danken: David Astor (London), Prof. Dr. Wyllis Bandler (Tallahassee/Florida), Hella Freud-Bernays (Lake Placid/N. Y.), Gina Bon (London), Kundis Dembovitz (London), Prof. Robert M. Dorn (Sacramento/Kalifornien), Dr. Rudolf Eckstein (Los Angeles), Prof. Dr. Kurt R. Eissler (New York City), Manna Friedmann (London), Prof. Dr. Friedrich Hacker (Los Angeles), Greta Knauf (Wien), Dr. Marianne Kris (New York), Hansi Kennedy (London), Dr. Anny Katan (Cleveland Heights/Ohio), Mark Paterson (Colchester/England), Nina und Helmut Kindler (Zürich), Dr. Jeanne Lampl-de Groot (Amsterdam), William McGuire (Princeton), Dr. Josephine Stross (London), Dr. Toni Toszeghi (London), Katrina B. Valenstein (Cambridge/Ma.), Mervin Jones (London), Magarethe Grosser (Karlsruhe).

Dank schulde ich ferner der verstorbenen Agnes Ramgraber (geb. Fichtl), Fritz und Inge Mosshammer sowie Otto Fichtl (alle Salzburg).

Für ihre Anregungen und die Durchsicht des Manuskripts gebührt mein besonderer Dank Ingrid Staehle sowie Dr. Heinz Günther Hollein, ohne dessen Fleiß und tatkräftige Mithilfe dieses Buch nicht geschrieben worden wäre.

D. B.

Literaturauswahl

Die folgende Auswahl verweist auf Bücher, die zur Überprüfung und Ergänzung der Fakten aus den Gesprächen und Dokumenten herangezogen wurden.

Bonaparte, Marie, »Topsy«, Saint Cloud 1939. (dtsch.: »Topsy, der goldhaarige Chow«, Fischer-TB, Frankfurt/M. 1981)

Clark, Ronald W., »Freud, the Man and the Cause«, Jonathan Cape Ltd./Weidenfeld & Nicolson, London 1980 (dtsch.: »Sigmund Freud«, Fischer-TB, Frankfurt/M. 1985)

Connery, Chappell, »Island of barbed wire«, Robert Hale, London 1984.

Engelman, Edmund, »Berggasse 19. Sigmund Freuds Wiener Domizil«, Belser Verlag, Stuttgart–Zürich 1977

Freud, Ernst, Freud, Lucie, Eissler, K. R., »Sigmund Freud. Sein Leben in Bildern und Texten«, Suhrkamp Verlag, Frankfurt/M. 1976

Freud, Martin, »Glory reflected. Sigmund Freud – Man and Father«, Angus and Robertson, London 1957

Gardiner, Muriel, »Code Name Mary«, Yale University Press, New Haven and London 1983

Gardiner, Muriel, »The Wolf-Man«, Basic Books, New York 1971

Hilda Doolittle, »Tribute to Freud, Wring on the Wall, Advent«, Carnet, London 1985

Holder Alex (ed.), »Bulletin of the Hampstead Clinic Anna Freud 1895–1982«, Volume 6, London 1983

Jones, Ernest, »The Life and Works of Sigmund Freud«, Hogarth

Press, London 1953–57 (dtsch.: »Sigmund Freud. Leben und Werk«, 3 Bde., dtv, München 1984)

MIRIAM KOCHAN, »Britain's Internees in the Second World War«, The Macmillan Press, London 1983

MALCOLM, J., »In the Freud Archives«, Jonathan Cape, London 1984

MASSON, JEFFREY MOUSSAIEFF, »The Assault on Truth, Freuds Suppression of the Seduction Theory«, Farrar, Straus and Giroux, New York 1984 (dtsch.: »Was hat man dir, du armes Kind, getan? Sigmund Freuds Unterdrückung der Verführungstheorie«, rororo, Reinbek 1982)

MASSON, JEFFREY MOUSSAIEFF, »The complete letters of Sigmund Freud to Wilhelm Fliess 1887–1904«, The Belknap Press of Harvard University Press, Cambridge, Massachusetts, 1985

MARCUSE, LUDWIG, »Sigmund Freud, das Geheimnis Mensch«, Diogenes Verlag, Zürich 1972

PETERS, UWE HENRIK, »Anna Freud. Ein Leben für das Kind«, Fischer-TB, Frankfurt/M. 1984

ROAZEN, PAUL »Sigmund Freud und sein Kreis«, Lübbe-Verlag, Bergisch-Gladbach 1976

SCHUR, MAX, »Sigmund Freud. Leben und Sterben«, Suhrkamp-Verlag (Sonderausgabe), Frankfurt/M. 1977

THORNTON, E. M. »The Freudian Fallacy, Freud and Cocaine«, Paladin Crafton Books (revised edition), London 1986

Quellennachweis

Die in diesem Buch erstmals, zumeist auszugsweise veröffentlichten Briefe und Dokumente befinden sich im Archiv des Autors.

Die Veröffentlichung erfolgt mit freundlicher Genehmigung von *Sigmund Freud Copyrights Ltd.*, Colchester, England.

Der folgende Nachweis führt, geordnet nach Seiten und Zeilen (angegeben ist jeweils die letzte Zeile des Zitats, Interviews etc.), die Quellen auf, die zusätzlich zu den Gesprächen mit Paula Fichtl bei der Abfassung des Buches verwendet wurden und nicht aus dem Textzusammenhang zu entnehmen sind.

Kapitel I

Seite 18, Zeile 12 — Interview Familie Rosa Fichtl

Kapitel II

Seite 22, Zeile 7 — Interview Rosa Fichtl

Kapitel III

Seite 28, Zeile 8 — Interview Anna Freud
Seite 42, Zeile 26 — Interview Rosa Fichtl

Seite 43, Zeile 27	Interview Anny Katan
Seite 48, Zeile 10	Interview Mervin Jones
Seite 54, Zeile 7	Interview Fritz Mosshammer
Seite 54, Zeile 15	Prof. Dr. Peter R. Hofstätter
Seite 59, Zeile 2	Interview Anny Katan
Seite 59, Zeile 32	Interview Anny Katan
Seite 60, Zeile 9	Interview Anny Katan
Seite 64, Zeile 31	Interview Dr. Josephine Stross

Kapitel IV

Seite 85, Zeile 21	Interview Fritz Mosshammer
Seite 86, Zeile 4	Interview Dr. Josephine Stross
Seite 86, Zeile 23	Interview Dr. Josephine Stross
Seite 99, Zeile 12	Interview Dr. Josephine Stross

Kapitel V

Seite 111, Zeile 13	Anna Freud (im folgenden: A.F.) an Paula Fichtl (i.f.: P.F.) am 2. 6. 1940
Seite 117, Zeile 25	A.F. an P.F. am 15. 9. 1940
Seite 117, Zeile 33	Minna Bernays an P.F. am 19. 8. 1940
Seite 118, Zeile 24	A.F. an P.F. am 15. 9. 1940
Seite 119, Zeile 8	A.F. an P.F. am 10. 11. 1940
Seite 119, Zeile 19	A.F. an P.F. am 9. 10. 1940
Seite 119, Zeile 26	A.F. an P.F. am 9. 10. 1940
Seite 121, Zeile 6	A.F. an P.F. am 12. 12. 1940
Seite 121, Zeile 11	Dorothy Burlingham an P.F. am 29. 12. 1940
Seite 122, Zeile 11	A.F. an P.F. am 9. 2. 1941
Seite 122, Zeile 23	A.F. an P.F. am 25. 2. 1941
Seite 122, Zeile 34	Dorothy Burlingham an P.F. am 22. 2. 1941
Seite 123, Zeile 6	A.F. an P.F. am 27. 1. 1941
Seite 124, Zeile 4	Maria Mosshammer an P.F. am 14. 5. 1941

Seite 125, Zeile 24	Alexander Freud an P.F. am 4. 12. 1942

KAPITEL VI

Seite 129, Zeile 7	Dorothy Burlingham an P.F. am 25. 3. 1946
Seite 129, Zeile 10	Dorothy Burlingham an P.F. am 25. 3. 1946
Seite 129, Zeile 15	Dorothy Burlingham an P.F. am 25. 3. 1946
Seite 130, Zeile 18	A.F. an P.F. am 18. 7. 1946
Seite 131, Zeile 1	Interview Manna Friedmann
Seite 132, Zeile 2	A.F. an P.F. am 29. 12. 1948
Seite 132, Zeile 8	A.F. an P.F. am 29. 12. 1948
Seite 132, Zeile 16	A.F. an P.F. am 4. 7. 1947
Seite 133, Zeile 22	Interview Rosa Fichtl
Seite 134, Zeile 5	Interview Manna Friedmann
Seite 134, Zeile 27	Interview P.F. und Kundis Dembovitz
Seite 135, Zeile 20	Interview David Astor
Seite 135, Zeile 28	Interview P.F. und Kundis Dembovitz
Seite 136, Zeile 12	Interview Jeanne Lampl-de Groot
Seite 136, Zeile 30	Dorothy Burlingham an P.F. am 23. 4. 1951
Seite 137, Zeile 12	Interview P.F., Manna Friedmann und Kundis Dembovitz
Seite 137, Zeile 30	Dorothy Burlingham an P.F. am 24. 4. 1951
Seite 138, Zeile 23	Dorothy Burlingham an P.F. am 3. 12. 1952
Seite 138, Zeile 32	Interview Manna Friedmann und Dr. Josephine Stross
Seite 139, Zeile 9	Interview Manna Friedmann
Seite 140, Zeile 10	A.F. an P.F. vom 2. 12. 1952

Seite 140, Zeile 18	Interview Rosa Fichtl
Seite 140, Zeile 27	Interview Manna Friedmann und P. F.
Seite 140, Zeile 31	A.F. an P.F. am 16. 11. und 2. 12. 1952
Seite 141, Zeile 5	A.F. an P.F. am 25. 11. 1952
Seite 141, Zeile 11	A.F. an P.F. am 2. 12. 1952
Seite 141, Zeile 18	Interview Dr. Josephine Stross
Seite 142, Zeile 5	A.F. an P.F. am 20. 8. 1953
Seite 148, Zeile 4	Dorothy Burlingham an P.F. am 13. 8. 1957
Seite 148, Zeile 6	Dorothy Burlingham an P.F. im Sommer 1958 (ohne Datum)
Seite 148, Zeile 11	A.F. an P.F. am 7. 9. 1957
Seite 148, Zeile 34	A.F. an P.F. am 30. 8. 1955
Seite 149, Zeile 31	Interview Manna Friedmann
Seite 150, Zeile 32	Interview Dr. Josephine Stross
Seite 155, Zeile 2	A.F. an P.F. am 3. 3. 1957
Seite 155, Zeile 8	A.F. an P.F. am 15. 8. 1958
Seite 155, Zeile 23	A.F. an P.F. am 21. 6. 1958
Seite 156, Zeile 9	A.F. an P.F. am 3. 7. 1960
Seite 156, Zeile 12	Dorothy Burlingham an P.F. am 30. 5. 1963
Seite 156, Zeile 16	A.F. an P.F. am 6. 10. 1962
Seite 156, Zeile 23	A.F. an P.F. am 7. 7. 1964
Seite 157, Zeile 9	Interview Anna Freud
Seite 157, Zeile 30	A.F. an P.F. am 2. 1. 1968
Seite 158, Zeile 13	Interview Prof. Dr. Friedrich Hacker
Seite 160, Zeile 9	Prof. Dr. Friedrich Hacker an P.F. am 8. 10. 1971
Seite 160, Zeile 25	Interview Dr. Tony Tozeghi
Seite 160, Zeile 27	Interview Manna Friedmann
Seite 160, Zeile 33	Interview Dr. Josephine Stross
Seite 161, Zeile 17	A.F. an P.F. am 24. 9. 1965
Seite 161, Zeile 28	A.F. an P.F. am 19. 9. 1966
Seite 162, Zeile 9	Interview Kundis Dembovitz
Seite 162, Zeile 18	Interview Kundis Dembovitz
Seite 163, Zeile 4	Interview Manna Friedmann und Kundis Dembovitz

Seite 164, Zeile 11	Interview Manna Friedmann
Seite 167, Zeile 30	Interview P.F. und Manna Friedmann
Seite 168, Zeile 6	Interview Manna Friedmann
Seite 168, Zeile 12	Interview Manna Friedmann
Seite 169, Zeile 14	Interview Manna Friedmann
Seite 170, Zeile 24	Interview Manna Friedmann
Seite 171, Zeile 2	Interview Manna Friedmann
Seite 171, Zeile 33	Interview Manna Friedmann
Seite 172, Zeile 12	Interview Familie Mosshammer
Seite 172, Zeile 21	Interview Manna Friedmann
Seite 172, Zeile 33	Sekretärin von A.F.
Seite 173, Zeile 21	Interview Manna Friedmann und Familie Mosshammer
Seite 173, Zeile 31	Interview Kundis Dembovitz
Seite 174, Zeile 20	Interview Manna Friedmann
Seite 174, Zeile 27	Interview David Astor, Frau Mosshammer und Manna Friedmann

KAPITEL VII

Seite 176, Zeile 34	Interview Dr. Josephine Stross und Manna Friedmann
Seite 177, Zeile 27	Manna Friedmann an P.F. am 18. 2. 1983
Seite 178, Zeile 3	J. Weiss an P.F. am 15. 10. 1983
Seite 179, Zeile 2	Prof. Dr. Friedrich Hacker an P.F. am 6. 10. 1983
Seite 181, Zeile 23	Interview Familie Mosshammer und P.F.
Seite 182, Zeile 21	Wolfgang Huber an Ernest W. Freud am 13. 3. 1985
Seite 183, Zeile 2	Interview Manna Friedmann und Dr. Josephine Stross

Namenregister

Peter Gay

FREUD, JUDEN UND ANDERE DEUTSCHE

Herren und Opfer in der modernen Kultur.

Aus dem Amerikanischen von Karl Berisch.
352 Seiten mit 8 sw Abbildungen, geb.

»Die Haltung des Autors ist wie die seiner Lieblingsgestalt Sigmund Freud geprägt von Ehrlichkeit und Wahrheitsliebe, Tugenden, die in diesem Fall um so schwerer wiegen, als Peter Gay, ein in Berlin geborener Jude, 1939 vor dem ›Dritten Reich‹ in die Vereinigten Staaten fliehen mußte. ...

Die souveräne Gelassenheit – sagen wir ruhig Weisheit – des universal gebildeten Gelehrten verbietet sich, gelegentlich bis zur Selbstverleugnung, alle Sentiments und Ressentiments, die den Blick des historischen Forschers trüben könnten. ...

Die besondere Zuneigung des Autors gilt Sigmund Freud, dem ›Kolumbus der Seele‹, dem ›kompromißlosen Revolutionär‹, der zugleich ›ganz und gar Bürger war‹. An Freud bewundert Gay dessen ›modernste, revolutionärste Tat‹, die in dem Beweis bestand, daß es möglich und notwendig war, ›sich der Irrationalität rational zu nähern‹, und seinen Stolz und seine Würde, die ihn sagen ließen: ›Ich hielt mich geistig für einen Deutschen, bis ich das Anwachsen des Antisemitismus in Deutschland und Deutsch-Österreich bemerkte. Seitdem ziehe ich es vor, mich einen Juden zu nennen.‹«

Frankfurter Allgemeine Zeitung

Hoffmann und Campe Verlag